政府行为与
农业发展

1927~1937年
湖北农业政策研究

GOVERNMENT ACTIONS AND
AGRICULTURAL DEVELOPMENT

On the Agricultural Policy of
Hubei Province
from 1927 to 1937

姚顺东　著

社会科学文献出版社
SOCIAL SCIENCES ACADEMIC PRESS (CHINA)

　　本课题研究获湖南省社科基金、产业经济学重点学科、湖南文理学院出版基金资助，特此致谢！

目　录

绪　论

一　国内外研究现状分析

1. 近代农业发展状况研究

在中国经济史研究中，近代农业经济是最有争议的论题之一。关于中国近代农业经济的争论最早可以源溯到 20 世纪 20 年代，由于世界经济危机的影响，长期遭受资本—帝国主义入侵和国内战争摧残的农村经济日益凋敝。在此情况下，1933 年，中国知识界掀起了一场白热化的关于中国农村社会性质的大辩论。此后，关于中国近代农村经济的学术争论此起彼伏，学者们分别从不同的角度得出了迥然不同的结论。代表性的观点主要有三种：一是"农业经济衰退论"；二是"农业经济增长论"；三是"停滞论"和"内卷论"。[①]

---

①　有关近代中国农业经济的研究情形，张瑞德、张丽、陈意新、李金铮等学者进行了较为系统的学术梳理，本小节有关近代农业发展状况的学术研究梳理主要参考了以下文献：张瑞德：《中国近代农村经济的发展与危机——晚近一些论题的评述》，台北中研院近代史研究所《近代中国农村经济史论文集》，1989；张丽：《关于中国近代农村经济的探讨》，《中国农史》1999 年第 5 期；《非平衡化与不平衡——中国近代农村经济》，《南开经济研究》2006 年第 6 期；陈意新：《重新认识民国时期农业经济——对中国学者近年著述的评论》，《中国学术》2000 年第 1 期；《美国学者对中国近代农业经济的研究》，《中国经济史研究》2001 年第 1 期；李金铮：《二十年来中国近代乡村经济史的新探索》，《历史研究》2003 年第 4 期。

第一，"农业经济衰退论"。自 20 世纪 20 年代一直到 80 年代，中国内地学者和日本学者基本上持此观点。他们认为中国农业经济从鸦片战争时期一直到 20 世纪上半叶呈衰退趋势，主要表现为农民一般依然沿袭着传统的手工劳动方式和古老的耕作方法，地权日益集中于少数人手中，传统家庭副业生产崩溃瓦解，城市无法从乡村取得粮食转而依赖进口，农产品及手工业品出口下跌，农村金融枯竭，农民普遍贫困，生活水平下降，越来越多的农民被迫离开农业和农村。① 诚如张瑞德所描述的，"此一时期的农业危机，并非只是传统时期暂时性的生存危机，而一系列持续发生的脱序现象，大规模的省际移民、饥荒、农民入城行乞、妇女坠入风尘、父母出售子女、乡村失业人口增加、负债情形普遍等事件，在过去不常发生，但是此时却成为普遍的现象。"② 当时以陈翰笙、钱俊瑞、薛暮桥、孙冶方、吴觉农、孙晓村、冯和法为代表的中国农村经济研究会，开展了大量的农村调查，运用阶级分析方法，通过实地调查材料，揭示中国农村中的封建剥削和各阶级关系。他们认为，帝国主义的入侵和地主的剥削是导致农业危机和农村衰落的主要根源。20 世纪 80 年代后，学者章有义、刘克祥、吴慧等基本赞同这一观点，但也提出了新的看法。章有义指出，近代农业总产量有所增长的结论也许是可信的，但人均产量和单位面积产量增加的论断难以令人相信。中国农业生产力的发展于 18 世纪达到顶峰，后转入停滞状态；19 世纪以后直至近代，农业中虽然出现一些新因素的萌芽，但所起作用微不足道，不可高估中国近代农业生产力新因素中的作用。卢锋、王天奖、魏丽英、符长泉、

---

① 陈翰笙等编《解放前的中国农村》1~3 卷，中国展望出版社，1985~1991；冯和法编《中国农村经济资料》和《中国农村经济资料续编》，黎明书局，1935；范苑声：《中国农村经济社会研究》，神州国光社，1937；金轮海：《中国农村经济研究》，中华书局，1937；千家驹：《农村与都市》，中华书局，1935；钱亦石：《中国农村问题》，中华书局，1935。

② 张瑞德：《中国近代农村经济的发展与危机——晚近一些论题的评述》，台北中研院近代史研究所《近代中国农村经济史论文集》，1989，第 724 页。

万振凡、吴存浩、郑庆平等也分别论述了近代农田单产下降、农业不发展及其原因。[①]

　　第二，"农业经济增长论"。与前相反，台湾学者王业健、日本学者河地重造以及大部分西方学者持增长观点。据王业健研究，从清初至 1933 年，中国人口增加了大约 3 倍，因而他由此推断，在粮食进口极其微少的情况下，中国农业生产获得了增长。[②] 日本学者河地重造则认为，中国农业在 30 年代所能达到的单位面积产量，实际上比当时的美国还要高出许多。[③] 西方学者珀金斯、马若孟、费维恺等认为，中国近代农业是发展的。珀金斯指出，"从明初到 1949 年，中国人口增加了七至九倍，而农业产量增长的比例也约略相等。"马若孟认为"1870～1937 年间中国农民在不降低生活水平的条件下养育着膨胀的人口，为不断扩大的城市经济提供了动力，向城市输送了粮食和工业用作物。农户的生活水平有了轻微的改善"[④]。

① 章有义：《近代徽州租佃关系案例研究》，中国社会科学出版社，1988；《海关报告中的近代中国农业生产力状况》，《中国农史》1991 年第 2 期；章有义：《近代东北地区农田单位面积产量下降的一个实证》，《中国经济史研究》1990 年第 3 期；刘克祥：《1927—1937 年农业生产与收成、产量研究》，《近代史研究》2001 年第 5 期；吴慧：《中国历代粮食亩产研究》，农业出版社，1985；郑庆平：《中国近代的农业危机》，《中国农史》1985 年第 4 期；郑庆平：《对中国近代农业生产力的基本估计》，《晋阳学刊》1994 年第 6 期；卢峰：《近代农业的困境及其根源》，《中国农史》1990 年第 3 期；王天奖：《从单产看近代河南农业生产》，《史学月刊》1991 年第 1 期；魏丽英：《论近代西北农村经济的破产及其主要原因》，《甘肃社会科学》1992 年第 5 期；符长泉：《30 年代中国农业危机及其影响》，《中国社会经济史研究》1993 年第 2 期；万振凡：《江西近代农业的生产关系与生产力》，《江西社会科学》1993 年第 6 期；吴存浩：《中国近代农业危机表现》，《中国农史》1994 年第 3 期。

② Yeh-chien Wang, *Land Taxing in Imperial China* (*1750–1911*), Cambridge Mass：Harvard University Press, 1973.

③ 〔日〕河地重造：《1930 年代中国农业生产力构造的最近动向》，《经济学杂志》第 49 卷第 6 期，第 1～29 页。

④ Lore Brandt, *Commercialization and Agricultural Development in East-Central China*, *1870–1937*, Cambridge：Cambridge University Press, 1989. Thomas G. Rawski, *China' Transition to Industrialism*, Michigan：The University of Michigan, 1980. *Economic Growth in Prewar China*, Berkely：University of Califorlia Press, 1989. Ramon H. Mycrs, "How did the Modern China Economy Develop—A Review Article, *Journal of Asian Studies*, 50. 3：601–28, 1991. 〔美〕马若孟著《中国农民经济——河北和山东的农民发展》，史建云译，江苏人民出版社，1999，前言第 1 页及第 330～331 页。

20 世纪 90 年代以来，国内学者开始趋向于认为近代农业有所发展。吴承明指出 20 世纪以来粮食总产量仍是增长的，于 1936 年达到高峰；他认为中国近代农业生产力仍然有所发展，生产方法也有所变化，发展甚慢，但基本上还能适应人口增长的需要。吴柏均、邓亦兵、徐秀丽、庄维民、唐文起、刘克祥等分别论述了无锡、北京、河北、山东、江苏、东北等地农业的发展及局限。王方中通过对农村地价涨落的研究，指出在 20 世纪最初 30 年内地价上涨，与农业生产情况较好，农产品价格上涨有关；从 1931 年开始，农村地价大跌，这主要是因为土地收益减低。徐秀丽等通过对近代冀鲁豫三省粮食生产的研究，认为 19 世纪中后期由于长期战乱和严重的自然灾害，粮食生产（包括总产和亩产）均趋减低；19 世纪八九十年代后农业逐渐复苏；20 世纪头 30 来年，由于若干新式农业技术的引进，及政府采取了一些鼓励农业发展的政策……粮食生产持续增长，亩产量逐渐回升，农业效益较好；20 年代末以后，受世界经济危机和国内战乱及天灾的影响，农业生产全面萎缩，到 1935 年时才有所恢复。[1] 目前，农业生产增长论在中国学术界似乎占了上风。李金铮则认为，近代中国农业生产力可概括为"相对发展，绝对落后"[2]。

第三种观点则是介于衰落论和增长论之间的"过密型增长"论和"农业生产技术停滞论"。这类学者认为近代中国农业并没有经历技术上和制度上的真正变革。农业产量的提高，是以单位工作日边际报酬递减为代价，不过刚刚跟得上人口的增长。农业产量的提高并不是技

---

[1]　吴承明：《中国近代农业生产力的考察》，《中国经济史研究》1989 年第 2 期；吴柏均：《无锡区域农村经济结构的实证分析》，《中国经济史研究》1991 年第 1 期；邓亦兵：《民国时期北京农业述略》，《北京社会科学》1993 年第 2 期；徐秀丽：《近代河北农地灌溉的发展》，《近代史研究》1993 年第 2 期；庄维民：《近代山东农业科技的推广及其评价》，《近代史研究》1993 年第 2 期；唐文起：《江苏地区农业近代化述略》，《学海》1993 年第 5 期；刘克祥：《清末和北洋时期东北地区的土地开垦和农业发展》，《中国经济史研究》1995 年第 4 期；从翰香等：《近代冀鲁豫乡村》，中国社会科学出版社，1995，第 329 页。

[2]　李金铮：《二十年来中国近代乡村经济史的新探索》。

术发展的结果，而是由于劳动力投入的增加。虽然单位面积的产量增加了，但是单位面积的单位人工产量却下降了。[①]

　　据张丽分析，上述三种观点中，"农业衰退论"的很多研究中的论据多来自于事实的"文字"描述，总体上是文字描述证据多于数据分析证据。由于大部分研究缺少定量分析，没有给出一个量化的指标，致使研究中的很多事实描述显得零乱、孤立、缺乏整体性。事实上，许多事实描述的确有政治意识形态下的有意选择之嫌。总而言之，"衰退"二字不能反映出近代中国农村经济状况的全景。"增长论"对于中国近代农村经济的看法又显得过于乐观。由于许多观点是在间接资料和假设推理上建立起来的，缺乏对农业生产资料的直接分析，一些观点显得太宏观化和理论化。增长论学者着重于近代农业商品化和专业化的研究。他们认为农民进入市场是为了追求利润并从近代农业的商品化和专业化中得到好处。但是由于他们没有在微观水平上对国际贸易和城市工业发展下的农户经济行为进行具体的研究，因而给人造成一种论据不充分的感觉。至于"过密型增长论"和"停滞论"，将鸦片战争后的中国农业放进14世纪以来的中国传统农业发展中去研究，容易给人造成一种"中国近代农业经济与宋元以后的中国传统农业经济没有本质的区别"的错觉。实际上19世纪末和20世纪初的中国农村经济已不能和明清（清中期）时期的传统农村经济同日而语；它已经脱离了中国农业经济原有的传统发展轨道。[②] 在上述评价的基础上，南开大学张丽提出了新的观点，认为，"衰退论""增长论"

① Kang Chao, *Man and Land in Chinese History：An Economy Analysis*, Stanford：Stanford University Press，1986.
黄宗智：《华北的小农经济与社会变迁》，中华书局，1986及《长江三角洲小农家庭与乡村发展》，中华书局，1992；王业键：《近代中国农业的成长及其危机》，台北中研院近代史研究所集刊第7期，1978；Elvin Mark, *The Pattern of the Chinese Past：A Social and Economic Interpretation*，Stanford：Stanford University Press，1973。
② 张丽：《非平衡化与不平衡——中国近代农村经济》，《南开经济研究》2006年第6期，第107、112、113页。

"停滞论"或"内卷论"都不能完整地解释1840～1949年的中国农业经济，应用"非平衡化与不平衡"来刻画1840～1949年的中国农村经济。即传统经济秩序受到强烈冲击，旧的经济平衡瓦解，新的经济平衡却没有建立。1840～1949年的中国农村经济有着那一时期中国社会动荡不安的强烈烙印。鸦片战争后中国传统农业经济体系的瓦解和新农业经济体系建立的失败是中国近代农业经济发展的主导特性。掺杂着"增长""衰退""停滞""内卷"等各种特征，一直到1949年，中国农村并没有建立现代农业经济体系。就像当时的整个中国社会一样，这一时期的中国农村经济也处在转型期，也像当时整个中国近代社会一样，中国近代农村经济的和平转型没有成功。①

我们认为：不论是"增长论""衰退论""停滞论""内卷论"，还是"非平衡化和不平衡论"，由于他们各自所引用的统计数据不同，而产生于近代中国的真正现代意义上的统计所导致的统计数据欠准确，所以研究者得出不同的结论自然也是情理中事。"衰退论"者更多着眼于二三十年代中国的农业危机这样一个较短的时段而得出的结论，同时也是近百年来中国备受西方侵略民族危机日趋严重情境下，出于民族义愤将其作为动员民众工具的产物；"增长论"则是现代西方学者从一个较长时段运用经济学理论对上述问题反思的结果，当然不免为西方辩护的立场；而"停滞论"和"内卷论"与前述两者的差别，则是在上述两者争论的基础上，引用了西方经济学的"增长与发展"的概念，对近代中国农业经济趋势的一种解读。"平衡论和非平衡论者"则运用西方经济学的均衡分析方法对近代中国农业经济特征进行了解读。一般而言，现代经济增长主要有三种源泉：一是消费，二是投资，三是对外贸易。从近代中国来看，城市消费水平的提高，现代工业投资的增加和对外贸易的发展，理应是近代中国经济增长的动因。当然在一个动荡的社会里，经济增长不能达到其潜在的增长水

----

① 张丽：《非平衡化与不平衡——中国近代农村经济》，第114页。

平，极大地影响了近代中国经济的增长。农业作为一种特殊的产业，有其自身的运行规律。就近代中国来说，城市和工商业的发展以及对外贸易的发展，为农业的发展提供了动力。从学理上说，近代中国农业应该得到发展。只不过，传统农业只是一种糊口经济，即使有所增长也不能得到很好的体现。尤其是传统农业的抗自然风险和市场风险能力较差，20 世纪二三十年代的中国农业正好处于严重的自然灾害和史无前例的全球性经济危机的双重夹击下，险象丛生，更容易让人得出农业危机和衰退的结论。此外，中国面积辽阔，各地经济发展极不平衡，沿海与内地、山区与平原差异很大。由于历史传统、地理位置及外来影响等原因，同样是内陆地区，四川、湖北各不相同。这在某种程度上更增加了农业经济的复杂性。因此，加强区域农业经济史的研究，有助于我们更加客观地恢复历史的原貌，了解近代中国农业发展的概况。

2. 近代农业经济政策研究

随着政府的近代化转型，政府在近代社会尤其是经济增长中的作用日益凸显。正如刘易斯所言：“没有一个国家不是在明智政府的积极刺激下取得经济进步的，同时经济生活中也存在着这么多由政府弄出来的祸害。”因此在中国近代农村经济特别是农业生产的发展过程中，国家政权扮演了一个什么样的角色，政府颁布实施了哪些政策，自然也成了学术界研究的重要问题。

早在 20 世纪 20~30 年代，国外各种现代思想和学说纷纷传入中国；农民运动和土地革命的开展；世界经济危机的冲击造成中国农村破产，农业危机日趋严重，学术界兴起中国农业问题研究热潮。

朱子爽编的《中国国民党农业政策》（国民图书出版社，1940），从文本到具体实施，对中国国民党农业政策进行了考察，为后人研究提供了基本史实。翟克《中国农村问题之研究》（广州国立中山大学出版部发行，1933）第十章介绍了民国以来的农业政策，主要对国民政府设立的农业机构、颁布的农业法规及改良农业的措施作了说明。

相关的专题论文有《一年来复兴农村政策之实施状况》（《农村复兴委员会会报》第 2 卷第 3 期）、童玉民《农业政策总论》（《中华农学会报》第 101～102 期）、翟克《中国农业政策之实施》（《农声》第 160 期）、邵元冲《中国之经济建设与农业政策》（《建国月刊》第 3 卷第 6 期）、张霞瞻《中国促进农业之政策》（《中华实业界》第 2 卷第 2 期）、唐启宇《中国农业政策简论》（《中华农学会报》第 78～79 期）、邵元冲《中国之经济建设与农业政策》（《商业杂志》第 5 卷第 7 期）、邵元冲《农矿部公布之各种农业法规》（《中华农学会报》第 84 期）等，对当时政府颁布的农业政策进行了介绍和评价。

除了综合农业政策问题外，各种专题政策也受到学术界的关注。土地政策成了当时研究的一个热点问题。仅南开大学经济研究所收集的专著就有 102 部，专题论文达 251 篇。主要著作有：《中国土地政策》（中国地政学会第五届年会论文集 1939）、朱子爽《中国国民党土地政策》（国民图书出版社，1943）、黄振钺《土地政策与土地法》（中国土地经济学社，1949）、吴文晖《中国土地问题及其对策》（商务印书馆，1943），吴英荃《中国土地问题教程》（国防政工局印，1948）。祝平《中国土地行政与土地立法之进展》（出版时间及地点不详），共四章，对国民政府土地行政的嬗变及土地立法的进程作了粗略的介绍。日本学者长野郎著陆璞译的《中国土地制度研究》对中国"土地制度的沿革、土地分配及所有权问题、土地的整理、土地课税、佃农制度"进行了专题研究。陈翰笙在《现代中国之土地问题》（1933）中指出全国土地兼并及集中趋势严重。但当时全国六省的调查则得出相反的结论。专题论文方面，《地政月刊》第一卷第十二期刊出了《农村复兴与土地问题》研究专号；在第三卷第一期又刊出了《土地法》研究专号。张心一《中国佃农问题的一点材料》（《统计月报》第 2 卷第 6 期）记载了立法院统计处在 1929 年进行了全国土地状

况的调查材料。萧铮的《一年来之中国土地改革运动》（《中央日报》
1935 年 1 月 8 日）、《中国今日应采之土地政策》（《地政月刊》第 1 卷
第 11 期）、南柯《中国土地政策之历史的发展过程》（《新农村》第 6
期）、董汝舟《土地政策与中国土地问题》（《建国月刊》第 8 卷第 5
期）、《中国土地问题与土地政策》（《经济旬刊》第 2 卷第 10 期）、齐
耀东《中国历代土地政策述略》（《北平大学学报》第 1 卷第 2 期）、
王琪《农村复兴与中国国民党之土地政策》（《地政月刊》第 1 卷 12
期），对中国土地政策进行了探讨。

　　时人对租佃制度有两种不同的见解：一是认为租佃制度是一种不
合理的生产关系，应该废除；一是认为租佃制度有继续存在的需要，
仅需改善其制度而不必全盘推翻。① 国民政府主计处统计局编《中国
租佃制度之统计分析》（正中书局，1942）对民国时期的田产权分配
状况、租佃制度概况、租佃制度的存废及国内有关耕者有其田的政策
立法状况进行了探讨。刘大钧的《我国佃农经济状况》（上海太平洋
书店，1929）汇集了前北京政府经济讨论处对晋、浙、鄂、湘、粤、
桂等省的佃农制的实地调查资料。第一至第四次《中国劳动年鉴》记
载了各省的佃农情形。《中国经济年鉴》开辟专章对佃农制度的问题
及各地情形作了全面而详细的叙述。全章共分上下两编。上编是全国
租佃制度总纲，下编是各省租佃惯例述略。司法行政部于 1928 年印行
的《民商事习惯调查报告录》第二编，汇集了各省的租佃契约及习惯
的资料。专题论文马寅初《中国租佃制度研究》（《经济学季刊》）分
析了浙、苏、湘、鄂、粤、桂、沪等省市的二五减租法规及土地法对
于佃农的规定等。相关论文还有郑震宇《中国之佃耕制度与佃农保
障》（《地政月刊》第 1 卷第 3、4 期）、陶因《我国佃农保护法规的批
评》（武汉社会科学季刊 5 卷 1 期）、陶因《中国各省佃农纳租方法及
租额概况》（《农情报告》第 3 卷第 4 期、第 6 期）、重生《我国农民

---

① 乔启明：《中国农村社会经济学》，商务印书馆，1945，第 263～264 页。

情形及佃农制度应有之补救》（《地政月刊》第 1 卷第 4 期）、蔡树邦《近十年来中国佃农风潮的研究》（《东方杂志》第 30 卷第 10 号）等。

田赋作为政府收入的重要来源之一，自然受到学者们的关注。晏才杰的《田赋刍议》是时人关于田赋问题的权威之作。该书分概论、近代田赋概略、政府最近整理田赋之计划、评论中外人士整理田赋之意见、著者的意见及结论等六章。朱偰教授指导中央大学经济系同仁收集江、浙、赣、皖、豫、鲁、粤、川、鄂 9 省 40 余县的田赋执票及串票，并以此为线索展开了进一步调查，编成《田赋附加税调查》，实为田赋研究的一种重要资料。在《田赋附加税之繁重与农村经济之没落》（《东方杂志》第 30 卷第 22 期）一文中，作者阐述了田赋附加税对农村经济的影响。相关专题论文还有李作周《中国的田赋与农民》（《新创造》2 卷 1~2 期）和《最近中国农民负担的田赋》（《中华月报》第 1 卷第 6 期）、成凤彩《中国田赋之积弊及其整理办法》（《中国经济》第 2 卷第 6 期）、胡雄定《中国田赋之现状及其整理》（《中华月报》第 2 卷第 4 期）、中国银行研究室《各省田赋鸟瞰》（《中行月刊》第 7 卷第 1 期）、陈翰笙《中国农民担负的赋税》（《东方杂志》25 卷 19 期）、吴培均《各省市田赋概况》（《地政月刊》第 1 卷第 3 期）、李如汉《中国田赋高度的新估计》（《地政月刊》第 1 卷第 3 期）等。此外还有农业金融及农业教育的相关研究。伍玉章的《中国实施农业合作金融的十年计划》（《合作月刊》第 2 卷第 9、10 期）、唐启宇《中国农业金融制度及其实施方案》（《中华农学会报》第 74 期）、陈家琪的《我国近三年来农村金融机关之概况》（《南大半月刊》第 152、153 期）对中国的农业金融进行了探讨；《各省乙种农校每年经费数及学生数表》《各省甲种农校每年经费数及学生数表》《各省农校总数表》（《中华农学会报》第 3 卷第 8 期）和《全国农业学校概况表》（《教育公报》第 4 卷第 9 期），调查了当时各省的农业学校的学生数及经费；吴元涤的《吾国农业教育之缺陷及改革方法之商榷》（《中华教育界》第 8 卷第 1 期）、邹秉文《民国十年之农业教育》(《新教育》第 4 期)、唐启宇《四十年来之中国农业教育》(《农业周报》第 2 期)对近代中国的农业教育进行了探讨。

新中国成立以后，由于众所周知的原因，对于以往政府的经济政策的研究，学界过于渲染其反动性，过于渲染政府对农村的压榨剥削。① 新中国成立后至 1989 年，虽然中国经济史研究取得了可喜的成绩，但对农业史的研究仍相当薄弱。② 20 世纪 90 年代以来，农业史的研究逐步受到重视，学者们也开始涉足于历届政府的农业政策。朱英《晚清经济政策和改革措施》(华中师范大学出版社，1996)是我国第一部通篇研究经济政策的力作，作者着力于晚清政府经济政策的研究。该著认为清政府的农业政策产生了一定的积极影响，促使中国传统农业开始向近代农业转化，对晚清政府的农业政策做出了积极的评价。此后朱英和石柏林合著的《近代中国经济政策演变史稿》(湖北人民出版社，1998)着眼于全面地考察和剖析整个近代中国经济政策的发展演变。该著对晚清以来历届政府的农业政策进行了分析和评价，但由于受篇幅的限制，未能面面俱到。徐建生、徐卫国《清末民初经济政策研究》(广西师范大学出版社，2001)，徐建生《民国时期经济政策的沿袭与变异 (1912—1937)》(福建人民出版社，2006)，上述两书在对清末民初经济政策进行了探讨后，作者又对民国时期北洋和国民党两政府的经济政策进行了连贯和整体的研究，突破以往将两者截然分开的研究模式，通过对政权性质、机构裁设、制度废立、人员去留、政策来源、政策思路等的分析，揭示两者之间既有沿袭又有变异的内在联系。但是上述两部著作都只是对农业政策进行了简单的介绍和评价。陆仰渊、方庆秋主编的《民国社会经济史》(中国经济出版社，1991)一书以中国经济近代化的历程为线索，对各个时期

---

① 李文海、章有义:《中国近代农业史资料》，生活·读书·新知三联书店，1957；桑润生:《中国近代农业经济史》，农业出版社，1986；郑庆平、岳琛:《中国农业经济史》，中国人民大学出版社，1989。
② 《1989 年中国经济史研究综述》，《中国经济史研究》1990 年第 2 期。

执政当局有关的经济政策和纲领计划进行了分析。郭文韬等从农业科技、农业教育、农业推广等方面，认为政府对于推进农业发展和现代化起了重要作用。[①]

除了对全国的农业经济政策研究之外，学者们也开始关注地方政府的农业经济政策。苑书义对政府在农业现代化过程中的历史作用进行了积极的评价。[②] 庄维民对山东地区做了深入的区域研究，他首先肯定了清末新政以来政府在农业技术改进和推广方面的成效，但也指出由于发生在有限的地域和领域，远未能使近代农业发生整体性的变革和进步。[③] 台湾学者张玉法的《山东的农政与农业 (1916—1937)》探讨了政府的农业政策及其对山东农业的影响，叙述了 1916～1937 年山东农业的情况，他列举当时当地的农政机关和农业团体，并认为山东其时的农业改良，诸如改良品种或引进新作物、提供技术与资讯等等，几乎完全由政府主导，以政令推行。这个时期农业的发展，又是承续前一时期 (1860～1916) 而来，所采取的各种改良措施，并非全无影响，无疑地带来了农业收入的增加。吕芳上就江西的农业改良进行了探讨，他指出，抗战前江西的农业改良工作，是当时省政的一项要务，有关机关纷纷设立，除了负有复兴农业的积极任务，更带有政治意味。其中如农业院的设立宗旨，是谋求改进生产技术、改善农民生活，事实上只在植物种植、动物繁殖、农业经济、农业教育等方面，做了一些工作。[④]

关于本期经济政策的专题论文有：陈梅芳的《试论十年内战时期国民党政府的农村经济政策》指出国民党固然有对付中国共产党的一面，但并不像传统所说的为了装扮门面，曾经花了一定的精力来从事土地改革和救济农村，但失败了，其原因主要是竭力维护大土地所有

① 郭文韬等：《中国近代农业科技史》，中国农业科技出版社，1996。
② 苑书义等：《艰难的转轨历程——近代华北经济与社会发展研究》，人民出版社，1997，第 126～151 页。
③ 庄维民：《近代山东市场经济的变迁》，中华书局，2000，第 633～639 页。
④ 夷贞：《台北两次关于中国经济史学术会议论文要旨介绍》，《中国经济史研究》1990 年第 3 期。

制和大土地所有者的利益，缺乏保障其实施的基层政权力量以及政治经济不统一。邱松庆也对此一问题进行了论述，认为南京国民政府为了稳定局势、巩固统治、增加财政收入，先后颁布和实施了一系列有利于恢复与振兴农业生产的政策与措施，取得了显而易见的成绩，农业生产得到了一定程度的发展。① 郑磊从 1928~1930 年旱灾后关中地区种植结构的变化发现，政府开始有效地介入地方经济生活，先是严厉禁止农民种植鸦片，但考虑到烟农的生计，又大力推行优质棉花的种植。抗战爆发后，为了满足战时对粮食的特殊需求，又减缓棉花的发展势头，促进农民大量种植粮食作物。这一变迁反映了国家利益和小农利益的平衡和协调，也表现出国民政府在履行国家职能方面胜过以往任何王朝。② 这篇文章从国家政权与农业经济互动的视角进行分析，为经济发展中国家与社会的关系的研究提供了一个范例。

近年来，一批硕博士论文开始对近代中国的农业经济政策进行了专题探讨，主要有刘椿的《中国近代农业现代化研究——以南京国民政府时期农业政策为中心》（南京农业大学博士论文，2000），该文选取了土地制度、农业税收、农业信贷和合作运动三种政策进行探讨，认为此一时期近代中国的农业和农村社会在极其恶劣的内外环境中向现代化大大地迈进了一步，但对国民政府的农业经济政策缺乏整体的观照。王合群的《浙江"二五减租"研究》（华东师范大学博士论文，2003）、雷芳的《论南京国民政府的农村合作运动》（河南大学硕士论文，2002）、曹明的《南京国民政府初期的〈土地法〉研究》（东北师范大学硕士论文，2004）、杨柳的《南京国民政府的农村复兴运动——截至抗战前的考察》（西北师范大学硕士论文，2005）、郭从文的《南京国民政府农业推广政策研究》（华中师范大学硕士论文，

---

① 陈梅芳：《试论十年内战时期国民党政府的农村经济政策》，《中国经济史研究》1991 年第 4 期；邱松庆：《简评南京国民政府初建时期的农业政策》，《中国社会经济史研究》1999 年第 4 期。

② 郑磊：《1928—1930 年旱灾后关中地区种植结构之变迁》，《中国农史》2001 年第 1 期。

2005）、李均的《南京国民政府统治初期农村金融与农村经济发展关系研究（1927—1937）》（西南财经大学硕士论文，2005）等，对国民政府的某一农业专题政策进行了探讨。

3. 近代湖北农业经济政策研究状况

20 世纪二三十年代，学者们对湖北省农业经济展开了研究，主要成果有：1936 年金陵大学农业经济系受中国农民银行的委托所做的系列调查，如《豫鄂皖赣四省之租佃制度》《豫鄂皖赣四省之土地利用》《豫鄂皖赣四省之典当业》，为后人研究湖北农业提供了相关资料。此外，本期湖北省政府、学术机构及个人的调查报告也为本课题的研究提供了重要的史料。湖北省政府联合农本局、资源委员会、中央农业实验所、金陵大学、武汉大学、南京中国银行、中国农民银行、平汉铁路管理局、湖北省政府建设厅、湖北省农村合作委员会、湖北省银行、湖北省地政局等机关，于 1937 年 3 月 20 日成立湖北省农村调查委员会。先从农产丰富、交通便利之武昌、汉阳、嘉鱼、大冶、鄂城、黄冈、浠水、蕲春、黄陂、孝感、云梦、汉川、应城、安陆、应山、随县、钟祥、京山、天门、沔阳、潜江、监利、江陵、荆门、宜城、枣阳、襄阳、光化、谷城、当阳等 30 个县着手调查，自 4 月 1 日至 8 月中旬，工作大部分完成。调查范围约占全省面积之半，动员县区乡之干部及下级工作人员参加者达 3 万余人。该项调查为后人研究当时湖北农村社会经济留下了珍贵的史料。1934～1935 年，中国农民银行委托金陵大学农业经济系对豫鄂皖赣四省农村经济进行了系列调查，内容涉及土地利用、租佃制度、典当业等各个方面，尤其还对豫鄂皖赣四省进行了比较研究，实在难能可贵。1935 年，张培刚以一名学者的身份对家乡黄安成家庄的农家经济进行了精细调查。该调查以论文的形式陆续发表在《益世报》的农村周刊上，全文共分一般生产要素、农业经营状况和农家收支的分析三部分，为后人精确地描述了湖北成家庄农家的生产和生活状况。此外，陈赓雅的《赣皖湘鄂视察

记》，以一名记者的身份记录了当时的湖北农村经济状况。当代学者
萧铮主编的《二十年代中国大陆土地问题资料》收集了当时对湖北农
村经济的研究著作及调查报告，主要有：程理锟的《湖北省之农业
金融与地权异动之关系》、缪启愉的《武昌田赋之研究》、贾品一的
《湖北省办理土地陈报之经过》、李若虚的《大冶农村经济研究》、
范守荣《湖北省之土地利用与粮食问题》、潘泗的《黄冈县之租佃
制度》、周世彦的《咸宁土地分配之研究》、陈家鼎的《宜昌沙市之
地价研究》、李若虚的《湖北省大冶县实习调查日记》、张维光的
《汉口武昌实习调查日记》、赵巨恩的《湖北财政厅实习报告》、缪
启愉的《武昌鄂城等县调查日记》等。内容涉及当时湖北的农业金
融、田赋、土地分配及利用各方面。上述研究为本书的研究提供了
重要的参考资料。

　　介绍此一时期湖北农业状况的相关论文主要有：鲍幼申《湖北省
经济概况》（《汉口商业月刊》第 1 卷第 3～5 期）、《鄂省农业经济状
况》（《中外经济周刊》第 178 期）、徐正鉴《湖北省农业状况》（《农
业推广》第 5 期）、穆严《湖北农村经济之概况》（《政治月刊》第 1
卷第 1 期）、《鄂省农村经济衰落》（《经济旬刊》第 2 卷第 10 期）、
《湖北黄梅县农业经济状况》（《经济半月刊》第 1 卷第 2 期）、《咸宁
农业经济概况》（《中外经济周刊》第 223 期）、潘鸿声《鄂北农业与
农村概况》（《农业周报》第 2 期）、任安《鄂省枣阳之农村经济概
况》（《农业周报》第 2 期）、《湖北农民生产生活概况调查》（《湖北
农矿月刊》第 3～6 期）、《应城县物产状况及行销情形》（《工商半月
刊》第 2 卷第 20 期）。此外还有《湖北农民融通资金之方法》（《中外
经济周刊》第 114 期）、《湖北县市乡农会一览表》（《湖北省农会报》
第 4 卷第 2 期）、《鄂北八县整理田赋暂行办法》（《地政月刊》第 2 卷
第 9 期）、《鄂整理田赋》（《地政月刊》第 2 卷第 8 期）、《鄂清理田赋
废除苛杂办法》（《中行月刊》第 9 卷第 3 号）、《田赋附税及摊派——
湖北》（《农村复兴委员会会报》第 12 号）、庄张华《湖北田赋概要》

（《地政月刊》第 1 卷第 9 期）、《湖北省各县原有正附捐税调查》
（《地政月刊》第 1 卷第 6 期）、《湖北省各县地价调查》（《地政月刊》
第 1 卷第 6 期）、左泽生《湖北农民离村问题》（《湖北农村合作》第
2 期）、金觉凡《改良湖北农业之建议及回音》（《农林新报》第 10
期），这些研究主要涉及农民融通资金的办法、田赋、农民离村等
问题。

　　新中国成立后，湖北地方史的研究备受学者关注，取得了丰硕的
成果，就通史性著作而言，主要有湖北省地方志编纂委员会编著的
《湖北省志》系列（湖北人民出版社，1992～2002）和章开沅、张正
明、罗福惠主编的《湖北通史》（华中师范大学出版社，1999）。其他
各种成果举不胜数。但是就本书选题范围而言，至今学术界关注仍然
甚少。据笔者所知，涉及"南京国民政府时期湖北的农业政策"这一
主题的著作主要有：陈钧、张元俊等主编的《湖北农业开发史》是一
部研究湖北农业史的重要著作。该书近现代部分把生产力和生产关系
结合起来论述，对国民政府的农业政策进行了探讨，作者指出，国民
党政府为了巩固统治，在加强对广大农民掠夺的同时，不得不做出
"改良"和"复兴"农村经济的种种姿态，相继颁布和实施了一系列
政策和法令，以此来缓和农业危机。[①] 湖北省地方志编纂委员会编著
的《湖北省志·农业》认为民国时期历时 38 年，在这期间，湖北省
境内由于战争频繁，自然灾害连年不断加上封建制度的残酷剥削，到
民国末期，农村经济趋于全面崩溃的境地，农村贫困现象严重，农民
生活极为困苦。[②] 田子渝、黄华文合著的《湖北通史·民国卷》（华中
师范大学出版社，1999）探讨了国民政府时期湖北的农业。他们认为，
在抗战前十年，尤其是 1935～1937 年湖北省的社会经济建设取得了较
大的发展，达到了民国时期的最好水平。但他们都没有对这一时期湖

[①] 陈钧、张元俊等主编《湖北农业开发史》，中国文史出版社，1992，第 218 页。
[②] 湖北省地方志编纂委员会编著《湖北省志·农业》，湖北人民出版社，1994，第 18 页。

北省政府在农业现代化中的角色问题作专门的、深入的探讨。值得注
意的是，宋亚平的《湖北地方政府与社会经济建设》是一部专门探讨
湖北省地方政府在地方经济建设中的角色和地位的专著。该书认为，
湖北地方政府在新政期间对于农业经济领域一系列改革措施是比较积
极的，特别是希望采取发展农业科技教育、提高农民知识素质、革新
农具、改造农业生产结构等办法来推动传统农业向近代化转变的思路
无疑是正确的。① 辛亥革命 100 周年之际，宋亚平等又对清末民初的
湖北农业进行了新的探讨。②

　　近年来，民国时期湖北的专题农业政策受到了学者们关注。黄长
义、徐凯希讨论了南京国民政府和湖北地方政府在汉江流域农业改良
措施，指出这些措施使处于困境中的汉江流域农村经济得到短暂的恢
复，为全民族抗战准备了一定的物质基础。③ 李铁强从田赋的地位、
征收过程及其弊端等方面对 1927～1937 年南京国民政府时期湖北田赋
问题进行了探讨，认为，湖北省政府整理田赋的努力基本上归于失败，
这一方面反映出政府行政能力的低下，另一方面也说明农村传统势力
仍然是一支阻碍中国农村现代化步履的力量。④ 张泰山对 1927～1937
年湖北田赋额进行了考察，认为此期湖北田赋征收成数及实征数量低
于北洋政府时期；他还以湖北省为例，从分析田赋征收人员的结构和
素质入手来探讨田赋征收中的问题。⑤ 魏文享对南京国民政府时期湖
北省的农会组织进行了探讨，指出农会组织在农业建设及乡村控制两

① 宋亚平：《湖北地方政府与社会经济建设》，华中师范大学出版社，1999，第 285～291 页。
② 宋亚平：《辛亥革命前后的湖北经济与社会》，中国社会科学出版社，2011，第 233～280 页。
③ 黄长义、徐凯希：《20 世纪 30 年代湖北汉江流域的农业改良》，《湖北大学学报》2004 年第 3 期。
④ 李铁强：《1927—1937 年湖北田赋问题述论》，《江汉论坛》2004 年第 1 期；李铁强：《土地、国家与农民——基于湖北田赋问题的实证研究（1912—1949）》，人民出版社，2009。
⑤ 张泰山：《民国时期田赋征收人员的结构及其素质考察——以 1927—1937 年的湖北省为例》，《民国档案》2006 年第 2 期；《1927—1937 湖北田赋额状况考察——南京国民政府时期湖北田赋研究之三》，《湖北教育学院学报》2006 年第 7 期。

个方面具有重要作用。① 官互进对 1890～1992 年近百年湖北农业中等学校的发展历程进行了梳理。② 王蓉对 1927～1949 年湖北省的公立农场进行了探讨，指出：1927～1949 年，湖北省境内的公立农场体系已比较完整，其组织形式虽有多种，但目标仍比较统一，由初期比较单纯的改良生产，逐步发展为改良生产与改进农村同时并举，成为国民政府乡村建设的重要途径与方式。③

　　近年来，许多硕博士论文也开始对民国时期湖北地方农业经济史进行探讨。任晓华《晚清以来湖北省农业土地利用时空变化研究》（武汉大学 2004 年博士论文），对晚清以来湖北的土地利用状况展开了研究，指出 1873～1933 年湖北耕地面积不断增加，土地利用呈现明显的商品性特征。民国以来，湖北的农业得到短暂的恢复和发展，人民的生活条件也得到了一定的改善。江满情《论湖北省政府在现代化中的主导角色（1929—1936）——以财政为中心》（华中师范大学 2000 年硕士论文）从财政角度探讨了湖北省地方政府在现代化中的角色，认为在这 8 年中，湖北省政府已具备一定的政府能力，在现代化过程中一定程度上发挥了主导作用。但是湖北省政府这一主导角色的扮演尚不十分出色。王奎《合作社组织与乡村社会变迁——以 1931—1945 年湖北省农村合作运动为个案》（华中师范大学 2004 年硕士论文）从国民政府开展的农村合作运动的角度探讨了合作运动对湖北乡村的影响。周群《清末民初湖北地方社会经济的变更》（华中师范大学 2005 年硕士论文）则对清末民初湖北地方政府的农业政策及其对乡村社会的影响进行了探讨。李秀霞《论北洋政府时期湖北的农政与农业》（华中师范大学 2007 年硕士论文）比

---

① 魏文享：《试论南京国民政府时期湖北省的农会组织》，《湖北师范学院学报》2005 年第 6 期；《乡村控制与农业建设——试论南京政府时期湖北省的农会组织》，《中国农史》2006 年第 4 期。
② 官互进：《湖北中等农业学校史略 1890—1992》，《古今农业》1995 年第 1 期。
③ 湖北省科学技术协会：《三农问题与新农村建设——湖北省首届涉农领域青年博士论坛论文集》，2006。

较详实地探讨了北洋政府时期湖北地方政府的农业政策及其对农业的影响。

　　台湾学者李国祁、张朋园、张玉法共同主持的"中国现代化的区域研究"，对地方政府在现代化中的角色研究影响深远。这些研究虽以现代化立论，但在选材与分析时仍带有明显的政治偏向性。其中，苏云峰《中国现代化的区域研究：湖北省（1860—1916）》一书认为湖北农业受到政府的关注极少，投资有限，未发生根本变革；农民收入少，生活条件差，但有关民国的研究时段很短，只有短短的 5 年。[①]苏云峰《政局与财政的互动关系：以抗战前期湖北为例》一文，阐述政治和财政二者之间的互动关系，得出"北洋军阀是压鸡挤卵，武汉政权是杀鸡取卵，国民政府养鸡取蛋"的结论。[②] 在《湖北的政治现代化》一书中，苏云峰探讨湖北自清末至抗战前的政治演变。在台湾中研院近代史所举办的"抗战前十年国家建设史学术研讨会"上，他宣读的论文《抗战前十年之湖北政治与社会》，介绍了这 10 年间湖北省政治与社会发展的情况。

　　韩国学者田炯权著《中国近代社会经济史研究》（中国社会科学出版社，1998），专辟一章论述了"清末民国时期湖广地方的农业生产力和生产关系"，该书指出至少在 1937 年中日战争以前湖南湖北稻谷生产地区的农业生产力并未停滞不前，而是持续发展了，但该书所使用的资料大多反映的是民国时期湖南农业的情况，对于清末民初湖北农业经济状况研究甚少。

　　总之，综观上述研究，学界对于农业经济政策的研究的确取得了可喜的成绩，为本课题的研究奠定了坚实的基础，但仍存在以下不足：

　　一是宏观性的全国农业经济政策研究较多，而中观和微观的地区

---

① 苏云峰：《中国现代化的区域研究：湖北省（1860—1916）》，台北中研院近代史所，1981，第 572 页。

② 苏云峰：《政局与财政的互动关系：以抗战前湖北为例》，中研院近代史研究所社会经济史组编《财政与近代历史》（上册），台北中研院近代史研究所印行，1999，第 109～148 页。

性农业政策研究较少。

二是目前的研究主要是侧重对政府颁布的法律、规章进行文本考察，而对其政策执行缺乏较为深入的考察。

三是研究的理论与方法还有待进一步加强，有必要引入政策科学、制度变迁等相关理论来丰富农业经济政策的研究。

二 选题缘由及意义

1. 选题缘由

（1）区域史研究的勃发

20 世纪 70 年代后，美国研究中国史的学者将研究的焦点从过去的"整体研究"转到地方史的研究上，逐渐走出从前简单地将中国视为单一实体进行"整体研究"的误区，引发了将中国史研究在空间上加以分解的"地方史"研究浪潮。[①] 这种研究热潮在我国也引起了极大的反响。尤其是进入 80 年代后，中国区域史研究得到空前的发展。其成就之一就是各省份通史或断代史，尤其是近代史的大量问世。关于区域农业、农村经济发展和农民心态的研究著作主要有：章有义《明清徽州土地关系研究》（中国社会科学出版社，1984）、曹幸穗《旧中国苏南农家经济研究》（中央编译出版社，1996）、秦晖等《田

[①] 陈君静：《近三十年来美国的中国史研究》，《史学史研究》2002 年第 1 期。研究的焦点逐渐从国家范围向下转。最先的研究重点主要集中在省一级的层次上。如：楼兹（Edward J. M. Rhoads）的《中国的共和革命：1895 到 1913 年间的广东省》（China's Republican Revolution：The Case of Kangtung，1895–1913）、凯普（Robert A. Kapp）的《四川与共和中国：地方军阀与中央政府，1911—1938》（*Szechwan and the Chinese Republic：Provincial Militarism and Central Power，1911–1938*）、舍登（Donald Sutton）的《地方军阀与共和中国：云南军 1905—1925 年》（*Provincial Militarism and the Chinese Republic：The Yunnan Army 1905–1925*）和周锡瑞（J. W. Esherick）的《中国的改良和革命：辛亥革命在湖南湖北》（*Reform and Revolution in China：The 1911 Revolution in Hunan and Hubei*）。

园诗与交响曲——关中模式与前近代社会的再认识》（中央文献出版社，1996）、段本洛等《近代江南农村》（江苏人民出版社，1994）、丛翰香主编《近代冀鲁豫乡村》（中国社会科学出版社，1995）、杨新才《宁夏农业史》（中国农业出版社，1998）、周晓虹《传统与变迁——江浙农民的社会心理及其近代以来的嬗变》（三联书店，1998）等。通过对中国近代区域史研究的大致浏览，我们发现这一史学分支学科不仅有了为数众多的成果，而且正呈现出十分强劲的发展势头。不过，在发展过程中亦存在一些倾向和问题。在作为研究对象的区位选择方面不平衡。在省份方面，人文社会科学相对发达的沿海和沿江地区的地方史研究成果较多，而对内陆省份的相关研究则很薄弱。本书选取传统农业较为发达的湖北进行探讨，试图弥补上述研究之不足。

（2）现代政府角色重要性的日益凸显

随着政府的近代化转型，政府在近代社会尤其是经济增长中的作用日益凸显。政府对经济发展作用的表现之一就是实行正确的决策。[①]政府政策对经济增长的重要性无论怎么强调也不过分。正如诺思所说："国家的存在是经济增长的关键，然而国家又是人为经济衰退的根源。"[②]因此作为国家存在形式的中央政府和地方政府自然也成了学术界最为关注的问题。目前学术界对于中央政府经济政策的研究较多，主要有朱英《晚清经济政策及改革措施》、朱英、石柏林《近代中国经济政策演变史稿》、徐建生等《清末民初经济政策研究》、徐建生《民国时期经济政策的沿袭与变异（1912—1937）》等专著和一些学术论文；而对于地方政府的经济政策研究较少。此一时期，由于南京国民政府在中央与地方的权限划分上实行均权主义，地方政府在国

---

① 刘国平：《中国与世界经济发展的比较》，湖南出版社，1991，第 277 页。
② 诺思著《经济史中的结构与变迁》，陈郁译，上海三联书店、上海人民出版社，1999，第 20 页。

家权力构成中也占有相当的地位。因此，探讨地方政府在现代化中的角色是研究中国现代化史所不可或缺的部分。但目前史学界对地方政府在中国现代化中的作用的探讨却十分不够。本书的写作便是希图在这一方面有所补益。

2. 意 义

（1）理论意义

一个国家或地区经济的发展变化和兴衰起伏，固然受到自然、政治、社会和市场等多种条件和因素的制约，有其自身的规律，但政府的经济政策起着极为关键的作用。经济政策是经济史研究的核心问题之一。目前学术界对于中央政府经济政策的研究较多，而对于地方政府的经济政策研究较少。实际上，中央政府的经济政策很大程度上依靠地方政府去执行，同时地方政府在执行中央政令时根据本地区的实际也颁布了许多政令，因此地方政府的经济政策应是经济政策课题研究中的应有之义。对于地方政府经济政策的研究，目前的学术界主要在部分地方史研究著作中有所涉及，并且主要集中于现代的工商经济政策的研究，而对于农业政策的研究十分薄弱。因此，本课题选择湖北省这一地方政府的农业政策进行较为系统的研究，探究地方政府在农业政策上所扮演的决策角色，尤其是政府部门如何形成有效的决策、贯彻执行的方式、政策效应和影响以及在推动地方经济发展中的作用，对于丰富区域经济史和农业史研究的宝库，具有较为重要的理论意义。

（2）实践意义

农业是人类衣食之源、生存之本，是国民经济及其他部门赖以发展的基础。在当今社会中，农业仍然起着提供民生粮食、保护生态环境、维护国家安全的重要作用。在农业经济发展的过程中，政府扮演着极其重要的角色。目前历史上的"三农"问题研究方兴未艾，学术界对于"三农"问题的由来、发展状况都进行了较为深入的研究。但是人们过多地把研究的焦点集中于中央政府，那么地方政府在地方经济发展中应当承担什么角色？其颁布的一系列经济政策对于近代地方农业经济发展又起了什么作用？是推力还是阻力？诸如此类问题均值得探讨，且意义重大。重新审视20世纪二三十年代湖北省地方政府的农业经济政策，总结其利弊得失，不失为一项极具现实意义的研究。

三　研究主旨和结构安排

政府对经济的作用至为关键。正如诺斯所言，"国家的存在是经济增长关键，然而国家又是人为经济衰退的根源。这一悖论使国家成为经济史研究的核心。"政策是政府作用于经济的工具，而近代中国是一个农业大国，农业经济政策自然成为经济史研究的题中应有之义。本书选取1927～1937年的湖北省为个案，在查阅历史档案和各类历史文献资料的基础上，试图复原当时湖北农业经济政策的原貌；结合国内外学者对湖北农业经济史的研究成果，运用政策科学和制度分析方法，揭示出湖北农业经济政策的利弊得失，总结和发掘出一些对今天的农业现代化建设具有启迪和借鉴意义的经验和教训。

本书共分绪论、主体和结语三大部分。

绪论部分主要阐述国内外研究现状分析、选题缘由及意义、本研究主旨和结构安排、研究方法及资料来源。

主体部分共八章。

政策制定和实施离不开特定的环境。本书第一章主要从近代以来湖北农业发展条件、湖北农业发展水平来探讨湖北农业经济政策的环境。主要回答近代以来湖北农业的发展条件，并对近代以来湖北农业发展水平进行大致的估计。我们认为：本期湖北农业经济政策的实施环境极其恶劣：一是政局极其不稳定。国民政府面临来自中国共产党和桂系势力的强力挑战；二是史无前例的世界性经济危机的爆发和全国农村的普遍衰败；三是自然灾害频繁，尤其是 1931 年和 1935 年的大水灾及 1934 年的大旱灾，给湖北农业以沉重的打击。在此历史条件下，湖北农业迫切需要政府的干预，以恢复农业生产、救济农民和建设农村。

当时湖北的农业政策的文本内容如何？究竟出台了哪些政策？本书第二章从文本层面对国民政府时期的湖北农业经济政策进行了宏观考察。在对本期国民政府及湖北地方政府的农业经济政策的制定和颁布状况进行概略描述后，着重分析农业经济政策的内容。我们认为，在政策设计上，国民政府及湖北地方政府在极其艰难的环境下，鼓励开垦荒地，扩大耕地面积；对采用科学方法、新式机械、改良品种等活动进行奖励；加强对农业科学技术的研究与推广工作，试图增加农业生产。除了对农业生产活动进行直接干预外，国民政府及湖北地方政府还对农业的运销环节进行调节，恢复和发展仓储事业，实施农业关税政策，调节农产品价格，保护农业生产，甚至直接设立农产运销整理处，实行农产运销的部分统制。针对当时农业金融枯竭的现象，政府试图建立现代农业金融体系，以调剂农业金融。此外，政府开始注重农田水利建设，以提高农业的自然风险的水平。尤为值得注意的是，本期的土地政策和农业税收的改革，试图为农业发展提供基本的土地制度和税收制度，促进农业发展。

政策的执行离不开人力和财力的支持。第三章和第四章分别从人力和财力两个方面分别回答了这两个问题。人力支持的集中体现为组织机构的设立。组织机构是政策实施的主要载体。第三章对本期各种农业专门机构的设置及发展演变进行了考察，我们认为各种农业专门机构的设置，为农业政策的实施提供了最基本的组织保障，但是，组织机构因时、因地而设，结果也必然带来政出多门、机构相互推诿、下级机构执行困难等诸多问题。尤其是农业组织机构的"倒金字塔形"结构和下层机构执行人员的素质极大程度上影响了政策执行的效果。而这一切，毕竟是现代政府进行了恢复和发展农业生产的艰辛尝试，当然也反映出现代政府自身转型的不成熟。在此问题上，我们不能过分的谴责前人。一定的资金支持是农业政策执行的物质基础。第四章对湖北省政府对农业的投入进行考察。主要回答的问题有：湖北地方政府的农业投入来源有哪些？主要用途是什么？我们认为直接的财政投入和现代信贷支持，维持了各种农业机构的运转和农田水利建设、农业技术研究和开发等部分农业建设事业的开展。由于本期国民政府和湖北地方政府的财政极其拮据，导致农业投入严重不足。不仅如此，政府为筹措本已极其有限的资金，也只能运用苛捐杂税和直接摊派等非常手段开辟财源，这又成了近代农民负担加重的一个重要原因，也是后来民众抛弃国民政府的症结所在。

农业发展离不开政府的政策支持。其中土地、税收、农田水利等公共建设政策尤为重要，本书第五至第七章分别论述了这一问题

第五章对土地政策进行了探讨，主要回答的问题有：国民政府及湖北省地方政府对于土地问题是如何认识和处理的？出台了哪些政策？其政策绩效如何？在维护农村基本秩序的前提下，国民政府和湖北地方政府对土地政策进行了适度调整。我们认为，国民政府一直重视土地问题，并且有贯穿始终的土地政策。孙中山的"平均地权和耕者有其田"的思想，始终是民国土地政策的纲领和核心。国民政府推行"二五减租"，试图调整业佃关系；兴办利用合作社，试图利用和平手段解决土地分配问题；创办集团农场，鼓励大农经营，试图地尽其用，提高土地利用水平。国民政府推动土地改革更大程度上是基于维护政权稳定和获得民众认可的政治目标，这与地方政府着眼于获取更多的财政收入，以解决其财政拮据的经济目标相冲突，结果导致土地政策绩效极不理想，土地分配不均状况并没有得到多大改善，租佃制度也未得到改良，土地利用状况更不理想。

第六章对田赋改革的缘起、内容、进程及成效进行了考察。田赋改革，关系着地方政府的财政收入和农民的切身利益。本期湖北省在国民政府的强制推动下，进行了田赋制度的改革，举办土地测量、土

地陈报、土地推收等土地整理活动；整理田赋税目、调整田赋税率、改良田赋征收。田赋改革，使得湖北地方政府的财政获得了一定程度的增长；并没有减轻农民负担相反加重了农民负担；国民政府稳定社会和巩固政权的目标未能实现。

第七章则主要回答湖北地方政府在农业生产和经营方面进行了哪些干预活动？其效果如何？本期的国民政府与湖北地方政府，恢复和创办农业试验机构，进行农业品种改良和技术改良活动，为推动农业发展提供技术支持；开展棉花掺水掺杂取缔活动，创办商品检验，提高农产品品质和市场竞争力，开创性地为农业生产提供质量保障体系；发展农田水利事业，为农业生产提供公共基础设施；恢复和发展仓储事业，创办新式农仓，调节粮价，试图建立农产品价格支持体系及救济灾荒；开展合作运动，在农村试图通过新型农业组织的合作社创办，建立农业生产、运销、金融体系，对农业生产进行强力的组织干预，合作运动取得了一定的绩效，融通了农村金融，进行公共基础设施建设，部分解决了单个农民无力解决的问题，推动农业技术改良和进行农产运销改革，提高了农民收益。但是仍然存在诸多问题。

最后对本期的农业政策进行评估。

第八章综合考察南京国民政府初期湖北农业政策的绩效、存在问题及其原因。我们认为，湖北农业经济政策总体上取得了一定的绩效，推动了湖北农业的近代转型，农业生产获得了一定的恢复和发展，但是农村依旧贫穷，农民的生存环境仍然艰苦。

结语主要归纳本书的观点及研究的历史启示。

四　研究方法及资料来源

本书主要采用的研究方法有三种：

一是历史文献法。我们到湖北省档案馆、图书馆，查阅有关湖北省农业经济史的相关档案及文献资料，尽可能多地收集有关湖北省农业经济史的资料，力图完整复原湖北农业经济政策的全过程及原貌。

二是政策科学研究方法。农业经济政策作为一种政策，本课题拟运用政策科学的理论和方法，对湖北省农业经济政策进行分析，力求客观公正。

三是制度经济学中相关理论与方法。南京国民政府初期农业政策相对于以前政府而言发生了哪些制度变迁？本课题运用制度经济学的相关理论进行了分析和论证。

资料来源主要有以下四类：

第一类是档案史料。

湖北省档案馆珍藏的大量丰富的农业档案史料以及台湾中研院近代史所档案影像资料为本课题研究提供了坚实的档案史料。

第二类是官方文献史料。

主要有南京国民政府实业部主编的《实业公报》、湖北省政府秘书处主编的《湖北省政府公报》、湖北省建设厅主编的《湖北建设月刊》；湖北省农矿厅主编的《湖北农矿月刊》、中国经济年鉴委员会主编的《中国经济年鉴》《中国经济年鉴续编》《中国经济年鉴第三编》（商务印书馆，1935、1936）等

第三类是时人及当今学者的研究资料，如冯和法主编的《中国农村经济资料》和《中国农村经济资料》（续编）（上海黎明书局，1935），李文治、章有义主编的《中国近代农业史资料》、严中平等编的《中国近代经济史统计资料选辑》、许道夫编的《中国近代农业生产及贸易统计资料》等。除了全国性的农业统计资料外，更为重要的是当时金陵大学受中国农民银行委托对豫鄂皖赣四省所做的系列调查、1937年湖北省政府对全省所做的全面而较为系统的调查及其他团体和个人所做的调查，为本课题的研究提供了十分丰富的资料。

第四类是报刊史料。《中央日报》《大公报》《申报》《工商半月刊》《中国农村》《中国经济》《中国经济评论》《武汉日报》（1927~1937）等报刊提供了丰富的农业史资料。

本研究力图创新之处：

一是研究内容的创新。从国内外的研究现状来看，目前学术界在经济政策史的研究中，存在两个方面的明显不足：中央政府的经济政策研究多，地方政府的经济政策研究少；工商业政策研究多，农业政策研究少。本课题选取南京国民政府初期的湖北农业经济政策作为研究对象，力图弥补以上两个方面研究的不足，在研究内容上有所创新。

二是研究方法的创新：本课题是一个综合性较强的项目，其内容涵盖历史学、政治学、经济学等多个领域，因此研究者综合运用历史学、政治学、经济学等跨学科的研究方法，力图恢复南京国民政府初期湖北省农业经济政策的变迁原貌，并对其政策的实施及其绩效进行评价。

第一章　湖北农业政策环境

所谓政策环境，就是指影响政策产生、存在和发展的一切因素的总和。它主要包括自然环境和社会环境两大部分。自然环境主要指一国或地区的地理位置、面积大小、气候条件、山川河流、矿产资源等，它是人类赖以生存的场所和创造文明的自然前提，对一国的内外政策具有影响和制约作用。社会环境包括政治状况、经济状况、文化状况、教育状况、法律状况等等，它对政策有着更为直接而重要的影响。[①]本章主要对近代以来湖北农业的发展条件进行探讨，并对近代以来湖北农业发展水平进行一个大致评估。

一　近代以来湖北农业发展条件

1. 自然生态条件

众所周知，农业生产过程是生物的再生产过程。生物生长过程需要吸收光、热、水和养分，而这些都直接或间接地从自然界取得。因此，农业生产和自然生态环境关系极为密切。这些自然条件包括自然地理条件、光热条件、水分条件、土壤条件等。

湖北省位于长江中游，洞庭湖以北。东邻安徽，西接四川，南界

---

① 陈振明：《政策科学——公共政策分析导论》，中国人民大学出版社，2003，第60页。

湖南，北接河南，东南与江西为邻，西北与陕西交界。东西宽约 1400
公里，南北长约 800 公里，面积 18 万多平方公里，约占全国土地总面
积的 1.94%。

（1）以山地丘陵为主、向南敞开的不完整盆地的地貌结构为农业
的区域分布提供了自然分野

湖北省地貌复杂多样，全省呈现山地占优势、平原面积较小、水
面面积广阔的特点，是一个东、西、北三面环山，中间低平，向南敞
开的不完整的盆地。在总面积中，山地约占 55.5%、丘陵占 24.5%、
平原占 20%、水面面积占 10%，形成了"七山一水二分田"的地形结
构。① 全省地貌分布的总轮廓是西、北、东三面高起，中南部低平，
具有层次结构特点的、向南敞开的不完整盆地，总的地势是西高东
低。② 因此，全省从地形来看，可分为鄂西北山地、鄂西南山原、鄂
北岗地、鄂东北低山丘陵、鄂东南丘陵及江汉平原六个地貌区。③ 这
为本省的区域性农业发展奠定了基础。

江汉平原由长江、汉水冲积而成。它西起枝江、东抵武汉、北至
钟祥、南与洞庭湖相连，面积约 3 万余平方公里，约占全省的 1/6。
江汉平原河流众多，湖泊密布，水网交织，堤垸纵横，土地肥沃，农
业生产条件十分优越。

鄂东沿江滨湖平原，西与江汉平原相接、东抵黄梅县境。因受地
质结构的影响，其范围比较狭小，且各地宽窄不一，河湖交错，发展
农业条件也较为优越。

湖北省的山地集中分布于鄂西、鄂东北和鄂东南地区。鄂西山地
（老河口—南漳—宜都一线以西）主要由武当山、大巴山、巫山、武
陵山等山脉组成，平均海拔 1000~1500 米。鄂西山地有若干小型盆地

---

① 周兆锐：《湖北省经济地理》，新华出版社，1988，第 3~4 页。
② 谭崇台：《中国人口·湖北分册》，中国财政经济出版社，1988，第 9 页。
③ 周兆锐：《湖北省经济地理》，第 1、3~4 页。

分布，如郧阳盆地、均县盆地、竹溪－竹山盆地、房县盆地及恩施、建始、宣恩、来凤、利川盆地。这些盆地地势较平坦，水土条件较好，是重要的农耕地带。除了这些盆地以外，鄂西山地森林资源丰富，土地瘠薄，发展农业的条件较差。

鄂东北山地由桐柏山、大别山组成，位于鄂豫、鄂皖边境，平均海拔在 800～1200 米，山势东北高西南低，中山、低山、丘陵依次逐级下降，水土流失严重。耕地主要分布于山间小盆地和沿河一带。

鄂东南山地是幕阜山地的一部分，位于鄂、湘、赣边境。地势南高北低，岭谷平行相间，山丘盆地参差。耕地主要分布于崇阳、通城盆地和富水河谷地带。

湖北丘陵岗地分布于平原与山地之间，主要有鄂中丘陵、大别山山前丘陵、幕阜山山前丘陵等。湖北丘陵以低丘为主，地势起伏较小，坡度不大，土层较厚，开发程度较高，水田比重大，发展农业条件优越。[①]

总之，地貌形态的齐全，为湖北农业的发展提供地域优势。诚如周兆锐所指出的："与黄河、长江下游各省不同的是，湖北山区面积大，有利于发展山区经济；二是具有平原地区的比较优势。平原绝对面积比江南丘陵及西南、西北许多省区的平原面积都大得多"。此外，也为农业区域的分工提供了基础。按照自然条件、农业资源、发展水平，明清时期的湖北大体已形成了六大农业区域：江汉平原区、鄂东及鄂东北低山丘陵区、鄂东南低山丘陵区、鄂西北山区、鄂西南山区、鄂中及鄂北丘陵岗地区。[②] 由于近代科技水平不发达，山区占优势的地貌结构也影响了农业的开发水平。

（2）较为适宜的气候条件促进了湖北农业的发展

湖北地跨北纬 29°05′～33°20′，属于亚热带季风性湿润气候。长

---

① 谭崇台：《中国人口·湖北分册》，中国财政经济出版社，1988，第 9～13 页。
② 梅莉：《明清湖北农业区域特征分析》，《中国历史地理论丛》1993 年第 4 期，第 91 页。

江以南属于中亚热带，长江以北属于北亚热带，为亚热带向暖温带的过渡地带。气候的南北差异对湖北农业生产影响很大，从气候条件看，可以认为位于北纬31度的荆门、钟祥、孝感一带，是湖北气候差异的过渡带，基本上是小麦适宜种植区的南界和双季稻适宜种植区的北界。气候条件直接影响着湖北省作物的布局。[①]

丰富的水资源为湖北农业发展提供优越的水利条件。一是降水量丰富，年平均降水量在800～1600毫米之间。降水量地区分布不均衡，由南向北逐渐减少。鄂西南和鄂东南是湖北省的两个多雨区，年均降水量达1300～1600毫米；鄂北和鄂西北最少，降水量在900毫米以下，其他地区则为900～1300毫米。地区分布虽不均衡，但基本上能满足农业发展的需要。[②] 二是河湖众多，为农业生产提供了良好的灌溉条件。包括长江在内的1190多条大小河流，总长度达3.5万公里；全省300多个湖泊面积大约达400万亩；江湖渠塘等各类水域总面积为1333万亩，约占全省总面积的70%。

充足的光热资源，加上雨热同季，十分有利于农业生产的发展。全省多年平均日照时数为1200～2200小时，日照率在25%～50%之间；太阳年辐射总量在85～114千卡/平方厘米之间；年平均气温一般达15～17℃；无霜期200～300天；大部分地区降水量在900～1600毫米之间，光热同期，雨热同季，[③] 十分有利于高产作物水稻的生长。南部湿度宜于种茶，而不宜于栽种棉花。

但是，降雨季节分配不均衡，长江、汉水的曲折河道加上地理条件的限制，也给湖北农业自然灾害的发生提供了条件。湖北省地处中纬度地区，盛行季风，南北天气系统活动频繁，灾害性天气时有发生。降水季节分配不均匀，一般是夏季最多，冬季最少，春秋两季各地不

① 任晓华：《晚清以来湖北省农业土地利用时空变化研究》，武汉大学2004年博士论文，第11页。
② 湖北省地方志编纂委员会：《湖北省志·地理》，第392页。
③ 周兆锐：《湖北省经济地理》，第8～10页。

一，其中 5 ~ 9 月的降水量约占全年降水总量的 60% ~ 70%，其中又以 6 月中旬至 7 月中旬降雨最多，雨量最大。[1] 长江在湖北境内的枝江到城陵矶段河道蜿蜒曲折，有"九曲回肠"之称；汉水自钟祥以下河道也变得十分曲折，因此洪涝成为近代湖北的一大自然灾害，给农业生产带来了十分不利的影响。据统计，民国时期湖北省发生的水灾共计 20 次，其中特大水灾 4 次、大水灾 3 次、一般水灾 13 次。[2] 此外，由于降水的季节分配不均匀，干旱也成了湖北省最常出现的自然灾害，其中夏旱最多，冬旱常见，秋旱则比春旱为多。冬季寒潮、春季低温阴雨、秋寒与秋季连阴雨也给湖北农业生产带来不利的影响。据统计，民国时期湖北省共发生 21 次旱灾，其中特大旱灾 5 次、大旱灾 2 次、旱灾 14 次。[3]

2. 社会经济条件

农业生产是人类重要的经济活动，从一开始就是社会生产的一部分。因此它的发展必然受到非自然性因素的影响和支配。影响农业生产和布局的非自然性因素很多，归结起来主要有历史因素、经济因素、社会因素等。人类正是通过上述活动，改变着生物自身，调节和改变着生物所赖以生存的自然条件。[4]

（1）政权更迭，社会动荡

张之洞督鄂后，湖北真正步入了近代社会的里程。由于张之洞任期很长达 18 年之久，且其继任者赵尔巽、陈夔龙及与张氏同时的湖北巡抚谭继洵、于荫霖、端方，具有相当程度的现代性，都是张氏现代化政策的热心追随者。可是张氏 1907 年离开湖北后，总督更替频繁，又值革命高潮时期，诸般建设不无多受影响。不过，由于张氏奠定了

---

[1]　周兆锐：《湖北省经济地理》，第 12 ~ 13 页。

[2]　湖北省地方志编纂委员会：《湖北省志·民政》，湖北人民出版社，1994，第 103 页。

[3]　湖北省地方志编纂委员会：《湖北省志·民政》，第 108 页。

[4]　周立三：《中国农业地理》，科学出版社，2000，第 41 页。

相当的基础，他们尚能萧规曹随，保持着一定程度的现代化进度。[①]
据研究，督鄂期间的张之洞，鼓励商品性农作物的种植、兴办蚕桑事
宜、督修水利、勘验险工[②]，创办龙头企业以带动农业特别是多种经
济作物种植业的发展、提倡科技兴农、拓宽农产品市场及销路、注重
提高政府及官员的服务意识等，一定程度上推进了湖北近代农业产业
化的进程。[③]

辛亥革命后，军人执政。黎元洪出任都督，接下来由北洋军人段
祺瑞、段芝贵与王占元继任。由于南北政治冲突，与湖北地区的国民、
共和两党的激烈政治斗争，以及这些军人领导的特性，湖北政局动荡
不安。[④] 尤其是盘踞湖北的吴佩孚、王占元、肖耀南等人为实现武力
统一中国的计划，大肆扩军备战，全省常年军费支出达 400 万～1000
万元左右，约占全省财政收入的 60%～90%，1923 年高达 94%。为了
弥补财政收入的不足，当局先后在湖北发行地方公债和金库券 500 余
万元，同时强行加印官钱票并强行提取中国银行、交通银行巨款达
4600 万元。官钱局终因发行官票过多而倒闭，引起全省经济生活的极
大混乱。[⑤]

1926 年国民革命军攻占武汉后，一方面国共合作逐渐破裂。1927
年 9～12 月，中国共产党在湖北各地领导农民起义，并建立革命政权，
至 1932 年相继成立了鄂豫皖、湘鄂西、鄂豫边、湘鄂赣 4 个省级苏维
埃政权，国民政府对新生政权展开了疯狂的围剿。另一方面，国民党
内部为争夺政权，1929 年 3 月爆发了蒋桂战争，同年 4 月战争结束，
国民政府才稳定了其在湖北的统治。[⑥]

---

① 陈钧等：《湖北农业开发史》，中国文史出版社，1992，第 223 页。
② 陈钧等：《湖北农业开发史》，第 174～179 页。
③ 刘亚玲：《张之洞与湖北近代农业产业化》，《农业考古》2007 年第 3 期。
④ 苏云峰：《中国现代化的区域研究（1860－1916）——湖北省》，台北中研院近代史所，1987，第 162 页。
⑤ 陈钧等：《湖北农业开发史》，第 223 页。
⑥ 湖北省地方志编纂委员会：《湖北省志·政权》，湖北人民出版社，1992，第 13～14 页。

（2）清末民初湖北农业经济政策

第一，农业机构的调整。

在湖北，农业行政管理，清末属劝业道，下设劝业所。为加强对农业生产的指导，湖北地方政府还先后设置了蚕桑局、农务局等一系列农政机构。民国以后，湖北省将原实业部改称实业司，改农林科为农科、林科两科。农科下设农事、水产、蚕桑等五课，主办了农林实验场、茶叶讲习所、女子蚕业讲习所等。林科下设林政、生产、经营等课，主办了全省模范林事试验场及各县农林试验场等54处。① 县级实业机关隶属县政府，先后有劝业所、实业局等。据李秀霞研究，湖北地方政府从政府建制上看，其农政事业还是做到了"事有专司、业有专管"的，基本上实现了农政管理体系的专门化和系统化。

第二，农业教育的兴办。

创办实业学堂，鼓励留学，是湖北省发展农业教育的主要举措。1898年春，张之洞在武昌创办的湖北农务学堂，是全国最早的农务学堂。到1910年，湖北全省许多府、州、县兴办了一批近代化的农业学堂，其中高等农业学堂3所、中等农业学堂5所、初等农业学堂40所，共计48所，占全省实业学堂的71%，农业教员讲习所1所。②

民国以后，北京政府对农业教育实施改革，对原有农业学制进行调整，将原农业学堂的初等、中等、高等三级调整为乙种农业学堂、甲种农业学堂、农业专门学校和大学农科四级，并进一步明确办学宗旨和培养目标，形成了从初级、中级至高级较为完备的农业教育体系。据1916年统计，湖北甲种农业学校1所，乙种农业学校17所。③ 农业教育的发展，农业知识的不断传播，推动着近代湖北农业从传统的经验农学向实验农学的转变。尤其是在农业教育中，学生通过试验，学

---

① 陈钧等：《湖北农业开发史》，第208页。
② 李雪梅：《1890—1920年湖北的实业教育》，华中师范大学2005年硕士论文，第34页。
③ 李秀霞：《论北洋政府时期湖北的农政与农业》，华中师范大学2007年硕士论文，第12～13页。

到了设计、观察、统计、分析与慎下结论的科学方法与精神，同时也培养了学生对专业的兴趣，为湖北农业培养了一批专业人才。①

第三，农业改良的开展。

湖北省最早的农业试验场是湖北农务学堂在 1906 年创办的宝积庵农业试验场。民国以后，将清末原第一农林场改为省实业厅第一农事试验场；将江汉道第二农林场撤去，并移设羊楼峒改为茶业试验场；襄阳道原有的三个试验场分别改为实业厅第二农事试验场、第一棉业试验场、第二林业试验场；荆南道原有的三个试验场分别改为实业厅第一林业试验场、第二棉业试验场、第三农事试验场。② 1915 年，北京政府农商部在武昌设立的第三棉业试验场对湖北农业生产的影响很大。该场总面积为 360 余亩，有职员及雇工 38 人，活动内容十分广泛，主要从事棉花的品种选育、比较试验。③ 此外，湖北省政府也加强了对试验场的规范和整顿，颁布了《农事试验场暂行章程》《棉业试验场暂行章程》《茶业试验场暂行章程》，明确了各试验场的职能。④ 至 1917 年，已有农、桑、牧、棉、茶等 5 处专业试验场，具体是：南湖农业试验场、南湖蚕桑试验场、徐家棚棉业试验场、羊楼峒茶业试验场、赫山畜牧试验场。⑤

苏云峰认为，湖北农业改良，仅限于初步的知识输入与试验场所的建立阶段；对品种的引进与改良，亦限于杂粮与棉花等少数作物。棉花虽较有成绩，但杂粮作物并没有获得推广，农具与水利未受重视。与工、商、交通等部门相比，农业生产的基本变革，是最弱的一环。⑥ 笔者也基本赞同这一看法。从史料来看，政府的投入是严重不足的，相反政府还从农事试验场的经营收入中提取经费以弥补行政经费的不

① 苏云峰：《张之洞与湖北实业教育》，台湾《中央研究院近代史研究所专刊35》，1984。
② 胡焕宗：《湖北全省实业志》，中亚印书馆，1920，第 160～166 页。
③ 李秀霞：《论北洋政府时期湖北的农政与农业》，第 16 页。
④ 胡焕宗：《湖北全省实业志》，第 260 页。
⑤ 苏云峰：《中国现代的区域研究（1860-1916）——湖北省》，第 425～426 页。
⑥ 苏云峰：《中国现代的区域研究（1860-1916）——湖北省》，第 430 页。

足。如当时全省模范农林试验场每年收入 1 万元，省政府则命令该场将其收入的三成上缴省政府以协助实业行政经费。后因经营不善无法向省政府缴纳提成，以致省长派员考查并将其改组。①

第四，农田水利的开发。

水利是农业的命脉。湖北素称泽国，位于长江中游，长江横贯全省东西，北纳汉水，南接洞庭，呈现出明显的河湖相间、水系交错的特征。沿岸居民倚堤防为生命者，占全省人口总数的30%以上；耕地面积赖堤防为保障者，亦占全省耕地面积30%左右。江汉水利关系湖北农业生产至深且巨，因此历届政府从巩固政权、安定社会的需要出发，无不加意治水，不敢疏惰。为此湖北省政府在水利机构的设置、水患治理方面付出了一定努力，农田水利事业也有所发展。

湖北水利机构，清代时没有统一，一般只设专官负责水利事务。民国以后1913年，湖北省正式成立水利分局。因为经费短缺，水利分局只负责办理水利行政事务，水利工程由省长公署办理。同年 7 月，水利分局即行撤销，1915 年元月，又重组水利处，不久又恢复水利分局的名称。湖北水利专门机构的兴建，为湖北水患的治理和水利事业的发展提供了组织保证。

水患的治理也是历届政府十分重视的问题。晚清时期，由于水灾日益加剧，灾害发生的频率加快，灾害增多趋势十分明显。湖北省的洪水灾害由东汉时期的 8.43 年一遇发展至明朝的 1.63 年一遇。至晚清时期，几乎是一年一遇的境地。我们可从湖北省洪水灾害不同时期出现的频率表是得知一二（表1–1）。因此江汉堤防工作得到应有的重视，江汉堤防常有修缮。张之洞督鄂时期，用银十万八千余两，兴修了武昌武胜门至青山一带、白沙州至金口堤防，兴建武泰、武丰两闸，完成了沿江堤防系统，受益田地达 20 余万亩。②

---

① 胡焕宗：《湖北全省实业志》，第 167 页。
② 陈钧等：《湖北农业开发史》，第 178 ~ 179 页。

表 1-1　湖北省洪灾不同时期出现的频率（.多少年一遇）

时间	东汉	魏晋南北朝	唐朝	北宋	南宋	元朝	明朝	清朝	民国
洪水	8.43	8.71	7.96	5.68	4.20	1.93	1.63	1.10	1.06

资料来源：刘成武等：《湖北省历史时期洪、旱灾害统计特征分析》，《自然灾害学报》2004年第 3 期，第 112 页。

（3）世界经济危机与湖北农业生产

1929 年，资本主义世界爆发了空前严重的经济危机。为摆脱危机，资本主义国家纷纷采取提高关税和廉价倾销的政策。近代中国首当其冲成为资本主义转嫁危机的对象。这场危机自 1930 年入侵中国，对中国的农产品出口贸易造成了严重的摧残，进一步加深了中国农业经济的衰落和破产。

关税保护政策是资本主义国家采用的转嫁危机保护本国产业发展的措施之一。关税保护政策是一个主权国家为保障本国的经济发展，减缓别国的强力竞争而采取的经济对策。在这次经济危机时期，资本主义各国竞相提高关税，以保护本国利益。自 1929 年以来，改订关税者达 24 个国家。其提高税率的程度之高，为历史上所未见，最多者竟然征收 90%，这已完全不是保护关税，而演变成禁止性关税。更为甚者，有些国家干脆直接采取禁止农产品进口政策。据当时中国商品检验局农作物检验组的报告，各国禁止中国植物品进口大致情形如下：日本禁止中国新鲜胡瓜、西瓜、南瓜与其他葫芦科作物，以及番茄、菜豆、豇豆等；美国禁止进口竹、草棉植物、小麦、玉蜀黍、柑橘、马铃薯、山药、水稻、香蕉等；德国禁止葡萄、苗木和各种双子叶植物的全株或一部的进口；印度禁止咖啡植物及种子、亚麻种子、棉籽等的进口；瑞典禁止活榆科植物的进口；墨西哥对植物种子一律禁止进口；加拿大禁止五叶、醋栗等的进口；澳大利亚禁止棉籽、马铃薯、苹果、梨等的进口；英、法、德等国提高华茶的关税，限制蛋及蛋品的进口。[①]

---

① 张一凡：《1934 年之我国农村市场》，《农村经济》第 2 卷第 2 期，第 14 页；章有义：《中国近代农业史资料》第三辑，三联书店，1957，第 400～401 页。

不仅如此，英、日、美等国相继放弃金本位制度，不断实行降低汇率政策。1931 年秋时中国银元 1 元只能换取日金 4 角 2 分，至 1933 年底就能换到日金 1 元，1935 年时可换取日金 1.4 元了。日金对中国银元汇率降低达 65%，美元和英镑汇率都贬低达 40% 强。以中日汇价为例，1934 年国币 100 元平均可兑换日金 45 元。也就是说一个价值 1 元日金的商品，在中国市场，至少须售国币 2 元 2 角；到 1934 年时，国币 100 元，平均可换取 130 元日金，也即一个价值 1 元日金的商品，在中国市场只需卖 8 角 8 分钱就可以收回成本。[①]

在资本主义的关税保护政策和实行货币汇价贬值的双重打压下，湖北农业受到了沉重的打击。一方面外国农产品利用低廉的价格大批进入中国市场进行倾销；另一方面，中国农产品价格暴跌，农民购买力大减，生活日益艰辛。中国传统出口的农产品，如生丝、茶叶、花生、大豆、棉花等等，外贸销路断绝，市场缩小，生产一蹶不振。据 30 年代初期中国棉产统计会的调查，中国的标准棉布，受世界市场的影响极大。中国各地的棉市，常常不能以棉花生产的费用为标准而只能根据消费地域的棉市而涨落。在湖北，每亩 80 斤棉花的生产成本在 11 元左右。而当时的市场价格却只有 10 元左右。[②] 其结果导致棉花产量的急剧下降。如果以 1928 年的湖北棉花产量为 100 计算，1930 年下降为 84.4%，1931 年为 28.5%，1932 年为 45%，1933 年为 59.8%，1934 年为 52%。苎麻产量也急剧下降，其中阳新县在 1933 年前后产量减少约 18 万捆。[③] 1934 年较 1933 年，全省苎麻产量减少 8.5 万余担。[④] 汉口桐油输出也遭到了打击。1928 年汉口出口美国的桐油达 113 万担，1930 年时减至 88 万担，1931 年更降至 51 万担。蛋及其制成品

---

① 章有义：《中国近代农业史资料》第三辑，第 400～402 页。
② 《中国棉纺织业之危机及其自救》，《新中华》第 1 卷第 5 期（1933 年 8 月）。
③ 《汉口商业月刊》第 2 卷第 11 期，《国际贸易导报》第 8 卷第 2 号，转引自陈钧《近代湖北农村经济危机述评》，《湖北大学学报》1988 年第 2 期，第 15 页。
④ 陈钧等：《湖北农业开发史》，中国文史出版社，1992，第 250 页。

也受到了冲击。危机前，汉口市场输往英、美、德等国的蛋品总价值最多时达到100万两，至1933年出口额还不到1929年的10%。湖北茶叶所遭受的打击也极为严重。1933年汉口输出茶叶的数量不及1928年的1/3。[1]

另据1934年4月2日《中央日报》报道有关湖北农村经济衰落的情形如下："湖北省位居长江中流，土地极肥美，农产品本极丰裕。以前除能满足本省消费外，尚有余额供给他处。惟近年来各县因天灾人祸，农村没落，十室九空，致外粮进口，反超过本省产销数量。据统计，1933年湖北省各海关进口米谷89174担、麦类747262担、茶叶604547担。"[2]

综上所述，湖北虽然具备发展农业的较为优越的自然条件，是中国历史上开发较早且经济较为发达的地区之一。清末民初以来，历代政府较为重视农业，也出台了一些发展农业的措施，如调整农业机构、兴办农业教育、开展农业改良、开发农田水利等等，取得了一定的成效。但对耕地的增加不够积极；对人口不知控制；对农业生产的最大障碍——自然灾害——未能消除；对改进品种与增加产量的技术，亦未曾注意；任由缺乏知识的农民，依循千年来的耕作方法，在割裂的狭小耕地上，从事生产。[3]

二 近代以来湖北农业发展概况估计

近代以来，有关湖北农业发展状况的研究，在很长一段时间里认为：曾在乾嘉年间发展至顶峰的湖北农业开始进入一个迂回曲折的发

---

[1] 陈钧等：《湖北农业开发史》，第250页。
[2] 《鄂省农村经济衰落》，《中央日报》1934年4月2日。
[3] 苏云峰：《中国现代的区域研究（1860–1916）——湖北省》，台北中研院近代史所，1981，第26页。

展阶段，湖北农业发展十分缓慢，乃至在很长时间内处于徘徊或停滞的状态。① 湖北省虽然具备发展粮食生产的优越自然条件，但在明清时期，由于边远地区开发较晚，低产田所占比例较大，尤其是水旱灾害频繁等原因，粮食生产的发展速度未能明显地超过本省人口消费的增长，及至近代，粮食输出长期低于输入，实际成为粮食自给不足的地区。可惜作者未能对整个湖北的农业发展水平做出评价。② 据韩国学者田炯权研究，湖北稻谷生产地区，在 1937 年抗战爆发以前，农业生产力并未停滞不前，而是持续发展了。③

传统农业社会，农业经济发展的基本指标是人口与耕地。我们认为，近代以来，湖北人口、耕地规模以及农业产出都获得了显著增长。下面拟将 1840~1927 年湖北人口、耕地规模和农业产出分别述之。

1. 近代湖北人口估计

近代以来的湖北人口研究，是一个十分值得探讨的问题。学术界普遍认为，1840 年来湖北的人口总体是下降的。鸦片战争以后到太平天国战争波及湖北以前的 11 年间，湖北境内人口在缓慢增长，由道光二十年（1840）的 3335 万增至咸丰元年（1851）的 3397 万。太平天国战争期间湖北损失了 300 多万人，随后又缓慢增长，至 1908 年达到 3483 万人，这是近代史上湖北境内人口的最高峰。进入民国以后，人口由 2976 万下降到 2580 万，累计减少 396 万，减少 13.31%。④ 何炳

---

① 陈钧：《湖北农业开发史》，中国文史出版社，1992，第 148 页。
② 徐凯希：《关于建国前湖北农业发展水平的探讨——从湖广熟，天下足谈起》，《湖北社会科学》1987 年第 3 期，第 54 页。
③ 田炯权：《清末民国时期湖广地区的农业生产力及生产关系》，《清史研究》2006 年第 1 期，第 75 页。
④ 谭崇台：《中国人口·湖北分册》，中国财政经济出版社，1988，第 53~56 页；据《湖北省志·地理》所载，1840 年湖北人口为 33196000，1911 年是 27646651，1912 年是 29590308，1936 年为 25531008；许道夫主编的《中国近代农业生产及贸易统计资料》（上海人民出版社，1983）指出 1840 年湖北人口为 33196000，1910 年为 27647000，1928 年为 26699000。

棣也认为近 100 年来湖北人口下降了 17.6%，这是由于太平天国战争和大规模的人口迁出造成的。其迁出主要是佃农希望能够改变自己的经济命运，而不是由于紧迫的经济需要。[①] 路遇、滕泽之也对近代以来的湖北人口数字进行了考证，仍然认为近代湖北人口呈下降趋势。[②] 姜涛对近代湖北人口进行了修订，但认为近代以来湖北人口总体呈下降趋势。[③] 章有义、丁长清、慈鸿飞均沿用了赵文林、谢淑君《中国人口史》的数据，并对 1912 年数据进行了修正。赵文林、谢淑君认为湖北地区清代人口除在 19 世纪 50 年代因战争波及有所下降外，长期是稳步上升，但 19 世纪最后 10 余年因不断外流人口又下降了。而这些资料最终来源于梁方仲《中国历代户口、田地、田赋统计》。[④]

最早对近代湖北人口提出新的看法是美国学者珀金斯，他指出湖北人口在民国年间是增长的，1913 年人口为 2180 万人，到 1933 年增长为 2730 万人，人口呈增长趋势。[⑤] 近年来，我国学者也开始对这一说法进行了考证。据曹树基和侯杨方先生研究：《嘉庆一统志》和《户部清册》都存在严重的人口数字浮夸现象，较真实的人口多出 958.9 万，而《清朝文献通考》所载人口数又少了 135.8 万。1776 年和 1820 年湖北人口分别修正为 1617.3 万和 1948.2 人，在这一阶段人口年均增长率为 4.2‰。1850～1910 年间，湖北人口从 2218.7 万下降

---

① 何炳棣：《明初以降人口及相关问题研究（1368-1953）》，三联书店，2000，第 334 页。
② 路遇、腾泽之认为湖北人口清代时期不仅总量增长幅度很大，而且人口布局也发生了很大变化。清代以前，江汉平原南北部人口分布基本持平。进入清代以后，平原南部地区人口大幅度上升。至 1898 年湖北人口上升为 3471 万（这个统计不实），清代后期下降为约 2959 万。1912～1919 年湖北人口即使不能增长，但不能下降。至少应维持在民国初年的水平。1919～1928 年人口下降为 2800 万，1936 年下降为 2551 万，《中国人口通史》，山东人民出版社，2000，第 922～923、977、987、1003 页。
③ 姜涛：《中国近代人口史》，浙江人民出版社，1993，第 66～67、121 页。
④ 章有义：《近代中国人口与耕地的再估计》，《中国经济史研究》1991 年第 1 期；丁长清、慈鸿飞：《中国农业现代化之路—近代中国农业结构、商品经济与农村市场》，商务印书馆，2000，第 25 页；赵文林、谢淑君：《中国人口史》，人民出版社，1988，第 427～428 页；梁方仲：《中国历代户口、田地、田赋统计》，上海人民出版社，1980，第 262～263 页。
⑤ 〔美〕珀金斯：《中国农业的发展（1368-1968）》，上海译文出版社，1984，第 282 页。

为 2207.7 万，共减少 11 万人，年均下降率为 4.96‰。其中太平天国时期，湖北省人口损失了大约 500 万。[①] 1911～1931 年，湖北人口平均年增长率为 6.06‰。[②] 具体参见表 1-2。

表 1-2 曹树基、侯杨方修正的湖北人口变动

年　份	人口数（万人）	人口指数（1820 年＝100）
1820	1948.2	100
1850	2218.7	113.8
1865	1758.1	90.2
1910	2207.7	113.3
1931	2702.6	138.7
1936	2532.4	129.9

资料来源：曹树基：《中国人口史第五卷·清时期》，复旦大学出版社，2001，第 171、540 页；侯杨方：《中国人口史第六卷（1910-1953）》，复旦大学出版社，2001，第 175 页。

我们在对前人的学术研究进行研究时也发现，有关湖北近代人口不断下降的说法的确存在许多疑点。

第一，资料本身的正确性。

姜涛对湖北人口数据提出质疑，认为存在有虚假成分。在《户部清册》中的数据仅咸丰二年到咸丰七年共计 6 年缺报，从咸丰八年起，每年都有民数册报。而这些层出不穷的数据，至少有相当部分属于省级官吏的臆造。湖北省咸丰八年上报的数字为 30569761 人，仅比战前的咸丰元年少 320 余万人，以后便每年递增 10 万人，光绪二十四年（1898）已达 34716371 人，甚至比 1953 年该省人口普查数还多出近 700 万人。[③]

谭崇台在考察湖北人口时指出，湖北人口从 1898 年的 3483 万余人下降至 1908 年的 2494 万余人，10 年间人口减少了近千万，是难以

[①] 曹树基：《中国人口史第五卷·清时期》，复旦大学出版社，2001，第 171、540 页。

[②] 侯杨方：《中国人口史第六卷（1910-1953）》，复旦大学出版社，2001，第 175 页。

[③] 姜涛：《中国近代人口史》，浙江人民出版社，1993，第 66～67、121 页。

令人置信的。但他认为 1908 年的数字偏少，主要是地方当局隐匿人口所致。[1]

据时人陈长蘅研究，1912 年的全国人口调查，湖北只有荆州驻防报有户数及人口数，其余各州县则仅只报告了户数。根据 1908 年湖广总督每户平均人数 5.6 人，推算全省人口为 27646651 人。每户平均人数稍嫌过大。[2] 正是因为户均人口数过大，陈长蘅估计的 1908 年湖北人口总数也就过多了。

第二，对湖北近代人口不断下降的原因至今尚未得到合理的解释，即使有所解释也还不能令人信服。

笔者在阅读中国人口专著时，许多作品都只是陈述了湖北人口下降的趋势，并未阐释其下降的原因。赵文林指出，湖北地区 19 世纪末十来年人口下降的原因为人口不断外流。1927 年后湖北人口不断下降，其主要原因是内战。[3] 龚胜生在《清代两湖农业地理》中指出湖北 1840 年人口数为 33196000，1898 年为 34716000，1910 年为 27647000，1898～1910 年间人口呈负增长趋势，负增长率达 18.79‰；并分析 1898～1910 年间湖北省人口递减的原因为饥荒引起的移民及湖北经济停滞。[4] 杨子慧指出：1840 年湖北有 3319 万余人，1912 年降至 2959 万余人，1928 年降至 2706 万人，1936 年降至 2553 万人，1947 年再次降至 2103 万人。湖北人口减少的原因，从史料看，战乱不息，水旱灾害频繁，兼而有之。1914 年湖北遭受旱灾，1915 年水灾，1918 年、1919 年和 1921 连遭 3 次水灾，1922 年湘鄂军阀战争中，吴佩孚决开长江堤闸多处，使鄂东十余县老百姓性命财产尽付东流。1924 年又遭特大水灾，鄂灾严重，灾区庐田漂没，民无所依。历年因灾造成

---

① 谭崇台：《中国人口·湖北分册》，中国财政经济出版社，1988，第 54 页。
② 实业部中国经济年鉴编纂委员会：《中国经济年鉴》，商务印书馆，1934，第三章人口第 C11 页。
③ 赵文林、谢淑君：《中国人口史》，人民出版社，1988，第 428、498 页。
④ 龚胜生：《清代两湖农业地理》，华中师范大学出版社，1996，第 32～33 页。

的非正常死亡人数，史料虽无翔实记载，但因连年灾害导致人口萎缩是确信无疑的。[①] 其只是对民国以来的人口下降问题进行了解释，而未对近代清末民初的人口下降的原因做出解释。

第三，时人对湖北人口的研究提供了有力的反证。

据笔者考查：时人唐启宇博士，认为湖北近代人口变动趋势如下：

表 1-3　近代湖北人口变动趋势一览

年份	人口指数（固定基年）（1873＝100）		人口指数（移动基年）（1873＝100）	
	湖北	全国	湖北	全国
1873	100	100	100	100
1893	105	108	105	108
1913	116	117	110	108
1933	145	131	125	112

资料来源：唐启宇：《近六十年中国农村人口增减之趋势》，《新农村》第 13～14 期（1934 年 7 月）。

从表 1-3 可知：1873～1933 年 60 年间，全国人口增长指数由 1873 年 100 上升为 1933 年的 131，全国人口共增长 31%。全国年均人口增长率为 4.4‰强。湖北人口 60 年间增长了 45%。这一结论还可从另外一位学者言心哲的研究得到印证。言心哲指出，60 年间，全国人口减少的省份只有宁夏、陕西、山西、江西和福建五省。他还分析了上述五省人口减少的原因。陕甘宁三省位于西北，常苦干旱，尤其是 1929～1931 年大旱人口大量迁徙；江西省则因国共战争所致；而福建则因居民多往南洋经商，因此人口迁出者甚多。[②]

刘大钧在《中国人口统计》中指出：1912 年和 1928 年的湖北人口，因在此期间并未遭受重大变故，1912 年的人口统计有错误。

[①] 参见杨子慧《中国历代人口统计资料》，改革出版社，1996，第 1292 页。

[②] 言心哲：《中国乡村人口问题分析》，《民国丛书》第三编 16，上海书店出版社，1991，第 61～62 页。

1910～1928 年，湖北人口年增长率为 12.75‰。[①]

据湖北省政府统计室调查，1908 年至 1928 年，湖北省人口由原 2476 万上升至 2706 万，20 年间，人口增加了 230 万，年均增加 11.5 万人。[②]

第四，从湖北近代人口在全国人口总量中的位次也能判别其中错误一二。

我们根据相关学者的研究对湖北近代人口在全国的位置进行了排序，认为这也不大可信。1812～1936 年间湖北人口在全国的排名在第 2～5 位之间，然而在其他的史料中却得不到相应的印证，这是十分令人置疑的。请看表 1-4。

表 1-4　近代湖北人口数量及其在全国的排名

省别	1812		1851		1887		1912		1928～1936	
	人数	位次	人数	位次	人数	位次	人数	位次	人数	位次
湖北	27370	5	33810	4	33763	3	35280	2	36000	4
河北	27991	4	23455	9	22825	6	30000	6	32000	7
山东	28959	3	33266	5	36694	2	31037	5	38837	3
江苏	37844	1	44303	2	21409	8	32283	3	41216	2
安徽	34168	2	37631	3	24777	5	23670	9	27000	9
浙江	26257	6	30107	6	11703	—	21440	—	23000	—
河南	23037	7	23928	8	22118	7	28518	7	34290	5
湖南	18653	—	20648	—	21006	9	27617	8	31591	8
广东	19174	9	28389	7	29763	4	31860	4	33179	6
四川	21436	8	44752	1	50000	1	52840	1	58000	1
全国	365447	—	436299	—	376144	—	455243	—	510789	—

资料来源：章有义：《近代中国人口与耕地的再估计》，《中国经济史研究》1991 年第 1 期，第 24 页。

[①] 刘大钧：《中国人口统计》，国民政府主计局统计处编《统计月报》1931 年 11、12 月合刊，第 29 页。

[②] 湖北省政府秘书处统计室：《湖北人口统计》，1935，第 119 页。

　　笔者也对曹树基、侯杨方修正的人口变动数目对全国人口进行了排序，发现湖北人口一直在全国第 8~10 位徘徊，这是比较可信的。我们也可从当时的许多文献记载中看出，比如，《湖北省概况》记载，1933 年湖北省民政厅的人口调查称，鄂省人口，向称 3500 万，原系概约之数，不足为凭。湖北省人口共为 2670 万人左右，位列全国第 8 位；人口密度位于全国第 9 位。因为湖北省的土地面积仅占全国的 1.94% 左右。在全国各省份中居第 18 位，在内地 18 省中居第 7 位。[①] 这与其发展农业的自然条件是比较相符的。具体参看表 1-5。

表 1-5　曹树基、侯杨方修正的湖北等十省人口变动

单位：万人

年份	湖北	江苏	安徽	浙江	江西	湖南	广东	四川	河北	河南	山东
1820	1948.2	3943.5	3206.8	2733.5	2234.6	1898.1	2140.5	2365.5	2198.5	2749.7	3232.6
名次	10	1	3	5	7	11	9	6	8	4	2
1851	2218.7	4471.9	3738.6	3027.6	2428.6	2180.9	2385.9	2946.5	2705.5	3077.1	3558.5
名次	10	1	2	5	8	11	9	6	7	4	3
1910	2207.7	3232.5	2519.7	1849.0	1496.1	2632.0	2946.1	4563.3	3732.8	3108.7	4388.1
名次	9	4	8	10	11	7	6	1	3	5	2
1931	2702.6	3465.7	2160.0	2033.2	1872.4	2884.7	2743.1	5296.3	2908.1	3263.6	3643.3
名次	8	3	9	10	11	5	7	1	6	4	2
1936	2532.4	4121.5	2326.5	2123.1	1582.0	2829.9	3228.9	5393.1	2864.4	3428.9	3875.8
名次	8	2	9	10	11	7	5	1	6	4	3
1953	2745.3	4749.7	3058.8	2282.5	1661.3	3349.7	3447.0	6510.8	4813.6	4324.0	4926.6
位次	9	4	8	10	11	7	6	1	3	5	2

　　资料来源：曹树基：《中国人口史第五卷·清时期》，第 171、540 页；侯杨方：《中国人口史第六卷（1910-1953）》，第 175 页。

　　说明：浙江、广东 1931 年的数据为 1932 年代替。

---

　　① 胡哲民：《湖北省概况》，中国文化学会总会，第 3、6~9 页。

综上所述，笔者认为，有关近代湖北人口数字的统计存在两个关键问题，一是《户部清册》人口统计存在主观臆测的严重问题，导致此一时期湖北人口数字过大；二是 1912 年湖北人口调查时只报告了户数，而对户均人口数估计过高，也就导致了 1912 年湖北人口数字过大。正因如此，造成大多数学者产生了近代以来湖北人口下降的错误认识。因此，我们认为，从以上看来，进入近代以来直至 1927 年，除太平天国战争时期外，湖北人口是呈递增趋势的。

湖北省人口的区域分布，从全省的布局来看，人口集中分布于中部和东南部，向西人口密度减少，西部人口极稀少，这一基本格局近代以来没有发生根本变化。河流沿岸地区人口聚集，全省长江沿线各县，人口密度最大，汉水沿线次之，其支流清江、渚水位于西南和西北部山中，因此人口分布稀疏。

表 1-6　民国时期湖北人口分布一览

人/平方公里	长江沿线23县	汉水沿线10县	郧水沿线5县	清江沿线3县	渚水沿线2县	不沿水道各县27县
50以下	—	—	—	—	—	鹤峰　保康　五峰　郧西　房县
50～100	巴东	郧县　钟祥　均县	—	长阳　恩施　利川	竹溪　竹山	远安　兴山　宣恩　建始　咸丰　来凤　崇阳　通山　罗田
100～150	嘉鱼　阳新　秭归　石首	宜城	随县	—	—	蒲圻　荆门　南漳　当阳　咸宁　黄安　麻城　应山　京山　枣阳
150～200	松滋　宜昌　沔阳　监利　蕲春　公安　黄梅　宜都　江陵	襄阳　谷城	—	—	—	通城　英山　礼山
200～250	枝江　鄂城　广济	光化	安陆	—	—	—
250～300	武昌　大冶　浠水　汉阳	汉川　潜江	孝感　应城	—	—	—

人/平方公里	长江沿线 23 县	汉水沿线 10 县	郧水沿线 5 县	清江沿线 3 县	渚水沿线 2 县	不沿水道各县 27 县
300～350	黄冈　黄陂	天门	—	—	—	—
350～400	—	—	云梦	—	—	—

资料来源：国民政府主计处统计局：《中国人口问题之统计分析》，正中书局，1944，第 17 页。

　　从各县人口分布来看，据 1936 年湖北省政府调查，黄冈县人口最多，达 93 万余人，居全省的第一位，超过了汉口市的 80 万人。其次是随县、天门、沔阳，在 75 万～80 万人。人口总数在 65 万～75 万者有武昌、孝感、江陵 3 县；60 万～65 万者有应城、黄陂、襄阳 3 县，50 万～60 万者有汉阳、浠水、蕲春、钟祥、荆门、宜昌 6 县；人口数最少者有五峰、鹤峰县，分别只有 9 万和 7 万。从人口密度来看，全省平均每平方公里 137 人，次于江苏、山东、广东、河南、湖南、河北、安徽等 8 省，位居第 9 位。其中天门县的人口密度最高，平均每平方公里 340 人，其次是黄冈县 316 人，再次为黄陂县 300 人。人口密度较稀的县有鹤峰、房县，前者平均每平方公里只有 19 人，后者也只有 35 人。其他像五峰 41 人、保康和郧西 50 人、来凤 53 人、宣恩 58 人，是湖北省人口密度较低的县。[①]

　　在传统农业社会，农村人口分布受自然与人为两大因素制约，尤以前者的力量最大。凡气候温和，交通发达，地势平坦，土壤肥沃之区，适于农业，故聚居者众，人口密度也就高。可见与经济发展关系至为密切。一般而言，人口密集地区农业经济较为发达，人口稀少地区农业经济则较为落后。反过来，农业经济发达地区人口较为稠密，而经济落后地区则人口稀少。从全省的人口分布来看，湖北省人口分

---

　　① 范守荣：《湖北省之土地利用与粮食问题》，载萧铮主编《民国二十年代中国大陆土地问题资料》，台湾成文出版社，1977，第 24118～24119 页。

布与农村经济关系密切。农村经济较为发达的武昌、云梦、黄冈、黄陂、汉川、浠水、孝感等县人口稠密。而农村经济不发达的鹤峰、五峰、恩施、房县、建始、巴东、竹山等县人口稀少。①

2. 近代湖北耕地考察

近代湖北的耕地面积，从来没有准确的统计。《湖北通志》所载大约为 4532 万亩；湖北省民政厅调查为 3870 万亩；征收田赋查报之数为 3496 万亩。实际上述三个数字均为纳税的田亩数。②

今人对湖北省耕地面积的变化做了一个大致的估计。一种观点认为，与人口递减相适应，近代以来，湖北耕地面积也呈递减趋势，以章有义等学者为代表。另一种观点认为，近代湖北耕地面积呈递增趋势，以吴承明等学者为代表。具体详见近代湖北耕地面积变化表（表 1-7）。

表 1-7　近代湖北耕地面积变化

单位：万亩

年份	章有义估计	耕地指数	年份	吴承明估计	耕地指数	年份	珀金斯估计	耕地指数
1851	82835	100	1873	5039	100	1873	5100	100
1887	78591	94.8	1893	5241	104.0	1893	5300	103.9
1914	70167	85.4	1913	5493	109.0	1913	5500	107.8
1929～1946	64500	77.8	1933	6450	128.0	1933	6500	127.4
1949	52160	62.9	1949	5960	118.3	1957	6500	127.4

数据来源：章有义：《近代中国人口与耕地的再估计》，《中国经济史研究》1991 年第 1 期；许涤新、吴承明：《中国资本主义发展史》第三卷，人民出版社，2003，第 273 页；〔美〕珀金斯：《中国农业的发展（1368—1968）》，上海译文出版社，1984，第 282 页。

说明：章有义耕地指数基年为 1851 年，而吴承明、珀金斯均为 1873 年。

---

① 范守荣：《湖北省之土地利用与粮食问题》，载萧铮主编《民国二十年代中国大陆土地问题资料》，第 24120 页。
② 范守荣：《湖北省之土地利用与粮食问题》，载萧铮主编《民国二十年代中国大陆土地问题资料》，第 24147 页。

对于表 1-7 的近代湖北耕地面积,我们比较倾向于吴承明和珀金斯的估计,总体来说耕地面积的变化趋势是递增的。一是与当时整个中国耕地面积的变化趋势是吻合的。近代结束以前的耕地面积几乎是纪元初年的 3 倍。二是递增的速率极其缓慢。从增长速度来看,年均只有 0.55‰,几乎只有人口增长率的一半。三是耕地面积增长也具有历史的不平衡性。明清以前,耕地面积增长缓慢,而明清以后则增长较快。[①] 这与传统社会受技术条件的限制、耕地开发规模不大有关。

3. 湖北农业种植面积、总产量及亩产量估计

我们还可以从湖北省农业种植面积、总产量及亩产量的变化来看看湖北农业发展的状况。1924～1929 年,湖北省主要农作物的种植面积、总产量及亩产量除稻谷外,与 1914 年相比,都增长了。从种植面积来看,除籼粳稻、花生面积有所下降外,小麦增长了82.8%,玉米增长了 170%,高粱增长了 52.2%,大豆增长了 200%,棉花增长了 160%。从总产量来看,除籼粳稻、花生、棉花有所下降外,小麦增长了 74%,玉米增长了 36.7%,高粱增长了46.9%,大豆增长了 265%。从亩产量来看,除棉花、高粱有所下降外,籼粳稻增长了 131%(增长幅度值得怀疑),小麦增长了 3.1%,玉米增长了 43.2%,大豆增长了 32.2%,花生增长了 20.3%。具体详见表 1-8、表 1-9。

20 世纪 20 年代,湖北省的农林产品主要以稻谷和杂粮为大宗,其他如丝、麻、茶、烟草、桐子等产量也不少,其具体详情如表 1-10。

---

① 朱国宏:《人地关系论——中国人口与土地关系问题的系统研究》,复旦大学出版社,1996,第 94～95 页。

表 1-8　湖北农作物种植面积、总产量及亩产量

作物名称	年　度	种植面积（千市亩）	总产量（千市担）	亩产量（市斤）
籼粳稻	1914	59871	124366	192
	1924 ~ 1929	20591	91438	444
小　麦	1914	9453	19686	192
	1924 ~ 1929	17286	34260	198
玉　米	1914	2301	4797	192
	1924 ~ 1929	6028	6558	275
高　粱	1914	2217	4876	219[①]
	1924 ~ 1929	3374	7163	212
大　豆	1914	1620	2571	146
	1924 ~ 1929	4868	9394	193
花　生	1914	789	1909[②]	242[③]
	1924 ~ 1929	582	1696	291
棉　花	1914	3053	3392	111[④]
	1924 ~ 1929	7951	2667	34

资料来源：1914、1924 ~ 1929 年农户数、农业人口数及耕地数据来自许道夫主编《中国近代农业生产及贸易统计资料》，上海人民出版社，1983，第 35 ~ 37 页、第 168 ~ 169 页、第 205 页。

注：①原文有误，根据前文种植面积与总产量，我们对此进行了修正，此为修正数，原资料是 48 市斤。

②根据种植面积和亩产量，计算为此数，原资料为 207，显然不对。

③编者将担作为市斤计算，所以原文为 2.42，显然不对，我们对此修正为 242 市斤。

④数据笔者怀疑统计有误，与常理不相符合，产量不可能有那么高。据中国棉业统计会统计，1920 年至 1923 年四年平均亩产量为 24.3 市斤。参见褚凤仪《鲁鄂苏冀四省棉产分析》，《实业统计》第 2 卷第 4 号，第 25 页。因此影响了对棉花的产量分析。

表 1-9　1921 年湖北全年产出总额

类　别	作物亩数	总产量（石）	亩产（石）
粳　米	16690423	30353416	1.81
糯　米	2045729	4031575	1.97
大　麦	6683412	8610757	1.28
小　麦	7777490	936053	0.12
大　豆	1889098	1635759	0.86

类 别	作物亩数	总产量（石）	亩产（石）
小 豆	1299972	1504338	1.15
玉 米	1383346	2141986	1.54
高 粱	1960820	2380126	1.21
大 麻	154461	14106703	91.3
棉 花	3291728	289256653	87.8
烟 叶	310631	24187132	77.8

资料来源：《鄂湘皖三省志》，第307～308页。

表1-10　20年代湖北主要农产品产量

单位：千担

种 类	产 量	产 地
稻 谷	60450	各县都有，沿江各县较多
大、小麦	20000	长江沿岸都有，汉水沿岸尤多
茶	74	蒲圻、通山最佳
麻	288	鄂城、咸宁、蒲圻等县
棉 花	1410	武昌、汉口、黄陂、随县、荆州
桐 子	200	郧阳、均州、老河口、襄阳

资料来源：《鄂省农业经济概况》，《中外经济周刊》第187期。

　　清末民初，湖北省形成了专业的农业生产区域。湖北长江一带、汉水一带、黄盖湖、梁子湖、斧头湖一带成了全国著名的稻米产地；崇阳、通山、咸宁、蒲圻、宜昌成为全国著名茶叶产地。沔阳仙桃镇彭家场、天门汉川的田二河和麦旺嘴、当阳的河溶司、江陵的沙市、江口等成为全国著名的丝产地。应山、随县、枣阳、樊城、鄂城、新州、龙坪、武穴、黄石、老河口等成为全国闻名的棉花产地。湖北棉花产量名列全国前列。阳新、大冶、咸宁、蒲圻、嘉鱼、武昌等地麻产量名列全国第一。①

----

① 《中国年鉴第一回》，商务印书馆，1924，第1110～1114页。

花生种植面积在全省旱地播种面积中的比例，从 1900 年前后的 10% ~ 15%，猛增至 1920 年的 20% ~ 25%。黄陂等县出现花生挤占粮田的情况。1924 年，该县花生种植面积已占全部耕地面积的 30%，较 20 世纪初年增长了 2 倍之多。[①]

湖北棉田面积 1919 年为 147.8 万亩，位居全国第四位，次于江苏、河北、山东三省；20 年代后超过河北和山东，一直位居全国第二位，仅次于江苏。1927 年增至 626.2 万亩。皮棉产量也由 1919 年的 120.7 万担，增至 1922 年的 200 余万担，位居全国前列。[②]

随着棉花种植面积的扩大，麦棉套种面积有所增加。1914 年，全省小麦面积为 945 万亩，产量为 1969 万担，1924 年小麦面积为 1728 万余亩，产量达 3426 万担，10 年间小麦面积增加约 83%，产量增加约 74%，这在一定程度上填补了稻谷产量的不足。[③]

粮食等作物种植面积则减少。1924 年全省水稻种植面积为 2244 万亩，比 1915 年的 2949 万亩在近 10 年的时间里减少了 705 万亩，减少 23.88%。[④] 当然这是经济作物挤占粮食作物的结果。

4. 对外贸易的发展

自 1861 年汉口开埠以来，根据历年来的进出口贸易净值，时人张克明将湖北对外贸易大体划分为 4 个时期。1861 ~ 1894 年为湖北对外贸易的萌芽时期。由于航运还不发达，外商在湖北直接投资设厂不多，金融业也不发达，因此，30 年间湖北对外贸易进展缓慢。除 1880 年和 1881 年两年江汉关的进出口贸易总额超过 4000 万两外，其余各年均在 3000 万两左右。1895 ~ 1904 年为湖北对外贸易的

---

① 李秀霞：《论北洋政府时期湖北的农政与农业》，华中师范大学硕士学位论文 2007 年（未刊稿），第 43 页。
② 秦含章：《中国农业经济问题》，新生命书局，1931，第 268 ~ 269 页。
③ 李秀霞：《论北洋政府时期湖北的农政与农业》，第 43 页。
④ 李秀霞：《论北洋政府时期湖北的农政与农业》，第 43 页。

迅速发展时期。随着沙市、重庆的相继对外开放，外商直接投资设厂增多，国内洋务运动和民族工商业的兴起，近代航运业和金融业的发展，湖北江汉关的进出口贸易总额飞速增长。1895 年突破 4000 万两达到 4451 万海关两，1904 年突破 1 亿海关两，达到 10745 万两，贸易规模增长迅猛。1905 ~ 1927 年为湖北近代对外贸易的鼎盛时期。除 1906 年外，江汉关每年的贸易总额均在 1 亿两以上，1919 年开始突破 2 亿两大关，1928 年时达到 31166 万两，超过 3 亿两大关。1931 年后由于世界经济危机的影响，湖北对外贸易开始趋向衰落。[①] 详见 1865 ~ 1931 年汉口进出口贸易净值变化曲线图（图 1-1）。

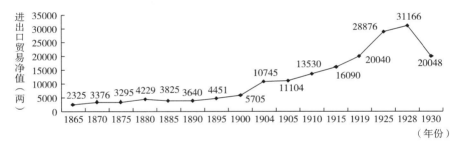

图 1-1 1865 ~ 1931 年汉口进出口贸易净值变化曲线图

资料来源：张克明：《汉口历年来进出口贸易之分析》，《汉口商业月刊》第 2 卷第 2 期（1935 年 2 月），第 2 ~ 7 页。

从贸易规模上看，在全国各港口中，输出贸易额之最大者，除上海与大连外，汉口位居全国第三位。至 1924 年，汉口输出贸易额达 1.53 亿海关两，超过大连而居全国的第二位。[②] 湖北的其他两个对外贸易口岸——宜昌和沙市也获得了发展。1876 年宜昌开埠，使湖北的

---

① 张克明：《汉口历年来进出口贸易之分析》，《汉口商业月刊》第 2 卷第 2 期（1935 年 2 月），第 2 ~ 7 页。

② 徐凯希：《外国列强与近代湖北社会》，湖北人民出版社，1996，第 238 页。

对外贸易又有了新的发展。1896 年，宜昌进出口贸易总额由 1890 年的 640.38 万海关两，增到 1500 万海关两，相当于汉口江汉关贸易额的 1/3。① 1896 年沙市开埠后，1910 年，沙市进出口贸易总额由原来的 20 万～30 万两增至 300 万两，1926 年时达到 3306 万两。② 贸易规模增长速度之快由此可见一斑。

从出口商品结构来看，1861 年至民国初期，汉口江汉关出口商品以农副土特产品为主，并有少量工矿产品出口。在 1895 年前，出口商品 99.9% 为农副产品；至 1905 年，农副产品所占份额降至 93%，工矿产品所占比例为 6.8%；1913 年，农副产品份额降至 85.8%，工矿产品份额升至 13.9%。③ 汉口出口商品种类主要有棉花、桐油、茶、蛋品、麻、丝、芝麻、豆类、猪鬃、烟叶、工业用植物油脂、五倍子、药材、铁矿砂、钨矿砂、锡、锰、锑、水银、煤炭、生铁等。④ 宜昌出口的商品主要有棉、麦、烟草、漆、皮毛、木耳、柏油、药材等；沙市出口的商品主要有棉、麻、漆、烟草、皮毛、花生等。⑤

我们还可以从重要农产品的出口贸易窥见湖北对外贸易发展之一斑。随着植棉业的发展，湖北棉花生产量在全国各省之中，仅次于江苏，位列全国第二位。因此，棉花也就成为湖北省对外贸易的重要商品之一。汉口成为内地最大的棉花集散市场。汉口江汉关仅输出棉花一项，1897 年总值为 128.5 万关两，1928 年猛增至 5450 万海关两，成为湖北全省输出商品货值最高的一项。1936 年则达到了 3855 万元，占汉口输出总值的 31%。而汉口棉花出口总额常常占

---

① 湖北省地方志编纂委员会：《湖北省志·贸易》，湖北人民出版社，1994，第 14 页。
② 湖北省地方志编纂委员会：《湖北省志·贸易》，第 23 页。
③ 皮明庥等：《武汉近代（辛亥革命前）经济史料》，武汉地方志编纂办公室印行，第 46 页。
④ 《汉口租界志》编纂委员会：《汉口租界志》，武汉出版社，2003，第 64 页。
⑤ 鲍幼申：《湖北省经济概况》（五续），《汉口商业月刊》第 1 卷第 7 期（1934 年 7 月），第 37 页。

据全国棉花出口的 40%。① 沙市为湖北省内仅次于汉口的第二大棉花集散市场。棉花输出值在全部输出贸易总值中所占的比例，从 1902 年的 20%，猛增至 1925 年后的 80%，至 1928 年时，沙市海关输出皮棉总数即达 70.4 万担，相当于沙市开埠前棉花常年输出量的 15 倍，占当年全国各口岸输出棉花总数的 18.3%。② 从棉花出口数量来看，汉口棉花出口数量在 1923 年前每年还不到 100 万担，1923 年后，增加到 100 万担以上，1926 年达到 188 万担之多。③

茶叶是汉口开埠后近半个世纪里最重要的出口物资。经汉口出口和转运上海、天津出口的茶叶占据全国茶叶出口的 40% 左右，最高时达 60%。1864 ~ 1900 年，由汉口直接出口国外的茶叶始终占据汉口直接出口国外土产的 98% 以上，在中国口岸的土产出口中，茶叶也占据了 40% 左右的份额。1900 年后，茶叶在汉口对外贸易的比例迅速下滑，其出口总额占汉口土产出口的比例已经不足 30%，但是茶叶的输出数量仍然保持了较大的贸易额。④ 出口值在 19 世纪末 20 世纪初占出口的首位，年约 50 万担，1928 年时仍达 62.4 万担。⑤

蛋品是汉口开埠后湖北对外贸易的又一重要出口商品，1917 年后年出口值常在 500 万两以上，1919 年达到了 1000 万两，超过茶叶成为与桐油不相上下的主要出口商品。⑥ 一度占据汉口土产出口前三位。⑦ 从出口数量来看，汉口出口的蛋品在 1912 年时只有 5 万余担，至 1917 年时超过 10 万担，达到 13 万余担，后来一直稳定在 10 万担以上，

---

① 张珊珊：《近代汉口港与其腹地经济关系变迁（1862-1936）——以主要出口商品为中心》，复旦大学 2007 年博士学位论文（未刊稿），第 39 页。
② 徐凯希：《外国列强与近代湖北社会》，第 238 ~ 241 页。
③ 鲍幼申：《湖北省经济概况》（五续），第 37 页。
④ 张珊珊：《近代汉口港与其腹地经济关系变迁（1862—1936）——以主要出口商品为中心》，第 36 页。
⑤ 鲍幼申：《湖北省经济概况》（六续），第 2 ~ 3 页。
⑥ 湖北省地方志编纂委员会：《湖北省志·贸易》，第 27 页。
⑦ 张珊珊：《近代汉口港与其腹地经济关系变迁（1862—1936）——以主要出口商品为中心》，第 42 页；邹仲尹：《四面楚歌声中之汉口蛋品出口贸易》，《汉口商业月刊》第 2 卷第 7 期（1935 年 7 月），第 8 页。

1919 年时达到高峰，出口量达 18 万余担。[①] 20 世纪二三十年代，蛋品的出口额在汉口全部外贸出口额居于前列。

此外，汉口出口的大宗商品还有桐油、芝麻、麻类等。桐油的出口，在 20 世纪 20 年代，每年出口量约 60 万担，其中湖北出产的在 30 万担左右，以后常年维持在 30 万～40 万担之间，居全国首位。芝麻出口 1893 年约 1657 吨，1901 年增到 28017 吨，1905 年达到 46598 吨，1931 年时更是上升至 51792 吨。花生也由 20 世纪初的约数千吨，到 1926 年上升到 10428 吨。麻类出口在 1863 年时只有 1741 吨，20 世纪初上升为平均每年七八千吨，1927 年达到 13204 吨。[②]

从进口商品来看，汉口开埠初期，鸦片为进口的大宗商品，其后纺织品、染料为多。19 世纪 70 年代，洋布大量倾销中国。80 年代，棉纱、呢绒、染料、石油、五金、纸张、砂糖、缝纫针、玻璃器皿以及其他日杂用品相继进入武汉市场。90 年代以后，原材料和生产工具的进口大大增加。[③] 对外贸易的发展，极大地促进了湖北农业的商品化程度。

综上所述，清末民初以来，湖北人口、耕地面积较前都有所增长；农业种植面积、总产量和亩产量都有了一定程度的增长；农业土特产品的出口更是达到近代的高峰，因而从总体上说湖北农业获得了增长。但是进入国民政府时期以后，湖北农业经济政策的实施环境极其恶劣：一是政局极不稳定，国民政府面临来自中国共产党和桂系势力的强力挑战；二是世界性经济危机的爆发和全国农村的普遍衰败；三是自然灾害频繁，尤其是 1931 年和 1935 年的大水灾及 1934 年的大旱灾，给湖北农业以沉重的打击。在此历史条件下，湖北农业迫切需要政府的干预，以恢复农业生产、救济农民和建设农村。

---

① 《最近中国对外贸易统计图解 1912—1930》，中国银行管理处调查部，1931，第 35 页。
② 湖北省地方志编纂委员会：《湖北省志·贸易》，第 27 页。
③ 《汉口租界志》编纂委员会：《汉口租界志》，第 66～67 页。

第二章　政策导航——湖北农业
政策文本考察

本章对南京国民政府初期湖北农业经济政策内容予以分析和研究。主要从政策的文本层面对国民政府时期的湖北农业经济政策的内容进行宏观考察。主要回答的问题是：南京国民政府及湖北地方政府制定了哪些主要的农业经济政策？其政策的文本内容如何？

一　农业政策的制定、颁布概貌

1. 南京国民政府的农业政策

国民政府的农业政策，是以当时国家农业状况为基础，以孙中山先生的民生主义为原则而制定的，用以解决民生问题的基本方略和途径。[①] 国民政府发展国家农业，增加农业生产，是以养民为目的，一方面为了使国家富裕，另一方面也是为了解决国民的生存问题。也就是说不仅要生产出充足的粮食，而且要使粮食生产分配平均。[②] 为此孙中山先生提出了解决的办法，要使分配平均，必须实行"耕者有其田"；要解决粮食增产问题，可以采用以下七个方法：一是用机器耕

---

① 朱子爽：《中国国民党农业政策》，国民图书出版社印行，1940，第2页。
② 朱子爽：《中国国民党农业政策》，第15页。

田抽水灌溉；二是用化学方法制造肥料增加生产；三是同一地方逐年换种，使土壤可以得到交替休息，增加生产力；四是消除害虫秕草；五是改良食物制造方法，以便长久保留；六是改善运输条件和各项政策，调剂全国粮食余缺；七是预防天灾，治标之法为机器抽水灌溉、浚深河道和筑高堤岸，治本之法要造森林。[1]

孙中山民生主义的农业政策具体体现在国民政府的建国大纲、国民党政纲、国民党各种宣言和历次会议的决议，以及颁布的各项法律法规中。1929 年 6 月，国民党第三届中央执行委员会第二次全体会议决议：奖励农业，发展林业，兴办水利，提倡农村合作改良农民生活，以确立农业政策为发展工商业之基础。[2] 在此确定了农业是工商业发展的基础地位。

下面我们拟从机构设置、土地、水利、造林、仓储、农产品流通、农业金融等方面对国民政府的农业政策进行梳理。

（1）农业机构的设置和调整

1928 年国民政府成立农矿部，由其主管农业和矿业。1930 年农矿部和工商部合并为实业部，部中设农业、渔牧二司主管农业，后又增设林垦署，由其主管林政和垦务。农业司分三科，第一科负责农业的保护、监督、奖励，农业团体的登记及监督，国际农业会议的参加与国外农业的考查，农村经济、文化和卫生事项，农民银行及农民合作社的促进，农产品展览及审查、农产标本的征集及整理，田租及农业的调查等。第二科负责农作物的改良及天灾病虫害的防除及检查，种子的检查改良及介绍奖励，农田水利，土壤肥料的调查改良，农业试验场等。第三科负责蚕桑业的推广、监督及改良。渔牧司也分三科，第一科负责渔业的保护、监督、奖励及取缔事项，渔业权的核准、登记、撤销，水产、动植物的保护，水产种子、水产品的试验、检查及

---

① 朱子爽：《中国国民党农业政策》，第 20～33 页。
② 朱子爽：《中国国民党农业政策》，第 49 页。

改进，水产标本的征集及整理，渔民知识的增进及生活的改善。第二科负责畜牧业的监督及奖励，国有牧场及种畜场事项，畜牧种子的试验、检查及改良，畜牧知识的增进等。第三科负责兽疫的检查和防治，牲畜的检查及隔离，牲畜产品检验标准的审定，兽疫技术的增进等。[①]林垦署负责宜林宜垦的荒山荒地的勘测与登记，全国造林的设计、奖励、指导，公有林的管理及监督，私有林的提倡、保护与监督，林产物的利用与奖励等。[②] 从此，实业部成为全国农业的主管机关。除实业部外，国民政府设立"农村复兴委员会"和"全国经济委员会"，也从事农业方面的工作。

除了专门的农业行政机构的设立和调整外，国民政府设置了农业技术推广和农业科研机构。1929 年，为普及农业科学知识，提高农民生产技能，改进农业生产方法，改善农村组织及促进农民合作，国民政府颁布了《农业推广规程》。遵照《规程》的要求，国民政府成立了中央农业推广委员会。中央农业推广委员会由中央党部、实业部、教育部、内政部及其他团体及专家若干人组成，负责对各省农业推广委员会或推广处的指导和监督事宜。[③] 1932 年，鉴于当时中国地大物博，农产丰富，农民却不采用科学方法以致农产品品质日益衰退，实业部将原中央农事实验场、中央蚕丝试验场、制丝厂和原蚕种制造所合并组建中央农业实验所[④]。中央农业实验所专门负责研究、改进及发展中国森林、蚕丝、渔牧、农艺等其他农业技术及方法，研究、试验及推广中外已知之良法，调查农业实际情形并输入有益于农业的动植物，调查及研究农村经济和社会，运用科学方法研究农产品或原料的分级工作等。[⑤]

---

① 徐百齐：《中华民国法规大全》第六册实业，商务印书馆，1937，第 3213 页。
② 实业部参事厅：《实业法规》，1933，第 5 页。
③ 实业部参事厅：《实业法规》，1933，第 11 页。
④ 全国图书馆文献缩微复制中心：《粮政史料》第一册。
⑤ 实业部参事厅：《实业法规》，1933，第 17 页。

国民政府不仅加强了对中央农业行政机构的调整，还对省县各地方政府的农业机构进行了设计和规范。为了加强对农业的管理，国民政府要求各省设农业推广委员会及农事推广处，各县区设农业指导所。省农业推广委员会由国立或省立专科以上农业学校、省农政主管机关会同教育厅、民政厅、省党部及其他有关的法定机关和团体共同派员组成，下设执行部、指导股和技术部。[①] 这一时期，国民政府也加强了对县农业机关的整顿，农事实验场年经费在600元以下者改为示范田或种子繁殖场圃；年度经费在2万元以上者加以整理，仍从事农业实验研究工作；600元以上2万元以下者改为农业推广所或农业指导员办理处。

为改进农业，国民政府也开始注重调动民间社团的力量。1930年底颁布《农会法》，要求各省重新组织农会，将粮食储蓄、土地调剂、水利、种子、肥料及农具改良、水旱灾荒的预防作为农会的职责。[②]

（2）土地政策的制定

近代中国，农业是中国人之经济和生活方式的灵魂。大多数中国人是农民，或者通过与农业直接相关的职业而获取收入。[③] 土地是人类经济生活的根源。民国时期，全国80%以上的人口都从事农业，可以说整个国家的人口都直接依靠土地而生活。因此，土地问题受到了社会各界的重视，几乎一致认为土地问题是当时中国的中心问题。孙中山先生认为："民生主义的归宿，就是要解决土地和资本的问题，尤其土地问题比资本问题还重要。"[④] 时任国民政府委员长的蒋介石也指出："土地问题……差不多历来就是政治上的中心问题，处理的政策和方法得当与否，对于国家的隆替，经济的盛衰，以至政治的成败，

---

① 实业部参事厅：《实业法规》，1933，第12~16页。
② 冯柳堂：《中国民食行政之总检讨》，《国际贸易导报》第8卷第6号，第28页。
③ 易劳逸：《流产的革命——1927—1937年国民党统治下的中国》，中国青年出版社，1992，第223页。
④ 朱子爽：《中国国民党农业政策》，第17页。

都有极大的影响。"① 为此国民政府的土地政策不仅体现在孙中山的《建国大纲》和国民政府的准宪法《中华民国训政时期临时约法》之中，而且国民党的多次全国代表大会及中央政治委员会执行委员会议均对土地问题做出了相关决议。

南京国民政府成立后，为贯彻实行孙中山的"平均地权""耕者有其田"的思想，从1928年初起，即着手酝酿制定土地法。胡汉民、林森组织人员拟出《土地法原则》九项，提交国民党中央执行委员会政治会议讨论通过后，作为立法院制定《土地法》的原则依据。1929年2月，立法院成立由吴尚鹰等5名委员组成的起草小组，经一年多的反复商榷修改，完成了《土地法》草案，1930年6月国民政府正式公布。1935年4月，国民政府颁布《土地法施行法》。1935年9月，颁布《各省市地政程序大纲》。1936年3月1日起开始实行新的《土地法》。截至1936年6月底，国民政府和各省市政府颁布的有关土地法规及各省市单行规章累计达240多种。②

有关国民政府土地政策的研究，以往过分强调其失败及其原因的探讨，近年来，学者开始从其进步性尤其是土地立法对中国法制近代化的角度进行了较为全面而深入的探讨，进行了重新评价。③ 从政策的文本层面来看，笔者也基本认同前者的观点。从土地法的基本内容来看，全面而具体，涉及整理地籍、规定地价、统制土地使用、地权调整等内容，基本包括了土地法的基本原则、土地的开发利用和保护、土地权属等现代土地法的主要内容。

开发荒地，是南京政府土地立法的重要内容。1928年7月，国民

---

① 朱子爽：《中国国民党农业政策》，第39页。

② 朱子爽：《中国国民党农业政策》，第72页。

③ 主要代表作有张志红、杨士泰：《简论抗战前南京国民政府的土地立法》（《历史教学》2005年第4期），该文认为，国民政府的土地立法，首次形成了系统的土地法律法规，对我国法制近代化有一定的影响和作用；何莉萍：《南京国民政府土地立法和土地政策之评析》（《法史学刊》2006年第1卷），该文对1928～1949年国民政府土地立法概况进行了描述，并分析其利弊得失，从法制史的角度做出了较为中肯的评价。

政府召开垦务会议，决定基本垦务政策十项。1930 年 6 月 30 日国民政府颁布《土地法》，对公有和私有荒地的开发利用提出了基本原则。1933 年 2 月颁布《奖励辅助移垦原则》，规定贷给移民资金用于购买农具、种子、牲畜等，以便移民开垦。[①] 1933 年 5 月，为加强对荒地开发的管理，国民政府颁布了《督垦原则》九条，要求各地方政府根据本地实情制定督垦单行法规，在法规公布 5 年内设法将本管辖区内可垦荒地全部开垦完毕，并制定公有和私有荒地的开垦办法及奖励办法。同月国民政府又颁布了《清理荒地暂行办法》，要求各省市政府督促清理管辖区内公有和私有荒地，并进行勘丈造册，汇报内政、实业、财政三部备查。1936 年 9 月，国民政府又公布了《内地各省市荒地实施垦殖督促办法》，规定内地各省市所有可垦荒地应分两期实施垦殖。

土地法律法规规定荒地分为国有荒地和私人荒地。对于私人荒地的开垦，责令其所有人各自开垦，并规定了奖惩办法。而对于公有荒地，规定比较详细：首先，明确了垦殖负责机关，垦荒区内之地段由地方政府负责招垦。其次，对承垦人资格的认定，承垦人必须"以自为耕作之中华民国人民为限"。《国有荒地承垦条例》规定"凡承领国有荒地开垦者无论其为个人为法人均认为承垦权者"。《屯田条例》把荒地分给军人耕种并给以优惠。《徒刑人犯移垦暂行条例》规定："人犯移垦之地，以公有荒地拨充……人犯刑期满后，愿受地入籍者，授以地若干亩之耕作权……移垦人犯之眷属，得携带随行。"也就是说，集体或个人都可以从事垦殖事业。而且，军人、人犯也可以承垦。再次，限制承垦土地的数量。《土地法》规定："承垦地之单位面积额以其收获足供十口之农户生活或其可能自耕之限度为准。"

（3）水利事业的兴办

民国时期，全国水利机构极不统一，有直属于中央管辖者，有由

---

① 冯柳堂：《中国民食行政之总检讨》，第 25～26 页。

各部管辖者，也有归地方主持者，甚至有些机构还由外国人控制。鉴于全国水利行政的现状，建设委员会 1930 年建议统一全国水利行政。国民政府 1934 年颁布《统一水利行政及事业办法纲要》，确定全国经济委员会为全国水利最高行政机构，各省水利行政由建设厅主管，各县水利行政由县政府主管，受中央水利总机关的指导监督，水利关系两省者由中央办理，关系两县由本省建设厅办理。①

为了奖励对于举办水利事业确有成绩和作出重大贡献者，1933 年11 月，国民政府实业部颁布《兴办水利给奖章程》。1935 年 4 月，国民政府又修正公布了《兴办水利奖励条例》。②

为解决经费不足问题，1933 年国民政府颁布《征工兴办水利案》，以规范征工兴办水利事宜及解决完全由中央无力承担的所有水利经费问题。1936 年全国经济委员会颁布的《1936 年度水利事业计划》，开始注重农田灌溉事业，准备在长江、黄河、运河三流域，仿照西北民生水利工程办法，筹资 700 万元，兴办农田水利建设。③

1936 年 12 月，为加强对江河和湖泊沿岸农田水利事业的管理，国民政府颁布了《整理江湖沿岸农田水利办法大纲》和《整理江湖沿岸农田水利办法大纲执行办法》。由政府按照寻常洪水流线所及与洪水停蓄所需范围划定界限，在分界之处由政府建筑坚固的防水大堤。堤外田地准由人民自由耕种，堤内之地一律禁止私人耕种，已经开垦者由政府发行地价券收归国有。④

（4）造林运动的开展

"一国的森林事业，于消极方面，固可防患未然，泯除灾害；而积极方面，复可利用资源，增进生产。"⑤ 森林事业的重要性鉴于当时

---

① 中国农民银行经济研究处：《农村经济金融法规汇编》，1942，第 493 页。
② 中国农民银行经济研究处：《农村经济金融法规汇编》，1942，第 494～499 页。
③ 冯柳堂：《中国民食行政之总检讨》，第 27 页。
④ 中国农民银行经济研究处：《农村经济金融法规汇编》，1942，第 500～504 页。
⑤ 彭瑞夫：《论危殆之中国森林业及其挽救之对策》，《中国经济评论》第 11 卷第 9 期（1935），第 89 页。

除交通不便人迹罕至地区还有少许林木存在外，全国各山呈现秃童之象。建筑、家具、铁道枕木都依赖进口，总计全国进口木材及其他森林产品入超达 6783 万余元。① 刚登上历史舞台的国民党认识到了森林事业的重要性，将"造林"与合作、识字、造路等运动一起合称为国民党的七项运动。1929 年 3 月，国民政府规定：每年的 3 月 12 日孙中山逝世纪念日作为全国的植树节。1929 年 8 月召开的全国林政会议拟定了四项林业政策：江河水源、海岸、沙漠及其他有关社会安全之地域的森林，应规定为保安林；政府应切实整理原有林场，并于相当地点建造国有林；对寺有林及有关古迹名胜之森林，政府应尽保护及监督之责；政府当以全力谋公私森林之发展，尤须注意对村有林、民有林及林业合作社之保护、奖励、指导及监督。② 1930 年 2 月决定每年的 3 月 11～16 日为全国造林运动宣传周。同年 11 月颁布《堤防造林及限制倾斜地垦殖办法》。1932 年重新修订《森林法》。1933 年颁发《各省堤防造林计划大纲》。1935 年 2 月颁布《森林法施行细则》并同时实施《森林法》。此外，国民政府还颁布了《管理国有林公有林暂行规则》《林业考成暂行办法》《推广苗禾办法》《林区内强制造林办法》等一系列法规。③

（5）仓储的整顿

晚清以来，由于政局多变，仓储废弛，原有积谷财产，不是为军阀所挪用，就是为地方所保管。1930 年 1 月，内政部颁发《各地方仓储管理规则》，将全国谷仓分为县仓、市仓、区仓、乡仓、镇仓、义仓 6 种。每仓储存的谷物数量，县市仓由各省民政厅确定，区仓由县政府确定，乡镇各仓按照每户积储一石标准进行粮食的储存。县市的积谷主要用于平粜和散放，以便平衡粮价和救济。区、乡、镇仓则每

---

① 谭熙鸿：《七年来中国林政设施之回顾》，《中国实业杂志》第 11 卷第 12 期（1935），第 199 页。
② 朱子爽：《中国国民党农业政策》，国民图书出版社，1940，第 66～67 页。
③ 谭熙鸿：《七年来中国林政设施之回顾》，第 203～204 页。

年可将其存谷的 1/3 在青黄不接时向贫民借贷，以救济贫穷。[1] 1930
年 8 月，行政院为避免农业丰收导致谷贱伤农，要求各地方政府立即
设置仓储，已经设立者也要进行扩充。各县储谷的数量由各省政府根
据当地情形确定。为解决资金来源问题，国民政府要求各地农民银行
办理粮食储押业务；如果是没有设立农民银行的地方，由各地典当行
按照中央规定的利率办理粮食储押，禁止商人囤积居奇并严禁米谷出
口。[2] 1932 年 10 月，财政部召集湘鄂皖浙赣等省市代表举行民食调节
会议，决定：中央在重要粮食集散地筹设若干所总储备仓；各省市设
立若干所常平仓；各省市按照部颁各地方仓储管理规则切实办理各级
仓储；拟订奖励或保息办法，劝导银行、钱业、典当广泛设置仓库，
办理粮食储押工作；政府设法提倡粮食储藏合作社。1933 年 10 月，
国民政府在南昌召开八省粮食会议，会议决定：将全国仓库分为五类：
国立储备仓、省立储备仓、县仓、区仓、乡仓，国立储备仓和省立储
备仓分别由中央和各省设置，主要储备粮食以调节粮价。省以下各种
仓库，乡仓必须普遍设立，至于县仓和区仓根据各地具体情形和财力
而设置。在规定时期内县仓必须积谷 1 万石以上，区仓积谷 1000 石以
上，乡仓必须在 100 石以上。此外，为了帮助农民调节经济，不致在
新谷上市时贱价销售，国民政府颁布《模范农业仓库暂行章程》及
《储押籼稻分仓保管规则》等法规，在全国设立农业仓库，办理粮食
储押业务，以救济农民。[3]

（6）农产品的流通

1929 年，米价已涨到 1914 年的 5 倍，针对米价过高的现象，国民
政府颁发《取缔粮商不得任意提高米价令》。[4] 鉴于各省禁止米谷出
境，不能自由流通，时任财政部长的宋子文在国民党第四届三中全会

---

[1] 立法院编译处：《中华民国法规汇编》第八册实业，中华书局，1934，第 50～53 页。
[2] 立法院编译处：《中华民国法规汇编》第八册实业，第 53 页。
[3] 冯柳堂：《中国民食行政之总检讨》，第 29～32 页。
[4] 立法院编译处：《中华民国法规汇编》第八册实业，第 67～68 页。

上提出流通国内米麦案，行政院于1933年1月通令施行，由政府通令各省一律开放米麦禁令，使省与省、县与县均能自由流通；废除米麦捐费和米谷转口税；如各省因特殊情形必须禁止本地米麦出境时必须呈请中央政治会议审核批准。此外，为避免谷贱伤农，针对以前凡进口粮食一律免税的情形，国民政府在八省粮食会议之后，于1934年12月16日起开始征收洋米、麦、杂粮、面粉进口税，[①] 征收洋米每担1.00金单位、谷每担0.50金单位、小麦每担0.30金单位、面粉每担0.75金单位、大麦及其他杂粮一律按从价10%征收。除广东、广西、福建三省海关暂缓执行外，其他地区一律执行。[②]

（7）农业金融的创办

1928年国民党中央执行委员会制定的《民众训练大纲》规定："组织农村各种合作社，并维护现存社仓义仓等公产，以减轻农民经济上之痛苦。"1929年3月国民党第三次全国代表大会又将"扶植农村教育、农村组织、合作运动及灌输农业新生产方法"作为农民运动的方针；同年6月，中央执行委员会决定奖励农产，发展林业，兴办水利，提倡农村合作，改良农民生活，以确立农业是发展工商业的基础。因此，国民政府发展农业金融事业，形成分营农业金融制度[③]，全面开展农村合作运动，改进旧式农业仓库。[④] 1931年九一八事变后，农业金融事业获得了迅速发展。各种农业金融机构纷纷设立，既有农业金融设计组织——全国农业金融讨论会，也有农业金融救济机关——华洋义赈会和豫鄂皖三省农村金融救济处；既有全国性的农业金融机构——中国农民银行和农本局，也出现了新兴的地方省县农业金融机构；既有专业的农业金融机构，也有各种商业银行兼办农业金

① 冯柳堂：《中国民食行政之总检讨》，第33~36页。

② 许璇：《粮食问题》，商务印书馆，1935，第119页。

③ 所谓分营农业金融制度，是指国民政府成立以前，所有农业金融业务多由商业银行兼营，国民政府成立后，为推行农业政策的需要，必须成立专业的农业金融机构，以发展农业和改善农民生活。

④ 姚公振：《中国农业金融史》，中国文化服务社，1947，第186~187页。

融事业。此一时期农业金融事业的发展掀起了一股高潮，不仅中国银行、交通银行、中央信托局等国家银行参与农贷事业，上海商业储蓄银行、金城银行、中南银行等商业银行还组织成立"中华农业合作贷款团"集团农贷组织；合作社、合作金库、农业仓库等新式农业金融组织也如雨后春笋般出现。①

1933 年国民政府成立了（豫鄂皖赣）四省农民银行，并于 1935年将四省农民银行更名为中国农民银行。商业性农业金融方面，1935年国民政府明令全国所有银行，储蓄存款总额 1/5 应投资于农业。这一年，中国银行除参加农业贷款外，还成立了中华农业贷款银团，先后参加银行有十余家。1936 年，国民政府又鉴于一般农业金融机关及商业银行办理农贷之缺点，另行设立农本局为强有力的中央农业金融机关。合作性金融方面，1932 年政府制定《各省农村合作社条例》，1934 年又制定了《各省农村合作委员会组织规程》限令豫鄂皖赣四省即刻提倡合作组织，1933 年成立的四省农民银行，逐渐于各省内设立分行，以扶助各省合作事业的发展。1934 年政府又颁布了《合作社法》。抗战前，我国农业金融制度虽未能建立，但政策性、合作性与商业性金融机构都在一定程度上得到了政府的鼓励，政府试图倡导建立一种复合信用型的农业金融制度。

2. 地方性政策的制定与颁布

（1）有关农事机构

1927 年，《湖北省政府建设厅组织法》规定，全省农林、渔牧及水利事务由建设厅第二科管理。② 1929 年 7 月，湖北省政府改组，增设农矿厅，专门负责全省农矿事务，半年后奉令裁撤。农矿事务仍由

---

① 姚公振：《中国农业金融史》，第 204～205 页。
② 《湖北建设月刊》第 1 卷第 1 号（1928 年 6 月），法规第 1 页。

建设厅掌管。① 从此建设厅成为全省农业行政主管机关。

湖北地方政府不仅明确了农业行政机关，也加强了对农业科学研究机构的管理。为发展农林生产，促进农林技术的发展，湖北省政府颁布《修正湖北省农林各试验场组织大纲》，将全省农林试验场分成农业、林业、棉业、茶业四类试验场。为加强对其所属的汉阳农业试验场、襄阳农业试验场、宜昌林业试验场、荆州棉业试验场、钟祥棉业试验场的管理，湖北省政府颁布了《湖北建设厅所属汉襄宜荆钟各农林试验场暂行条例》，明确各试验场的职责：一是完成各自的试验事项；二是对于地方农民质疑问难或请求代为试验时，必须给予答复或代为试验；三是征集各试验场附近农家的主要产品，召开一次农产品评会；四是向地方农民宣传试验成绩；五是设置所在地主要产品标本陈列室；六是调查所在地农民生产技能、农林事业状况、地方特产等。② 1928 年 12 月，为进一步加强对各试验场的专业化管理，湖北省建设厅颁布《湖北省政府建设厅农林试验总场规程》，将原南湖农业试验场改组为湖北省农林试验总场，直属省建设厅，专门负责指导和监督各农林试验场试验事宜。③ 1933 年，因财政拮据，湖北省政府将原有农林试验场分别进行裁并和改组，按照《农业推广组织规程》在全省就原有试验场设立农业推广区，主要负责推广造林工作。④

1927 年 9 月，为提高棉花质量，增强棉花在国际市场的竞争力，湖北省政府颁布《湖北棉花检验处章程》，在建设厅下设置棉花检验处，专门负责全省进出口棉花的检验事宜。⑤

（2）土地政策

为处理在国共合作时期及国共分裂后共产党在各地进行土地改革

---

① 《农矿厅归并建设厅始末》，《湖北建设月刊》第 2 卷第 4 号（1930 年 4 月），附录第 1~6 页。
② 《湖北建设月刊》第 1 卷第 1 号（1928 年 6 月），法规第 27 页。
③ 《湖北建设月刊》第 1 卷第 7 号（1928 年 12 月），法规第 13~16 页。
④ 欧阳涤尘：《最近湖北建设概况》，《中国经济》第 3 卷第 8 期（1935 年 8 月）。
⑤ 《湖北建设月刊》第 1 卷第 1 号（1928 年 6 月），法规第 31 页。

所遗留的土地问题，1931 年 1 月，湖北省政府颁布《湖北各县临时土地清理委员会章程》，规定土地清理委员会由各县县长、司法委员、县政府各局局长、各区区长、县党部及商会代表组成。土地清理委员会下设总务、登记、清理、审查四股。[①] 同时颁布了《湖北各县处理剿"匪"区域土地章程》，对于土地的产权确认、土地租佃、土地税收等作出了规定。[②] 1932 年 8 月，为处理被共产党实行分田地方的土地及其他财产问题，湖北省政府又颁布了《湖北各县农村兴复委员会组织章程及办事通则》。农村兴复委员会分县、区、乡或镇三级，所办事务先由乡或镇农村兴复委员会决定，如不能决定时再递交区委员会作最终处理。处理完毕后将结果上报县农村兴复委员会，最后由县委员会汇总上报省政府备案。县农村兴复委员会由县长、所属各局长、秘书、科长及各区代表（1 人）组成；区农村兴复委员会由区长及各乡镇代表（1 人）组成；乡或镇农村兴复委员会则由乡镇长及各乡镇有正当职业素负众望者（5 ~ 7 人）组成。兴复委员会主要负责农村土地及其他不动产所有权的确认及租佃田租、土地税收、指导农村合作事项、清理农民债务等事项。[③]

（3）仓储

1931 年 7 月，遵照国民政府要求各地方限期办理仓储办法，湖北省政府颁布《湖北省各县办理仓储奖惩章则》，对于各县县长办理仓储情形依照县长奖惩条例进行奖惩，如县长举办仓储不力情节严重者送交法院审判从重处罚。《章则》对湖北省举办仓储进行了部署，将全省各县分三期兴办仓储。第一期为武昌等 29 县，从 1931 年 10 月 1 日起至 1932 年 10 月 1 日止；第二期是罗田等 17 县，从 1932 年 10 月 1 日起至 1933 年 10 月 1 日止；第三期是监利等 22 县，从 1933 年 10

---

① 湖北省民政厅：《湖北民政法规汇编》（1932 年），第 454 ~ 456 页。
② 湖北省民政厅：《湖北民政法规汇编》（1932 年），第 459 ~ 464 页。
③ 湖北省民政厅：《湖北民政法规汇编》（1932 年），第 464 ~ 473 页。

月 1 日起至 1934 年 10 月 1 日止。为加强对仓储的管理，1931 年 7 月湖北省政府颁布了《湖北各县仓储管理细则》，对仓储的经费来源、仓库的建设标准、积谷的保管及稽查考核等各方面进行规范。① 1932 年 12 月，湖北省政府第 53 次会议决议，通过《湖北省建仓积谷办法大纲及保障县区仓条例》，《条例》对全省建仓积谷的实施办法进行了规划。② 1935 年 4 月，湖北省政府拟定《湖北省各县区仓储管理模范细则》，以规范对县区仓储的管理。③ 1936 年 10 月，为进一步加强对仓储事业的推进，湖北省政府颁布《湖北省推进各县仓储办法》《湖北各县建筑县区仓廒办法》。④ 1937 年 2 月，为调动从事仓储人员工作的积极性，湖北省政府又出台了《湖北各县仓储人员奖惩暂行规程》。⑤

（4）田赋征收

1928 年，为铲除田赋积弊，增加税收，湖北省财政厅厅长提出《整理田赋十条办法》，经省政府同意后通令各县从 1929 年开始施行。

1933 年，鉴于财政困难，整理田赋为湖北财政的唯一出路，湖北省政府成立整理田赋委员会，开始清查土地、田赋。田赋和粮额较多的县，由县政府依照原有征粮册籍制发业户陈报单，陈报及调查审查终了，再按赋推亩，酌定地价，造具登记册。粮额较少之县，由县政府制发业户陈报单，陈报及调查审查完毕后，再按 60 平方丈一亩的标准合成亩数，按亩计赋，并酌定地价，造具登记册。⑥ 1934 年 1 月，鉴于各县田赋赋率不均的现状，湖北省财政厅颁布《整理田赋甲乙两种暂行办法》，对田赋赋额较多的县，实行就户问粮，按粮推亩；对田赋较

① 湖北省民政厅：《湖北民政法规汇编》（1932 年），第 433～438 页。
② 湖北省政府委员会第 53 次会议事录，LS1-1-39，湖北省档案馆馆藏档案。
③ 湖北省政府委员会第 135 次会议事录，LS1-1-44，湖北省档案馆馆藏档案。
④ 湖北省政府委员会第 219 次会议事录，LS1-1-46，湖北省档案馆馆藏档案。
⑤ 湖北省政府委员会第 229 次会议事录，LS1-1-46，湖北省档案馆馆藏档案。
⑥ 湖北省地方志编纂委员会：《湖北省志·财政》，湖北人民出版社，1995，第 131 页。

少的县，实行履亩调查，就田问赋。^① 同时针对当时各县田赋征收不力以致拖欠现象极为严重的情形，为加强对田赋征收的力度，湖北省财政厅制定《各县田赋比额整理办法及各县田赋数额比较表》。^② 同年3月，针对各县田赋参差不齐负担不公平的现象，借国民政府实施废两废石田赋改征银元之际，湖北省政府颁布《田赋赋额等级标准》。^③

1935 年 1 月，湖北省政府颁发《改进田赋征收制度六项办法》，对征收方法、时间及程序进行规范。^④ 1936 年 10 月，为进一步推进田赋征收事业，湖北省政府又颁布了《湖北省各县征收田赋考成细则》。^⑤

（5）农田水利

1929 年，为加强农田水利建设，湖北省政府颁布《湖北省各县修浚塘堰考核章程》，要求各县县长督导各区团董调查原有塘堰的深度、面积，要求每个塘堰至少能够满足 7 次以上的灌溉。各县县长每月将各地兴修塘堰的开工情形上报农矿厅，并于 1930 年 2 月底以前完成兴修和维修工作。^⑥ 1933 年 10 月，湖北省政府颁布《湖北省政府建设厅修浚各县塘堰规则》，将修浚塘堰列为田地防旱最重要的工作，由救灾备荒委员会在武昌等 20 个县举办工赈修浚塘堰以资提倡。1934 年 8 月，又颁布《湖北省二十三年度各县修浚塘堰补充办法》，规定各保在 1935 年 1 月底前至少必须修浚 3 个新的和旧的塘堰，并且要求各行政督察专员督促各县办理。^⑦ 1934 年 12 月，湖北省财政厅和建设厅共同拟定《整理各县民堤办法》《各县水利委员会组织通则》《各县区水利委员会组织通则》《各县民垸修防处组织通则》，提经湖北省政府委员会第 120 次会议议决通过，颁发各县实行。为加强督促工作，各行

---

① 《鄂省整理田赋两种办法》，《地政月刊》第 2 卷第 1 期（1934 年 1 月），第 208 页。
② 《鄂省府积极整理各县田赋》，《地政月刊》第 2 卷第 1 期，第 210 页。
③ 《鄂财厅划一田赋订定赋额等级标准》，《地政月刊》第 2 卷第 1 期，第 516 页。
④ 湖北省地方志编纂委员会：《湖北省志·财政》，第 132 页。
⑤ 湖北省政府委员会第 219 次会议议事录，LS1-1-46，湖北省档案馆藏档案。
⑥ 《湖北农矿月刊》第 2 期，法规第 36~37 页。
⑦ 湖北省政府秘书处：《湖北省第一次全省行政会议汇编》（1935 年 3 月），第 168 页。

政督察区另设区水利委员会。^① 1935 年 2 月，湖北省政府颁发《湖北省人民服工役规则》，《规则》规定服役的主要任务之一就是修浚塘堰。^②

（6）农业金融

1931 年，为防止高利贷阻碍农业经济的发展，湖北省政府颁发《典当业营业规则》，要求典当业的月息改为 1 分 6 厘，外加栈租 2 厘、保险 2 厘共为 2 分。^③

1932 年 7 月，为加强灾后救济和恢复农村经济，湖北省政府决定在湖北省银行内附设湖北省政府农民借贷处，在灾情奇重的县份设立借贷分处，由县长监督各级自治人员办理耕牛、农具、种子、肥料等项贷款工作。^④

1933 年 2 月，为防止重利盘剥，维持平民生计，湖北省政府颁布了《湖北省取缔高利贷暂行规则》。^⑤ 1935 年 2 月，湖北省政府重新修订了《湖北省各县乡镇典当营业暂行规则》。月息仍为 2 分，9 个月满当，并且可以无限制延长赎当时间。^⑥ 1936 年 3 月，湖北省政府颁布了《湖北省银行章程及储蓄部农民贷款部章程》。^⑦

二　农业政策的主要内容

1. 增加农业生产

增加农业生产，一方面是加强对荒地的开发和利用，扩大耕地面

---

① 湖北省政府秘书处：《湖北省第一次全省行政会议汇编》（1935 年 3 月），第 159 页。
② 湖北省政府秘书处：《湖北省第一次全省行政会议汇编》（1935 年 3 月），第 156～157 页。
③ 湖北省政府委员会第 105 次会议事录，LS1-1-35，湖北省档案馆馆藏档案。
④ 湖北省政府委员会第 29 次会议事录，LS1-1-38，湖北省档案馆馆藏档案。
⑤ 湖北省政府委员会第 72 次会议事录，LS1-1-39，湖北省档案馆馆藏档案。
⑥ 湖北省政府委员会第 127 次会议事录，LS1-1-43，湖北省档案馆馆藏档案；程理昌：《湖北之农业金融与地权异动之关系》，第 45582～45583 页。
⑦ 湖北省政府委员会第 192 次会议事录，LS1-1-45，湖北省档案馆馆藏档案。

积；另一方面是提高现有土地的生产率。下面拟从上述两个方面对国民政府及湖北地方政府出台的政策进行考察。

1929 年 7 月，国民政府垦务会议，决定了十项基本垦务政策：造成模范社会；巩固边防；采用保护奖励政策；限令全国私有荒地定期开垦完毕；提倡与垦殖有关的各种合作社；厉行兵工政策；视垦区风土之宜农林牧三者兼筹并重；厉行土著政策；奖励移民屯垦；强迫游民移殖。[①] 1930 年 6 月 30 日，国民政府颁布《土地法》。《土地法》规定公有荒地由农户或农业合作社承垦，向主管机关请领单位面积的垦地。如是单个农户承垦荒地，荒地面积最高可达按照其收获总量足够供养十口之家的农户生活，或农户一家能够自己耕种的面积。如是农业合作社承垦荒地，则按照每一社员能够承垦的面积总和为准。自开垦完毕之日起，承垦人无偿取得土地的耕作权，免纳五年土地租金。

为提高土地生产率和农业生产水平，国民政府和湖北地方政府重视农业的科学研究。据中农所统计，截止到 1934 年，全国共有农业科研试验机构数量共 691 个，各类工作人员 7678 人，年度经费 20437351 元。其中湖北省农业科研机构数量 12 个。[②] 湖北省政府成立了农业、棉业、茶叶、蚕丝、畜牧等各类科研机构，从事农业科学研究。[③] 为增加农业生产，国民政府和湖北地方政府重视农作物的选种工作，《农作物选种规则》要求各农事机构除了加强商业种子公司经营行为的监管外，还须负责各类优良种苗的研究、收采、贮藏、拣选等工作。防治病虫害工作也成为当时政府关注的一个重要问题。《农作物病虫害防治规则》《农业病虫害取缔规则》就病虫害的防治工作进行了规范，尤其明确了各级农事机构的责任。[④]

---

① 农矿部设计委员会特种会议秘书处：《农矿部垦务会议汇编》，南京宜春阁印书局承印，1929，第 35 ~ 36 页。
② 钱天鹤：《中国农业研究工作鸟瞰》，《农报》第 12 卷第 17 期（1935 年），第 577 ~ 578 页。
③ 湖北省政府建设厅：《湖北省建设概况》，1948，第 102 页
④ 徐百齐：《中华民国法规大全》，商务印书馆，1937，第 3268 ~ 3270 页。

1933 年 2 月，为加强省际移民开垦的引导和规范，国民政府颁布了《奖励辅助移垦原则》，对移民的资格、移民的待遇、政府应当承担的义务都做出了较为明确的规定。关于移民的资格问题，《原则》要求必须主要是具有耕作能力和艰苦耐劳的贫民；关于移民的待遇问题，移民可以从政府获得有关购买农具、种子、牲畜及建筑住宅等方面的贷款，贷款利息不得超过年息 3 厘，在垦地成熟后分期 5 年及以上期限偿还。移民初次赴垦区时可获得政府旅费补贴，或由政府办理免费手续。关于政府的义务问题，《原则》要求各地方政府首先必须安排移垦资金及时发送给移民，计划好垦区内的水利、交通、教育、卫生等建设工作，举办移民垦殖耕作和经济自卫等各种组织的指导工作。[①] 1933 年 5 月，国民政府又分布了《清理荒地暂行办法》，要求各省荒地所有人在 1936 年年底前向政府呈报荒地面积。同时颁布了《督垦原则》，以鼓励人民垦荒。[②]

1929 年，湖北省政府按照国民政府教育部、内政部、农矿部联合颁发的《农业推广规程》，根据本省实际情形，颁布了《湖北省政府农矿厅农业推广暂行办法》，按照山脉、河流及交通情形将全省划分为 7 个区域，各区均设 1 名农业指导员，负责督察农业推广事务。各县也应根据各县情形设县农业指导员，负责推广《农业推广规程》规定事宜。[③]

1929 年 11 月，国民政府农矿部颁布《农产奖励条例》，对于应用科学方法或新式机械、改良品种、增加产量方面确有成绩者实行奖励政策。凡在农产品展览会或农产品比赛会上评定为成绩优良者、农田耕种比赛经评定成绩优良者、地方自治机关或农民团体经调查视察或其他报告认定成绩优良者、农民自己呈报经主管机关认定成绩优良

---

① 实业部参事厅：《实业法规续编》，华东印务局，1935，第 63～64 页。
② 冯柳堂：《中国民食行政之总检讨》，《国际贸易导报》第 8 卷第 6 号，第 25～26 页。
③ 《湖北农矿月刊》第 3 期，法规第 34～35 页。

者，政府根据情形分别给予奖金、奖章、褒状、奖牌外，还将在一定年限内准许免除或减免国内产销等各项税收。1930 年 4 月，农矿部又颁布了《农产奖励条例施行细则》，对农产奖励的操作进行了规范。①

为加强中央与地方农业技术研究与推广的指导和推广，1936 年国民政府颁布了《农业技术合作办法》。《合作办法》要求中央农业试验场加强与各地方农业试验场的合作，中央农业试验场将改良农作物种子、病虫害防治方法等试验研究成果与各地方农场商定合作办法以便推广；中央农业试验场通过举办讨论会、讲习会等方法，加强对地方农业试验场技术人员的培训。②

2. 调节农产运销

1936 年行政院议决救济稻麦运储办法：对于运输稻米经由粤汉铁路者，由铁道部酌情减免运费；主管机关在 8、9 月间采购全国所需军粮；各地现有仓库应于 8、9 月间储藏粮食；调节关税，给予支持。③

为振兴农业，以科学方法整理农产，订立标准、实施分级、改良运销、避免掺伪，以适合市场需求，设立湖北农产整理运销处，隶属于湖北省政府建设厅，运用行政力量，实行产销合作，调节供求关系。为方便农产品产销合作，发展业务，设立农产整理运销设计委员会，由建设厅厅长兼主任委员，其他如湖北省银行行长、农村合作委员会总干事或总视察、棉花掺水掺杂取缔所副所长、建设厅内河航轮管理局局长及有关厂商代表 9 人为成员。整理运销处的主要业务有：改进农产的整理、分级、包装、仓储；代理各合作社运销农产品或农用品；代理各厂商采购和运销农产原材料。具体进行由运销处与各关系方采取分工合作的办法：湖北省银行具体负责设立仓库、办理仓库押款和

---

① 立法院编译处：《中华民国法规汇编》第八册实业，中华书局，1934，第 12 ~ 18 页。
② 《实业部规定农业技术合作办法咨各省市府文》，《中国农民银行月刊》第 1 卷第 5 期（1936 年 5 月），法令第 5 ~ 6 页。
③ 《行政院决议救济稻麦运储办法》，《中国农民银行月刊》第 1 卷第 8 期，第 90 页。

押汇事项；湖北省农产整理运销社负责农产品的掺水掺杂的取缔工作和分级工作；农产整理运销处与建设厅内河航轮管理局订立农产联运办法办理农产运销。汉水流域农产丰富，每年由鄂北运往汉口的农产品，大约有5000万担棉花、200万担小麦、豆类及杂粮，因为交通不便，运输工具全凭帆船，既费时日，又无保障，加之船户掺水掺杂，积弊丛生，致使运商裹足不前，以致货弃于地、农伤于野，湖北农产整理运销处决定第一年度集中力量改良汉水流域这一状况，采用吃水两尺深以下的浅水轮船，运销农产。较之帆船运输，可节省4/5的时间。商请湖北省银行在老河口、樊城、沙洋等地各设一所仓库，办理仓库储押，并在仓库所在地附设农产品整理场所，对农产品进行整理，实施分级并改良包装。①

1936年9月间，鉴于农产丰收，粮食价格大降，谷价在2元至2.4元之间，较前降低了六七角不等，米价在4.8元至5.2元之间，较前跌了1元以上。为此湖北省政府遵照国民政府指令，拟定《湖北省救济谷贱伤农办法》，由湖北省合作委员会与中国农民银行商洽，由农行向各县合作社及联合会所办的农业仓库储押借款100万元；合作社及联合会对社员办理农仓储押借款，所借款项不得超过产品价值本身的60%；社员及合作社所押产品封存后，不得私自变卖；合作社及联合会应满足社员需要办理联合运销业务。②

3. 调剂农业金融

鉴于1931年大水灾给农业带来的巨大损失，湖北省政府为救济农村、发展农业，筹拨专款设立农民贷款处。1932年9月，成立湖北合作事业指导委员会，指导全省合作事业的设计、宣传、调查和训练工

---

① 《湖北省农产整理运销处计划大纲》，《中国农民银行月刊》第1卷第5期，第37~40页。
② 《鄂省拟定物贱伤农办法》，《实业部月刊》第1卷第7期（1936年10月），第196~197页。

作。1932年10月，国民政府决定在农村推行合作社作为组织农民恢复农村经济的方法，制定并颁布《农村合作社条例》《各农村金融救济条例》，在汉口成立农村金融救济总处，并派遣辅导员前往总部核定符合金融救济的地区——黄安、罗田、阳新、沔阳、潜江、监利、通山、通城、英山等县，指导农民组织农村合作预备社，从事农业贷款工作。后来又增加了礼山、大冶、鄂城、麻城、崇阳、鹤峰、恩施等县。1935年4月，豫鄂皖赣四省农民银行在湖北的黄陂、江陵、宜昌、汉川、黄梅、武昌、汉阳、汉口一带指导农民成立合作社，从事农业金融救济工作。[①]

4. 改进农业组织

国民政府认为，农村崩溃的主要原因在于农村自身没有组织，因此合作社是复兴农业与农村的唯一组织。合作社作为反资本主义的一种制度，在生产、消费、交换、分配等经济行为上极为适宜。[②] 合作制度的实行，通过"利用合作使生产方法合理化、供给合作使消费合理化、运销合作使分配和交换合理化"，其结果必会使"农业经营合理化"。其具体的政策设计如下：

信用合作社，由合乎条件的9人以上农民组成，通过"对社员各种贷款，办理储金存款，和代理收付款项"等业务，"给农民贷放生产上的必要资金"。[③]

利用合作社，以"代管社员土地，并置办农业及生活上公共设备，供社员共同或分别使用"为目的。利用合作社由"农村中与土地有关系的地主、佃户、自耕农9人以上缴纳股金并分别与合作社签订土地契约"组成。合作社为社员代为"管理土地、征收田租"，有利

---

① 程理昌：《湖北省之农业金融与地权异动之关系》，第45605~45606页。

② 《农村合作社条例章程说明书》，《豫鄂皖三省总司令部农村金融救济处工作报告》，1933，第42页。

③ 《农村合作社条例章程说明书》，第45~47页。

于土地的开发和公平地租的形成，减少业佃纠纷；尤其是利用合作社通过购置本村土地，由社员共同经营，最终实现"全村田地全为合作社所有，全体社员成为合作社的佃户"的温和的土地革命。①

供给合作社，主要对社员供给种苗、肥料、农具等农业用品和粮食、油盐、糖果等日常生活用品，使社员能够享受公平的价格和品质优良的产品；运销合作社则办理农产品的运销、加工、储藏及保管事项，使"农民自己的产品，交由合作社出售，不致为商人所操纵，从而可获得较高的价格"。总之，运销合作社和供给合作社同是农村的商店，其用意在于使农村商业不归商人经营，而由农民自己组织的合作社经营。②

5. 发展农田水利

根据中国国民党第十三届中央执行委员会第二次全体会议《确立农业政策为发展工商业之基础案》："政府宜宽筹经费疏导国内主要河流，人民宜尽力开凿沟渠水井由政府加以辅助。"③ 为加强农田水利建设，1929 年湖北省政府颁布《湖北省各县修浚塘堰考核规程》。《规程》要求各县县长应督率各区团董调查各区原有塘堰的深度、面积以确定修建的标准，修建标准要求能灌溉区域内的田亩 7 次以上。如果各县农村旧有塘堰所在地不适中时，由各县县长责成各区团董会同业主择定适当地点筹款新建。无论是公修或私修的塘堰，均由各县县长根据各地情形规定，如果工程较为巨大应呈报农矿厅查核。各县县长应将各区村修建塘堰开工日期及进行状况报告省农矿厅。各县修建塘堰一律在 1930 年 2 月底前完成。各县县长办理修建塘堰成绩由农矿厅派员考核，呈报省政府分别奖惩，其奖惩方法依照湖北省政府公布所

---

① 《农村合作社条例章程说明书》，第 51 页。
② 《农村合作社条例章程说明书》，第 52~55 页。
③ 《国民政府公报》第 208 号（1929 年 7 月 4 日），国民政府文官处印铸局印行，附录第 13 页。

属行政官吏考核暂行条例规定进行。各县长对于各区长修建塘堰奖惩办法由各县长制定并呈报农矿厅备案。①

1933 年 10 月，湖北省政府颁布《湖北省政府建设厅修浚各县塘堰规则》，将修浚塘堰列为地势较高地区田地防旱最重要的工作，由救灾备荒委员会在武昌等 20 个县举办工赈修浚塘堰以资提倡。1934 年 8 月，又颁布《湖北省二十三年度各县修浚塘堰补充办法》，规定各保在 1935 年 1 月底前至少必须修浚 3 个新的或旧的塘堰，并且要求各行政督察专员督促各县办理。②

1934 年 12 月，湖北省财政厅和建设厅共同拟定《整理各县民堤办法》《各县水利委员会组织通则》《各县区水利委员会组织通则》《各县民垸修防处组织通则》，提经湖北省政府委员会第 120 次会议议决通过，颁发各县实行。为加强督促工作，各行政督察区另设区水利委员会。③

1935 年 2 月，湖北省政府颁发《湖北省人民服工役规则》，《规则》具体内容有：（1）每年 12 月底或 1、2 月农闲时节，是湖北人民服役期；（2）服役的主要任务是整修道路和修浚塘堰，各县可根据具体情形确定服役内容，如农林、卫生，但必须呈报行政督察专员核准，并报省政府备案；（3）服役内容必须以"人民易于完成且于民有益"为原则，每次征工必须实行轮流制，每人每年工作时间不得超过 3 日。④

第三行政区蕲春、浠水、广济、黄梅等 9 县濒江官堤和民堤共计 100 余堤，每堤修筑培补工程所需征工大约在 5000 以上，总计须征工达 60 万～70 万，湖北省政府训令各区长，责成各修防主任、保甲长，

---

① 《湖北农矿月刊》第 2 期（1929 年 9 月），法规第 36～37 页。
② 湖北省政府秘书处：《湖北省第一次全省行政会议汇编》（1935 年 3 月），第 168 页。
③ 湖北省政府秘书处：《湖北省第一次全省行政会议汇编》（1935 年 3 月），第 159 页。
④ 湖北省政府秘书处：《湖北省第一次全省行政会议汇编》（1935 年 3 月），第 156～157 页。

按亩征工修筑，限于 4 月底以前一律要求竣工。[①] 第十一行政区根据《湖北省修浚塘堰条例》，要求各县先将全县原有塘堰，利用农闲时节，以《人民服工役规则》，由各区保甲长负责在各管辖区内施工；如是缺水地区，先调查附近水源，因地制宜，建筑水渠和闸门，除征工外，所有应需石土材料，由有利害关系的地主分担；如果工程巨大，由各县拟定计划方案，呈请赈委会拨款借贷然后分期偿还。[②]

6. 其他

1930 年，鉴于市场上的人造肥料品质优劣不一，普通农民缺乏辨别能力，以致使用后土质发生劣变，影响农业生产，湖北省建设厅决定派员随时实地检查进口人造肥料的质量，对于不合格产品严禁销售。[③]

总之，通过对国民政府及湖北地方政府农业经济政策的文本考察，我们认为，在政策设计上，国民政府及湖北地方政府在极其艰难的环境下，鼓励开垦荒地，扩大耕地面积；对采用科学方法、新式机械、改良品种等活动进行奖励；加强对农业科学技术的研究与推广工作，试图增加农业生产。除了对农业生产活动进行直接干预外，国民政府及湖北地方政府还对农业的运销环节进行调节，恢复和发展仓储事业，实施农业关税政策，调节农产品价格，保护农业生产，甚至直接设立农产运销整理处，实行农产运销的部分统制。针对当时农业金融枯竭的状况，政府试图建立现代农业金融体系，以调剂农业金融。此外，政府开始注重农田水利建设，以提高农业抗自然风险的水平。尤为值得注意的是，本期的土地政策和农业税收的改革，试图为农业发展提供基本的土地制度和税收制度，以促进农业发展。一方面国民政府及湖北地方政府试图恢复农业生产，另一方面他们也曾力谋发展

---

① 湖北省政府秘书处：《湖北省第一次全省行政会议汇编》（1935 年 3 月），第 98 ~ 99 页。
② 湖北省政府秘书处：《湖北省第一次全省行政会议汇编》（1935 年 3 月），第 151 ~ 152 页。
③ 《湖北建设月刊》第 2 卷第 8 号，计划第 14 页。

农业。时人朱子爽对此曾有切实的体会，他指出：国民政府的农业政策是"以全国农业生产的实际情形和全国农民生活实际状况为基础，是针对我国农业衰落而谋救济和建设的根本方略"。由此看来，国民政府农业政策的主要特点有两个：一是救济，二是建设。[①]

[①]　朱子爽:《中国国民党农业政策》，国民图书出版社，1940，第 3 页。

第三章　组织协调——湖北农业机构的建立和发展

　　组织准备工作是政策具体贯彻落实的保障机制，组织功能的发挥情况直接决定着政策目标的实现程度。组织准备不只是解决组织形式问题，而且包括建立精干高效的组织机构、配备胜任称职的领导者和一般的政策执行人员，制定必要的规章制度，使人力、物力、财力得到最合理的利用。[①] 本章主要从机构的设置、人员群体两个方面探讨政策实施的组织准备工作概况。主要回答的问题是：湖北地方政府为推行农业经济政策建立了哪些农业机构？这些机构的职能及分工如何？

一　农业机构的设置

1. 农业行政机构——政策的设计者、监控者、执行者之一

（1）中央农业行政机构的变迁

　　国民政府最早设置的中央农业机构是农政部，成立于 1927 年 3 月 14 日武汉国民政府时期，到 1927 年 7 月撤销。1928 年春，国民政府成立农矿部，由农矿部主管农业和矿业。农矿部内设总务、农政、林

---

　　① 陈振明：《政策科学——公共政策分析导论》，中国人民大学出版社，2003，第 263 页。

政、矿政四司，其中农政司和林政司专门负责处理农林事务。农矿部将北洋政府农商部直属的各农林试验场接管后，一部分由中央直接管理，一部分划归所在各省，作为省办的试验场。1930 年农矿部和工商部合并为实业部。实业部所设与农业有关的机构有：农业司、林垦署、渔牧司、合作司等。部中设农政、渔牧二司主管农业，后又增设林垦署主管林政和垦务。① 中央农业行政机构的设置和调整，一定程度上有利于国民政府加强对农业的管理。

除了农业行政机构的调整外，国民政府还专门设立了农业科学研究机构。农业的改进必须经过实验，改变传统的经验农学，为此国民政府实业部设立了"中央农业实验所"。中农所是新设置的直属于实业部管辖的农业科研试验机构，1931 年 4 月开始筹备，次年 1 月正式成立。由于日本帝国主义在上海发动侵略战争。中农所因战事影响不得不暂告停顿，一直到 1933 年才恢复工作。该所设正副所长各 1 人，管理全所事务，下设技术和事务两部。技术部设总设计师 1 人，内分植物生产科、动物生产科、农业经济科。截至 1935 年，植物生产科已成立农艺、森林、植物病虫害、土壤肥料 4 个系；动物生产科已成立蚕桑、畜牧兽医 2 个系；农业经济科已成立农业经营、农情报告 2 个系。② 除中央农业实验所外，国民政府还设立了全国稻麦改进所、茶叶试验场、棉业试验场、林业试验场、种畜场等。③

先进的农业技术和农业试验研究的成果，要转化为生产力，必须通过农业推广这座桥梁，介绍给广大农民，用到生产中去，从而增加其收益。1929 年 6 月，农矿部尚未改组为实业部时，即由农矿部与内政、教育二部联合制定公布《农业推广规程》。同年 12 月，中央农业推广委员会成立，主要负责设计、监督和推动各地的农业

① 《二十年来之中国农业行政》，《第四次申报年鉴》，1936，第 220 页。
② 《中国近代粮政史料》第一册，《中国历代珍稀古籍文献丛刊》，全国图书馆文献缩微复制中心，2005，第 16 页。
③ 《二十年来之中国农业行政》，第 220 页。

推广工作。

实业部是掌管全国农业的国家机关。可是当时事权并不统一，除实业部外，行政院设有"农村复兴委员会"；建设委员会设有"振兴农业委员会"；全国经济委员会设有农业处、棉产统制委员会、蚕丝改良委员会等行政机构。事业机构则有中央棉产改进所、蚕丝改良场、西北畜牧改良场等；另外，军事委员会在湖北筹设金水流域国营农场。上述机构主要从事农业管理和研究工作。

据中央农业实验所1936年7月的调查，当时全国的农事机构，按照设立的主体划分，国立者36所，省立者328所，县立者392所，私立者96所；按照机构性质划分，农业行政376所，农业教育88所，农业金融26所，农业团体11所，农业研究368所，其他10所。①从以上的数字可以明显看出，农业教育机构数字过小，以至于农业教育不振；此外，农业金融的调剂微乎其微，农业团体的组织更是谈不上，而农业行政又是在各自为政的行政系统下实施，其"结果必然导致政出多门的现象，这是当时经济建设机构的通病"②。

（2）湖北省农业行政机构的建立和发展

清末民初，湖北省的农业行政机构，中央直属的有设于武昌武胜门外的第三棉业试验场及林务专员。棉业试验场仿用美国的耕作设备，由湖北省甲种工业学校代制，林务专员由农商部委派，年支经费7688元。由湖北省政府管辖设置的有农事试验场、林事试验场、蚕桑试验场和劝业场各1个，都设置于省城武昌。农事试验场年度开支7000元，林事试验场年支2640元，蚕业试验场年支3240元，劝业场年支1956元。③后又分别在江陵县、钟祥县设立了湖北省实业厅第一、第二棉业试验场，在蒲圻县设立实业厅茶业试验场。④1927年国民政

① 《农村改进与农业政策》，《农村改进》第1卷第1期（1937年1月）。
② 侯家驹：《统一前后之经济建设》，秦孝仪：《中华民国经济发展史》第一册，第415页。
③ 林传甲：《大中华湖北地理志》，（汉口）商务印书馆，1919，第161~162页。
④ 《中国年鉴第一回》，商务印书馆，1924，第1109页。

府成立后，湖北省政府建设厅第二科管理全省农林、渔牧、水利事宜。1929 年 7 月，将原属建设厅管理的农矿事务划出，增设农矿厅，厅内设有四科。第二科分农业、农民、农有、农训四股，分管全省农业事务；第四科分林务、垦务两股，分管全省林垦事务。① 同年 9 月，第四科裁并，由第二科管理全省农林事务。1930 年 2 月，湖北省政府撤销农矿厅，农矿事务再次划归建设厅管理。②

至于县级农业行政机构的建立，国民政府成立后并没有专门的机构，主要由各县按照《县组织法》成立建设局负责土地、农矿、水利、道路、桥梁等事务。③ 但由于此时的建设局也直接受辖于省建设厅，故受省政府主管厅和所在县县长的双重指挥与监督，但在实际运作过程中各局多直接受省政府对应厅、处的指挥和管理，县长往往无权过问，致使县长对县政府缺乏整体管理和指挥。④ 鉴于这种状况，1934 年 1 月，湖北省政府颁布《湖北省县政府组织暂行规程》，实行裁局改科，将县政府原有各局一律裁撤，原属建设局办理的农林事务由县政府第三科办理。⑤

1929 年湖北省设农矿厅时期，曾拟在各县设立农务局。农务局设局长 1 人，专门负责设计农林改进事项；技士 1 人，负责推广农林事业，指导农民改良品种及农具、育苗造林、推广蚕桑渔牧等事项。⑥ 半年后，农矿厅被裁撤，各县农务局的设置也随之成为泡影。

2. 农业研究及推广机构——农林试验场

根据农林试验场的兴衰，国民政府前期湖北省的农业研究及推广事业大致可以分为三个阶段，其中 1928～1933 年为第一阶段，这一阶

---

① 《湖北农矿月刊》第 1 期（1929 年 8 月），计划第 1 页。
② 湖北省地方志编纂委员会：《湖北省志·农业》，湖北人民出版社，1994，第 325 页。
③ 湖北省民政厅：《湖北民政法规汇编》，1932，第 26 页。
④ 田子渝、黄华文：《湖北通史·民国卷》，华中师范大学出版社，1999，第 276 页。
⑤ 《湖北省志·政权》，湖北人民出版社，1996，第 242 页。
⑥ 《湖北农矿月刊》第 1 期（1929 年 8 月），第 13～15 页。

段业务繁重。第二阶段为 1933 ~ 1935 年，业务略微收缩；第三阶段为
1936 ~ 1937 年，农林事业开始呈现复兴状态。

　　第一阶段，湖北省设置了各种类型的试验场。如武昌、徐家棚、
江陵、钟祥 4 个棉业试验场；武昌、宜昌、孝感 3 个林场；其余像茶
叶、蚕丝、畜牧等都有专场设立；此外，在恩施、襄阳等处各设置农
场 1 所。具体分布如表 3-1 所示。

表 3-1　湖北省农林试验场分布一览

行政区域	稻	麦	棉	林	畜牧	蚕丝	农具
第一区	武昌	武昌	武昌	武昌	武昌	武昌	武昌
第二区	鄂城　樊口	—	—	大冶	—	—	—
第三区	—	—	—	蕲春	—	—	—
第四区	—	—	黄冈	黄安	—	—	—
第五区	安陆	—	孝感	随县	—	—	—
第六区	—	—	天门	—	—	—	—
第七区	—	—	江陵	—	—	—	—
第八区	—	襄阳	光化	襄阳　隆中	襄阳	—	—
第九区	—	—	—	宜昌	—	—	—
第十区	—	—	—	恩施	—	—	—
第十一区	—	—	—	郧县	—	—	—

资料来源：《湖北建设概况》（二），湖北省建设厅：《湖北建设最近概况》，1933，第 18 ~
19 页。

　　为加强对各试验场的管理，1928 年 7 月，湖北省政府将南湖农业
试验场改组为全省农林试验总场，负责监督指挥其他各场一切工作计
划或报告的制订和执行。明确各试验场的职责和任务：第一，每年必
须进行相关试验；第二，试验成绩须向地方农民宣传并通告各实业机
关；第三，每年冬季须征集附近农家主要产品，开品评会一次；第四，
设立当地主要农产品标本陈列室；第五，对当地农民生产技能、农林

事业状况、特殊农林生产物进行实地调查。[①]

1929 年，湖北省农矿厅拟具《推广农业暂行办法》，将全省划作 7 个区，各派省农林指导员 1 人，在各县分派县农林指导员 1 人，负责农业推广工作。同时为恢复蚕业，派省蚕业指导员 1 人、蚕业考查专员 8 人。每年划拨 7 万元农林指导员经费和 3 万元推广经费。[②] 1931 年因财政紧张，裁撤的农林指导员，被分配到各县担任农林技士。[③]

这一阶段，因农林、棉业、蚕桑、畜牧各场每月原定的经常费用，主要用于发放工资及维持办公费用，而实验、改良、推广等主要事业经费则寥寥无几，在省城以外的各试验场，因距离遥远指挥不便，敷衍拖沓相沿成习。尤其是 1931 年大水灾以后，武昌附近各农场原有的简单设备也因水灾遭受重大损失，几乎荡然无存。[④]

第二阶段，1933～1935 年。1933 年 6 月，为提高机关效率，复兴农村，国民政府颁发《各省农业机关整理办法纲要》，要求各省省立农事试验、研究及其他农业机构应由省农业主管机关进行整理。各县县立农事试验场、农业改良场或农场每年经费在 600 元以下者改为示范农田或种子繁殖场圃；每年经费在 2 万元以上者仍从事试验研究工作；每年经费在 600 元以上 2 万元以下者按照《修正农业推广规程》改为农业推广所或农业指导员办事处。[⑤]

1933 年 3 月，由于省财政紧张，湖北省政府将南湖农场、南湖蚕场、赫山畜牧场、武昌林场裁并改组为农业推广处[⑥]，将徐家棚棉场及武丰林园拨借给湖北棉业改良委员会作为试验场所。将原有羊楼峒茶业试验场，孝感、宜昌两林场，钟祥、江陵两棉场停办。其中可以用作建设和合作事业的，拨借给附近的乡村师范作为实习场所，其余则分别保

---

① 《湖北建设月刊》第 1 卷第 1 号，第 27 页。
② 《湖北建设月刊》第 2 卷第 5 号，公牍第 38 页。
③ 湖北省政府第 91 次会议事录，LS1-1-35，湖北省档案馆馆藏档案。
④ 欧阳涤尘：《最近湖北建设事业之发展》，《中国经济》第 3 卷第 8 期（1935 年 8 月）。
⑤ 《农村复兴委员会会报》第 1 卷第 2 号，第 11 页。
⑥ 《湖北省政府第 8 次会议事录》（1933 年），LS1-1-40。

管或出租。襄阳林场，因当时育有 100 万余株苗木，则被改组为襄阳农林推广区。自农业推广处成立后，按照《农业推广组织规程》，先后成立了洪山、九峰、卓刀泉、南湖、赫山、襄阳、京山、随县、均（县）郧（县）谷城等 9 个推广区，除南湖区注重推广新式农具及改良种子、赫山区注重改良畜牧外，其余各区以推广造林工作为主。①

农业推广处由建设厅委任技士 1 人担任主任职务，并派指导员 6 人、推广员 5 人、事务员 2 人，分驻该处及各区办理农业推广等各项事务；另设练习生 5 人、林警 24 人、长工 100 人、技术人员 12 人，每月经常费 21475 元，全年事业费 31376 元。②

1935 年 5 月，湖北省棉产改进处在老河口成立，1936 年春迁至襄阳，并在双清、太平店、老河口、孔家湾、天门等处设立办事处。1936 年夏，与全国经济委员会棉业统制委员会合作，将原棉产改进处改为棉产改进所，所址迁往武昌，下设襄阳区、随县区、天门区 3 个植棉指导所以及随县棉场和棉业讲习所。③

第三阶段，为推进农业的发展，湖北省政府将原农业推广处、棉业改进所等机关合并改组，成立湖北省农业改进所。将原南湖农业试验场改为中心农场，与宝积庵原农科专校实行合作，利用原有农场为改进所总试验场，此外，还在各种天然农业中心区，分别设立试验分场或苗圃。

3. 新式农业金融机构——中国农民银行汉口分行、湖北省银行、合作社等

现代农业生产的发展离不开农业金融的发展。国民政府时期，湖北省内成立了一系列现代农业金融机构，为湖北农业发展提供了一定的资金支持。

---

① 欧阳涤尘：《最近湖北建设事业之发展》。
② 湖北省政府秘书处：《湖北省年鉴》第一回，1937，第 181 页。
③ 湖北棉产改进所：《湖北棉产改进报告书》，1937，第 1～5 页。

近代湖北所有的新式农业金融贷款，都以合作社作为贷款对象。正式的农业金融机构主要有中国农民银行、湖北省银行、农民借贷处。其他准农业金融机构有豫鄂皖三省农村金融救济处湖北分处、实业部合作事业湖北省办事处、湖北省合作委员会、合作社。

第一，中国农民银行。

原名豫鄂皖赣四省农民银行，1933 年 4 月在汉口成立。1935 年6 月改名中国农民银行。为救济农村经济，1933 年起中国农民银行在湖北省武昌、汉阳、黄陂、汉川、宜昌、江陵、黄梅、汉口等地积极办理农村合作社，从事贷款工作。后又在鄂西恩施、鹤峰、咸丰、五峰、建始、巴东、宣恩、来凤办理农村合作，开展贷款业务。[1]

第二，湖北省银行。

1928 年 11 月，湖北省政府筹资 200 万元，成立湖北省银行。为调剂农村金融，发展农村经济，1935 年 9 月，湖北省银行增设农民贷款部，划拨基金 50 万元，办理农民贷款。主要经营农民合作贷放、农业仓库抵押贷款、耕牛会贷款、农民连带保证贷款。[2]

第三，农民借贷处。

1931 年，因洪水泛滥，国民政府要求各遭受水灾地区，各级政府与金融机构合作，设立农民借贷所，以恢复农村经济。[3] 为了帮助受灾严重的各县恢复农村经济，1932 年 7 月，湖北省政府决定成立湖北省政府农民借贷处，附设于湖北省银行内。在各县设立分处，由县长监督各级自治人员专为农民办理耕牛、农具、种子、肥料等项贷款。同年 8 月通过《湖北省政府农民借贷处简章草案》和《湖北省政府农

---

① 程锂昌：《湖北省之农业金融与地权异动之关系》，载萧铮《民国二十年代中国大陆土地问题资料》，（台湾）成文出版社，1977，第 45632 页。

② 湖北省银行：《湖北省银行二十周年纪念特刊》，1948，第 1、46 页。

③ 中国第二历史档案馆编《中华民国史档案资料汇编》第五辑第一编，"财政经济"（七），第 48 页。

民借贷处监理委员会简章》；9月分别在潜江、沔阳、黄安、罗田4县成立第一期农民借贷分处。1934年7月农民借贷处撤销。[①]

第四，豫鄂皖农村金融救济处湖北分处。

1931年11月，鉴于"民生凋敝"，为恢复农业发展，国民政府决定在农民银行成立以前，由国民政府拨款100万元并劝募赈款办理农村金融调剂工作。湖北农村金融救济分处在汉口成立。农村金融救济处派遣合作佐导员前往黄安、罗田、阳新、沔阳、潜江、监利、通城、英山、礼山、大冶、鄂城、麻城、崇阳、鹤峰等县指导农民组织农村合作社预备社，从事农业贷款工作。

第五，实业部合作事业湖北省办事处。

属实业部合作司管辖，该处前身为华洋义赈会湖北分会，主要在武昌、汉阳、襄阳、天门、黄梅等县及汉口近郊一带办理合作事业从事放款工作。[②]

第六，湖北省农村合作委员会。

为加强对全省合作事业的指导工作，按照国民政府的要求，1934年5月，湖北省农村合作委员会成立。

在上述机构的指导下，湖北农村合作事业获得了飞速的发展，由1931年的1个合作社，发展至1934年的566个社，再发展为1937年的2717个社。[③]

4. 农业税收机构

自民国以来，湖北各县承清末财政旧制，不为一级财政，既无统一机构，亦无独立税源，地方支出全靠附加捐费支应，每举办一事即

---

① 《湖北省政府第29次会议议事录》（1932年），LS1-1-38，湖北省档案馆馆藏档案。
② 程锂昌：《湖北省之农业金融与地权异动之关系》，第45630页。
③ 赖建诚：《近代中国的合作经济运动：社会经济史的分析》，（台北）正中书局，1990，第65页。

抽收一捐，捐目繁杂，各自为政。[①] 1928 年，湖北省财政厅第一科田赋股负责田赋征收。县财政局按《湖北省财政局组织条例》规定，由县财政局第一股管理田赋事务。为改变"县级无财政"的状况，1933 年，湖北各县设财务委员会，受县长监督，办理县地方财政事务。县政府设钱粮征收总柜，视地方情形在乡镇设立征收分柜。1934 年湖北省政府实行合署办公制，省财政厅机构调整，田赋事务由第二科田赋股负责，并设立整理田赋设计委员会。1936 年，湖北各县实行裁局改科，原县财务委员会改为专门负责审核县款收支的责任，在县政府内设财政科，办理地方财政事务，原田赋征收处改组为经征处，由财政科指挥，统一征收各项税捐。[②]

5. 农田水利机构——湖北省水利局及江汉工程局

湖北水利，在民国以前，没有专门主管机构。1924 年，湖北水利局成立，专门负责湖北水利事务。但因经费关系，所有堤防事务仍由省长公署土木股办理。1928 年，湖北水利局裁撤，并入建设厅。所有工程事务由建设厅水利工程处负责，而水利行政事务则由建设厅第二科主办。1929 年冬，又重新恢复成立水利局，直属省政府。1931 年，组设防水委员会，帮助水利局办理抗灾救险事务。1932 年 7 月，将水利、堤工分设两局。同年 11 月，两局奉令裁撤，由全国经济委员会江汉工程局接收办理。[③] 自江汉工程局办理堤防建筑修理事务以来，江汉工程局主要忙于长江及汉水沿岸干堤的修筑，无暇兼顾民堤及灌溉事业。1935 年 3 月，由全国经济委员会在湖北省堤工经费收入内，每年拨出 20%，作为修筑民堤经费的补助。至于修筑塘堰工作，1928 年时建设厅命令各县办理。1934 年湖北大旱，湖北省政府指定武昌等 20 县成立工赈事务所，实行以工代赈，修筑塘堰沟渠。后来颁布各县修

---

① 《湖北省志·财政》，湖北人民出版社，1995，第 67 页。
② 《湖北省志·财政》，第 81~82 页。
③ 湖北省政府秘书处编《湖北省建设最近概况》，1933，水利第 1~2 页。

筑塘堰规则及补充办法，责成各县政府督促各乡区，每保每年至少修筑 3 个塘堰，总面积不得少于 10 亩。[①] 这一时期基本形成国家负责主要河流干堤的维护工作，其余支流及堤防则由各县负责兴修的局面。

6. 农业教育机构

相对于清末来说，这一时期湖北的农业教育大为逊色。其中表现之一就是农业教育机构的减少。至 1910 年止，湖北全省开办了 3 所高等农业学堂、5 所中等农业学堂、39 所初等农业学堂、1 所农业教员讲习所，共计 48 所，占全省各类实业学堂的 71.6%。[②] 而这一时期，高等农业教育机构则只有 1937 年 11 月兴办的湖北农业专科学校 1 所，初中等农业学校只有 7 所，具体详见 1927～1937 年湖北省农林职业学校一览表：

表 3-2 1927～1937 年湖北省农林职业学校一览表

单位：人，元

校　　名	教职员数	学生数	全年经费	设立年月	校址
省立教育学院附设初级农业职业学校	8	90	7200	1935.9	武昌
钟祥县立初级农科职业学校	6	52	3024	1934.10	钟祥
浠水县立初级森林染织两科职业学校	14	134	8256	1933.8	浠水
第二行政督察区区立农林实验学校	8	50	2658	1934.3	大冶
第三行政督察区区立农林讲习班	10	64	1536	1935.3	蕲春
第七行政督察区区立高级农科职业学校	6	52	8220	1934.8	江陵
第七行政督察区区立高级农科职业学校附设农林讲习班	6	47	—	1935.2	江陵
湖北农业专科学校	—	—		1937.11	武昌

资料来源：《湖北省志·教育志》湖北人民出版社，1993，第 123～134 页。

---

① 刘寿朋：《湖北建设近况述略》，《中国建设》第 13 卷第 1 期（1936 年 1 月），第 115～116 页。
② 李秀霞：《论北洋政府时期湖北的农政与农业》，华中师范大学 2007 年硕士论文（未刊稿），第 11 页。

7. 其他机构

农产品质量检验机构——汉口和沙市商品检验局及湖北省棉花掺水掺杂取缔所

1928 年 11 月，农矿部在上海设立全国棉花商品检验局，专门负责棉花检验业务，后由上海商品检验局接办，主要检验出口棉花。1929 年 3 月，汉口商品检验局成立，同年又设立沙市商品检验分局，负责检验运销外埠及国外的棉花。[1] 后将检验对象进一步扩展到整个棉花市场，进行市场买卖检验。[2]

1935 年元月，湖北省棉花掺水掺杂取缔所成立，直隶于湖北省政府，受中央棉花掺水掺杂取缔所指导。将全省产棉地区划作 10 个区域，分别在老河口、樊城、枣阳、沙洋、岳口、沙市、孝感、汉川、新洲、监利设立取缔分所。为加强对棉花的检验工作，还在张家湾、厉山、仙桃镇、潜江、郝穴、宛市、萧家港、蔡甸、麻城等棉花集散市场设立了办事处。

农村复兴工作机构——农村复兴委员会湖北分会

1933 年 6 月，为复兴农村及办理农村复兴委员会交代事宜，湖北省政府奉行政院命令成立农村复兴委员会湖北分会，由湖北省主席担任委员长，委员由武汉大学教授 1 人、湖北棉业改良委员会代表、全国纱厂联合会湖北分会代表、汉口豫鄂皖赣四省农民银行经理、汉口银行业同业公会主席、湖北省商联会主席、湖北省银行行长、农业专家若干人、湖北省建设厅厅长、教育厅厅长、民政厅厅长组成。委员会设经济、技术、组织三组。[3]

农产运销机构——湖北省农产整理运销处

1936 年 1 月，为了解决农产品运输不便、金融制度不完备、居间

---

① 陈钧等：《湖北农业开发史》，中国文史出版社，1992，第 229 页。
② 实业部汉口商品检验局沙市检验分处编著《沙市棉检》，第 16～19 页。
③ 《农村复兴委员会会报》第 1 卷第 2 期，第 94 页。

转手过多及税捐过重等问题，湖北省农产整理运销处成立。[①] 总处设于汉口。为就近与农民、商人接洽业务，在沙洋、钟祥、樊城、张家湾、老河口等农产品聚集的重要码头分别设立事务所。总处内设总务、业务、运输三课。总务课主要处理内部事务；运输课管理调度船只、起卸货物、司磅押运等事务；业务课管理代办代销、保险仓库、押款押汇、整理分级等事务。[②] 农产整理运销处的主要业务有：用科学方法整理农产品质；代理运输农产及制品；代理合作社推销农产品；代理各厂商采办农产原料。[③]

此外，湖北省建设厅设立农林传习所。1928 年在武昌徐家棚设立农林传习所，招收农村子弟，传授最实用最切要的基本农学知识，每生每月给予 30 元的生活补贴。第一期学生于 1929 年 4 月毕业，分派到各地试验场工作，并拟分往各县担任农林指导员。[④]

成立农业倡导委员会

遵照总司令部政治教育化、教育生产化及生产教育化三原则，湖北省在武昌成立湖北省农业倡导委员会，主要组成人员如下：一是行政机关，省政府秘书处、民政厅、财政厅各 1 人，建设厅与教育厅各 2 人、武昌、汉阳县政府各 1 人；二是教育机关，中等以上学校各 1 人，实验民众教育馆、公共科学实验馆、图书馆各 1 人；三是事业机关，农村合作委员会、江汉工程局、各农林机构各 1 人；四是社会团体，各农村合作社联合会、农会、商会各 1 人。行政专员驻在地及各县地方成立区或县农业倡导委员会。各区或县农业倡导委员会可组织区公所人员、地方学校教职员及各种农村合作社代表组织成立农业倡导委员会分会。农业倡导委员会下可根据情形分别成立调查统计组、

---

① 《湖北省政府第 187 次会议议事录》（1936 年），LS1-1-45。
② 《湖北省之经济建设》，秦孝仪主编《十年来之中国经济建设》（1927～1937 年）第七章，1976。
③ 《农村合作月报》第 1 卷第 9 期，第 133 页。
④ 湖北省建设厅：《湖北建设最近概况》（1928 年 4 月至 1929 年 5 月），第 95 页。

宣传推广组、技术指导组。调查统计组主要办理关于调查本地农业及农民概况事务；宣传推广组主要办理关于举办农产品比赛会、推行农业试验、新式农具及优良品种等事务；技术指导组主要办理举办农业示范、扶助垦荒、造林修路等技术指导工作。①

组织农业推广委员会

为促进农民合作、增高农民技能、改进农业和改善农民生活，湖北省农矿厅曾经分别设立了省和县两级农林指导员，分区分县指导农业推广工作，不久因为经费困难，省指导员奉令裁撤，县指导员亦仅存十余人，推广计划无形停顿。为加强农业推广工作，湖北省政府召集民政厅、省党部等机关组织成立农业推广委员会，委员会由 5 ~ 11 名委员组成，下设各股，同时分别在各县设农业指导所或农业指导员办公处。②

组织农会

实业部鉴于"进口农产逐年增加，我国农产逐年减少"，其主要原因在于"各地农业无人讲求改良及力图发展之故"，而"农会为上接政府，下接农民之法人团体，最与农业有关"，要求各地政府依照《农会法》的规定，早日成立农会以"挽回农业之衰势"。③

成立生产技术研究会

湖北省政府还要求各地方行政机关与教育机关工作人员必须组织生产技术研究会，全体工作人员均须加入本机关农业或工业生产技术研究会。各机关生产技术研究会按照生产情形随时赴乡调查生产状况、研究改良方法；要求各生产技术研究会与农业倡导委员会或工业倡导委员会通力合作，每季须分组分赴农村巡回讲演增加生产方法。④

---

① 湖北省建设厅：《湖北建设最近概况》（1928 年 4 月至 1929 年 5 月），第 27 ~ 29 页。
② 《湖北建设月刊》第三卷第一、二号（1931 年 3 月），计划第 6 页。
③ 《湖北建设月刊》第三卷第一、二号（1931 年 3 月），命令第 6 ~ 7 页。
④ 《湖北建设月刊》第四卷第四、五号（1933 年 3 月），计划第 24 ~ 25 页。

从以上机构设置来看，机构不可谓不多，各级机构累计达几十个乃至上百个。农业机构的设立，在全省范围内初步形成了农业行政、技术、金融体系，为政府干预农业提供了组织保障。

就农业改良而言，首先，在省级政府设立综合性和专业性的农事试验场，后又在县一级建立起了相应的农业改良和推广机构。1933 年改革后，省立和县立农事试验场进行了职能分工，省级农事试验场因经费和人才相当充足，科研条件较好，主要负责农事试验工作；而县级农事试验场则因人才、经费、科研条件的限制，主要负责农业技术的推广工作。凡是具备一定规模的农事试验场，大都配备了新式的科学仪器和设备，拥有专门的试验场地，并在内部按研究试验门类进行分工，有相对固定的技士、技佐等专业技术人员编制，在经费拨付正常的情况下，试验农场能够依靠自身力量从事一系列的农业试验和改良工作。

其次，农业机构类别较广，内容涉及农业行政、技术、金融、农田水利、教育、产品质量检查等各个方面。由此也可见国民政府及湖北省地方政府对农业的干预之广。

然而，农业行政机构的设置存在以下几个问题：

第一，机构重叠，事权不一。正如当时农村复兴委员会指导所指出的，普遍存在的问题是中央农业机关虽多，但机构重叠，事权不能统一，命令又不一致，各省及县农业机关不知何所适从；农业试验场及研究机构，因缺乏推广机构或推广不力，即使有试验及研究成果，也不能得以充分利用，对农民及农业不能充分发生影响。[1]

事权不专导致机构间相互推诿和扯皮。湖北各县土地清查办事处，名义上由各县县长全面负责，实际上由省民政厅和财政厅所派的指导员具体负责处理土地清查事务。[2] 土地清查事项，由于各自目标

---

[1] 《农村复兴委员会会报》第 1 卷第 4 期（1933 年 9 月），第 117 页。
[2] 《湖北省完成土地整理工作四年计划大纲》，《地政月刊》第 4 卷第 10 期，第 1587 页。

不同，以致三年也不能完成一个县的土地清查工作。财政厅所派的指导员说测量进展太慢，以致登记无法迅速完成。而民政厅指派的指导员则说登记太慢，测量虽快但无法解决问题。民政厅办理登记时不经公告，手续审查完毕三天后即发放土地所有权证书，登记簿除记载亩分外，土地的四至、业主的住址、地价等都残缺不全。[①]

农业金融机构最主要的缺点是没有确立一个真正完备的农业金融体系。就中央农业金融机构来看，主要有农本局和中国农民银行。前者为经济部直辖，后者由财政部管理。二者设立的宗旨极为相似，农本局是"调整农业产品，流通农业资金，藉谋全国农村之发达"。中国农民银行则是"供给农民资金，复兴农村经济，促进农业生产之改良进步"。两者的主要业务都是短期的合作贷款和农仓放款，至于中期贷款，农本局的农田水利贷款和中国农民银行的农场贷款都不重视，而长期的金融制度，两者均未供给。两个极为相似的中央农业金融机构办理同样的业务，而政府却未能加以调整，以便政令统一，极不利于农业金融体系的形成。此外，办理农业贷款业务的机构还有中国银行、交通银行、中央银行等。这种多头性的农贷机构的存在，势必造成各贷款机构只有地域的分工，而无业务的分工，结果各区域农贷需要的缓急，与农贷种类的倚重倚轻不能统筹兼顾。[②]

第二，中央机构较完整，而地方没有相应的专业机构设置。即使有机构设置，也多是兼职，人员和财力也没有保障，形成中央和地方机构倒金字塔结构。

按照机构设置的原理来说，应该是一种金字塔形的结构，这样有利于政策的实施。然而30年代国民政府农业方面的机构叠床架屋，事权分散，各行其是。农业建设的工作都要落实在基层，中央政出多门，

---

① 《湖北省完成土地整理工作四年计划大纲》，《地政月刊》第4卷第10期，第1587页。

② 巫宝三：《论我国农业金融制度与贷款政策》，《中行月刊》第1卷第4期（1942年），第39页。

最后汇归到县，而县的农业机关经费少，工作人员不多，待遇又极菲薄，很难真正贯彻到生产中去，头重脚轻的现象十分突出。①

第三，地方机构没有相应的人才和经费保障。

20 世纪 30 年代，农村复兴委员会对各省的农业机构进行了调查，发现各省农业试验场既无专门人才，又缺乏经费，往往有名无实。造就专门技术人才的农学院虽多，然而造就农村服务人才的学校寥寥无几。各省农业学校所造就的人才，既不能胜任专门的研究工作，又不能到乡村工作，往往学成之后改从他业。② 湖北省也毫不例外。至于各种政策的执行，在基层基本上全落在保甲组织上。而当时的保甲长人选却是各地政府最为头痛的问题，以致成为当时施政困难的关键问题。保甲长文化素质极为低下，绝大多数的人不识字，这极大地影响了政策的执行力。

二　决策者和执行者群体分析

机构的运转，离不开人。人的素质直接关系着机构的良窳。为选拔人才，国民政府成立后，依照孙中山五权遗训设有考试院，但实际职能非常有限。政务官既不由其任命，事务官也绝大多数未归其选拔。政务官名义上由中央政治会议议决，实际则掌控在蒋介石个人手中；事务官的任免权则分掌于各部门和各机关主管之手。当时政府各部门机关用人实行长官负责制。机关长官对其下属可以任意辟用，任意罢免，完全根据其个人好恶及其个人关系亲疏而定。因此主管长官一朝易手，下属各员亦随之大换班。正如何廉所指出的，当时官场中的裙带之风极其严重。大小官员的任免几乎都是通过个人关系来解决的。尽管在考试院的督导下，实行着一种考试制度，但大小官职都不是通

---

① 章楷：《我国近代农业机关的设置与沿革》，《古今农业》1988 年第 2 期，第 71 ~ 76 页。
② 《农村复兴委员会会报》第 1 卷第 4 期（1933 年 9 月），第 117 页。

过这种制度来替补的，要有也只限于那些比较低微的职衔。① 由此可见，湖北地方政府也不例外。下面我们分别对决策者群体和执行者群体进行考察。

1. 决策者群体考察

本时段农业政策的决策者群体主要有国民政府、湖北省政府主席、建设厅厅长。在此我们主要考察省主席群体和建设厅厅长群体。首先我们来看看省主席群体。

表3-3　历任湖北省政府主席简况（1927年12月至1937年11月）

姓　名	任职年月	学历与经历
张知本	1927.12~1929.5	湖北江陵人，清末秀才，1900年公费留学日本法政大学，次年加入中国同盟会。曾任湖北军政府司法部部长、国民党第一届候补中央执行委员、国民党中央民众运动指导委员会主任委员、国民政府立法院委员等
何成浚	1929.5~1932.3	湖北随县人，1907年留学日本士官学校，加入中国同盟会。历任中华民国临时政府陆军部副官长，广州军政府驻沪军事特派员、广州大元帅府鄂军总司令、国民革命军集团军参谋长、国民党中央执行委员
方本仁	1929.5代	湖北黄冈人，前清秀才，陆军大学毕业生，历任江西督军、湖北省民政厅长、代理湖北省主席
夏斗寅	1932.3~1933.7	湖北麻城人，湖北武备学堂毕业。曾参加共进会，历任国民革命军军长、湖北省府委员、武汉警备司令等
张　群	1933.7~1935.12	四川华阳人，1906年入保定军校，次年赴日本陆军士官学校，加入中国同盟会。1926年任国民革命军总司令部总参议、军政部政务次长、上海市长、国民党中央委员、湖北省主席、外交部长等
杨永泰	1935.12~1936.10	广东茂名人，清末秀才，后入北京法政学堂、汇文大学学习并留学日本。历任广东省财政厅长、广东省长、豫鄂皖三省"剿匪"总司令部秘书长、军事委员会秘书长

---

① 何廉：《何廉回忆录》，中国文史出版社，1988，第97页。

姓　名	任职年月	学历与经历
黄绍竑	1936.12～1937.10	广西容县人，毕业于广西陆军小学堂、武昌第二陆军预备学校和保定军校。历任广西民政厅长、广西省政府主席、国民政府内政部部长、浙江省主席等

注：卢铸曾于1936年10～12月代理了两个月的省主席，在此不述。

资料来源：1.《湖北文史资料》1988年第3辑、第4辑；2. 田子渝、黄华文：《湖北通史·民国卷》，华中师范大学出版社，1999；3. 苏云峰：《抗战前之湖北政治与社会》，台北"中央研究院"近代史研究所：《抗战前十年国家建设史研讨会论文集（1928-1937）》，第277～285页；4. 郭卿友：《中华民国时期军政职官志》，甘肃人民出版社，1990，第745～747页。

从表3-3可以看出，1927～1937年间，湖北省政府主席更换频繁，十年中更换六任，另有两位方本仁、卢铸代理了短暂的一段时间。任职时间最长者何成浚为34个月，最短者杨永泰和黄绍竑均为11个月，不到一年时间，前者被刺杀，后者因抗战爆发而另有他任。

从各位省主席的学历和经历来看，六位中除张知本、杨永泰毕业于法政专门学校外，其余四位何成浚、夏斗寅、张群、黄绍竑均毕业于军事类院校。六位都有相应的从军经历。

从籍贯来看，前三任主席张知本、何成浚、夏斗寅都是湖北人，均是当时"鄂人治鄂"运动的产物。但因内争不息，从1932年起湖北省主席均改由外省人士担任，因此，后三任张群、杨永泰、黄绍竑均为外省人士。

这些省主席的执政方略极大程度上影响了政策的效果。何成浚任职前期，由方本仁代理，他只提出了"实行禁烟、实行清乡、整理财政、选用人才"的四项施政方针，由于其代理省政府主席毕竟只是短期行为，省政基本无建树。何成浚亲政期间提出了"先剿匪清乡后实施建设"，夏斗寅任职时也以"剿共"和整理财政为其施政重点。而张群主鄂期间，才开始把经济建设摆在比较重要的位置，将"培养经济力，复兴农村经济"作为施政三原则之一。杨永泰和黄绍竑也将经济建设作为政府的一项重要工作。为后来湖北经济建设奠定了一定的基础。^① 因此，相对而言，张群主政以后，随着湖北省工作重心的转移，农业建设工作逐步得到了政府的重视，为后期的农业生产的恢复和发展提供了一定的基础。据苏云峰研究，1933 年 7 月张群就任湖北省主席后，当时湖北国共纷争基本告一段落。他拟定了一个短期行政计划，并亲自到鄂东、鄂西各县视察，召集各机关干部及教员会议并发表演讲；在省政府委员中引进外省人士参政执政；稳定县级政府，全省县长的平均任期较以前有所延长，得到了蒋介石的夸奖："武汉在各方面都有很大的进步"。作为张群继任者的杨永泰，是一位精明能干的行政主管，在湖北进行了大刀阔斧的改革，兴建省府合署办公大厦，造林防洪，提高行政效率，受到了鄂人的欣赏与赞佩。黄绍竑就任后，政治上保证各机关人事稳定；注重基层政权建设，接见了很多县长，实施训练上千乡政人员计划；整治河川、兴修水利、整理财政、改良农业、办理农村金融与合作；其执政前一年 1936 年是湖北农产丰收的一年，湖北经济、教育与社会均较前安定、繁荣，有助于湖北的各项建设事业。^②

我们再来看看建设厅厅长群体。1927~1937 年湖北建设厅厅长先后有 9 任，平均每人一年多一点的任期。任期最长者李范一，也只有 2 年 2 个月；其次为刘寿朋，1 年 7 个月；最短者刘骥只有 1 个月。建设厅长任期的短暂不利于生产建设事业的开展，这也是当时许多建设计划无法得以实施的一个根本原因所在。再从建设厅长的学历来看，只有石瑛、黄昌谷、李范一等 3 人具有专业学习背景，除 1 人经历不详外，其余 5 人主要是行伍和幕僚出身。这在某种程度上不利于生产事业的发展。具体参见湖北历任建设厅厅长一览表（表 3-4）。

---

① 田子渝、黄华文：《湖北通史·民国卷》，华中师范大学出版社，1999，第 255~260 页。

② 苏云峰：《抗战前之湖北政治与社会》，《抗战前十年国家建设史研讨会》，台北"中央研究院"近代史研究所，1984，第 283~285 页。

表 3-4　湖北历任建设厅厅长一览

姓　名	任职年月	学历与经历
石　瑛	1927.12 ~ 1929.5	湖北省阳新人,清末举人。1904 年公费留学法国海军学校,后转入英国伦敦大学学习铁道工程、1911 年回国因上万言书得罪袁世凯再度到英国伯明翰大学学习采矿冶金,9 年后硕士毕业。曾任教于北京大学,担任武昌大学校长,曾任湖北建设厅长、浙江省建设厅厅长、南京市长等职
刘　骥	1929.5 ~ 1929.6	湖北安陆县三陂港人。国民党陆军中将。早年加入同盟会。历任沪军都督府警卫司令、鄂军总司令部参谋、鄂军第五师副官长、晋北镇守使署少校参谋、山西陆军第一混成旅营长等职
肖　萱	1929.6 ~ 1930.2	湖北均县人,国民党元老之一,早年参加同盟会,长期追随孙中山先生并担任其秘书。后任众议院议员、湖北省建设厅厅长、湖北省主席、国策顾问等职,上海解放后被聘为文物管理委员会特约顾问
黄昌谷	1930.2 ~ 1931.2	湖北蒲圻(今赤壁)人。清末官费入天津北洋大学工科冶金班学习。毕业后返鄂担任电报通信职务。1912 年加入同盟会,任孙中山秘书。1914 年,由汤化龙资助留学美国哥伦比亚大学,获矿冶硕士学位。1920 年回国,任石井兵工厂工程师、孙中山的侍从秘书、大本营会计司长、黄埔军校教官、武昌市长、湖北省政府委员兼教育厅长、湖北省建设厅长
方达智	1931.2 ~ 1932.3	前湖北省主席方本仁之子,具体经历不详
李书诚	1932.3 ~ 1933.2	湖北潜江县人。早年致力于民主主义革命,辛亥首义时,任首义民军参谋长。在汉口、汉阳指挥民军与清军血战。民国后曾任过湖北省建设厅长、湖北省通志馆馆长
李范一	1933.2 ~ 1935.4	湖北应城城关人。加入中国同盟会、武昌首义,为求深造,获公费留学美国哥伦比亚大学。先学经济,后改习无线电。1924 年应召回国。后参加北伐,任国民革命军总司令部交通处处长、南洋公学(今上海交通大学)校长、国民政府军事委员会交通处处长、军事交通技术学校校长、建设委员会无线电管理处处长等职。1928 年 11 月,改任安徽省政府委员兼建设厅厅长、湖北省省政府委员兼建设厅厅长。到任后,对交通设施和农田水利建设十分重视。又为修筑鄂西公路之事与省政府主席张群意见不合,被南京政府宣布解职,遂于 1935 年秋携家择居应城汤池,致力于农村改进实验事业。相继创办农场、林场、合作商店、学校、汽车站、卫生所等公益设施,服务桑梓
刘寿朋	1935.4 ~ 1937.1	江西九江人,政学系成员,张群的"一支笔"
伍廷飏	1937.1	广西容县人,曾任国民革命军师长、广西省省长及广西、湖北、浙江等省建设厅厅长,毕生兴建办实业,在广西兴修公路、水利,建医院、报社、图书馆、工厂、农林实验场,并创办垦区,支持贫困地区农民移民垦荒,植树造林

2. 执行者群体考察

执行者群体主要包括建设厅及以下附属机构、县及以下各级机关。本文着重考察县长群体、田赋征收者群体和农事试验场场长群体。

县是中央与省政府行政的基础，"上则承宣政令，下则通达舆情"，地位极其重要。因此县长的任用得当与否，直接关系着各级政策的执行及其成效。为此，国民政府也很重视县长的选拔、任用和考核，出台了一系列的法律法规，如《县长考试条例》《县长任用法》《补充县长任用资格标准实施办法》《县长巡视章程》《县长办理盗匪案件考绩暂行条例》等。[①] 据杨靖研究，尽管国民政府和湖北省政府颁布的有关县长任用的法规很多，也很重视县长的学识和经验，但在实际操作过程中仍有很大偏差。主要表现为，一是考试及格的县长所占比例很小，且早期考试及格县长的出路并不太好；二是军警人员担任县长的人数比例偏高；三是通过不正当渠道获取县长职位的大有人在。[②] 实际上，时人对此早有研究，指出湖北当时县长任用中存在的问题。第一，任用不遵法令。从资格来看，1932 年度湖北省县长中有62 位毕业于军警学校和 2 位毕业于中等学校，不合乎任用资格。第二，奖惩不严。对县长的考核"以残酷为能而不问其慈惠，以催科为政而不问其抚绥，以逢迎之巧拙为优劣，以礼节之厚薄为殿最"。第三，任期极其短促。据统计，1929～1933 年 5 年间湖北 43 个县的县长更换达 343 人。平均每县更动达 8 人，每年更动 68 人，每县每年平均更换 1 人以上，5 年间县长在职的平均天数为 212 天，只有近 7 个月时间。第四，吏治极其腐败。[③]

---

① 徐白齐：《中华民国法规大全》，商务印书馆，1936，第 559～574 页。

② 杨靖：《民国时期湖北县级政权研究》，武汉大学 2005 年硕士学位论文（未刊稿），第8～9 页。

③ 熊鸿昭：《从县长任免谈到湖北的吏治》，《新鄂月刊》第二卷第七期（1935 年 9 月），第10～16 页。

据张泰山对湖北省田赋征收人员群体的研究，"1927～1937 年湖北省田赋征收是以县为地域单位，其征收队伍大致由两个层次五类人员构成。第一层次为县长，是一县田赋征收的最高领导者和管理者；第二个层次是县长以下的基层田赋征收队伍，主要由四类人员构成：其中，以贿赂求得委任的粮柜征收人员和握有粮户底册的旧日册书为乡村田赋征收的实际操办者，保甲长为乡村田赋征收的协办者，土豪劣绅为乡村田赋征收的幕后操纵者。本期湖北各县田赋征收人员在实际田赋征收过程中的种种舞弊行为，表明这支征收队伍的整体素质十分低下。其结果使得田赋征收工作处于无序状态，中央政府和省政府制定的田赋政策难以得到贯彻，它既不能实现田赋征收目标，又导致农民实际田赋负担加重，以及农民与政府关系的紧张。"[①]

我们再看看本期湖北省各农林试验场场长或负责人的概况。各试验场场长或负责人均是从农林专门学校毕业，大都具有相应的专业学习背景，基本具备了胜任本职工作的专业基本技能，并且或者曾在建设厅或实业厅从事农林事业管理工作，或者有相应的从事该项事务的经历。至于个人的其他各方面才能因史料的关系无从考察。具体详见表 3-5。

表 3-5　湖北各农林实验场场长或主要负责人学历与经历一览

试验场名	场长姓名	学　历	主要经历
南湖农业试验场	邵惕公	北京国立农业大学农科	—
徐家棚棉业试验场	万邦和	北京国立农业大学农科	曾任省立高级农业学校教员，湖北省建设厅第二科科员
武昌二郎庙苗圃	吴东声	湖北高等农业学校	曾任江西、河南、湖北实业厅科员、农校教员、农场技士
南湖蚕桑试验场	裴宗度	日本信浓高等蚕校	曾任桑园经理、湖北建设厅科员

[①]　张泰山：《民国时期田赋征收人员的结构及其素质的考察——以 1927-1937 年的湖北省为例》，《民国档案》2006 年第 2 期，第 88 页。

试验场名	场长姓名	学　　历	主要经历
羊楼峒茶业试验场	刘伯轩	日本帝国大学农科	曾任农业、棉业各试验场场长
赫山畜牧试验场	曾庆炀	北京国立农业大学	—
崇阳苗圃	郎星照	杭州蚕桑学校桑科	曾任扬子江农林公司林务主任、建设厅技士
钟祥苗圃	陈　迁	北京农业专门学校	曾任农商部第三棉业试验场技术员、湖北第二农事试验场技士、武昌棉业试验场技士
宜昌林业试验场	郑　炎	湖北高等农学堂林科	曾任陕西学务公所实业科员兼农林试验场场长、广东农林试验场技师、湖北实业厅科员

　　资料来源:《湖北建设月刊》第 3 卷第 4 号，第 3 卷第 5 号；《湖北农矿月刊》第 2 期（1929 年 9 月）。

　　本章通过对本期各种农业机构的设置及发展演变进行考察，我们发现，各种农业专门机构的设置，为农业政策的实施提供了最基本的组织保障，但是，组织机构的因时、因地而设，结果也必然带来政出多门、机构相互推诿、下级机构执行困难的诸多问题。尤其是农业组织机构的"倒金字塔形"结构和下层机构执行人员的素质极大程度上影响了政策执行的效果。而这一切，毕竟是国民政府和湖北地方政府进行了恢复和发展农业生产的艰辛尝试，当然也反映出国民政府和湖北地方政府自身转型的不成熟。在此问题上，我们以前过分强调其负面作用，笔者以为不能过分地指责前人。

第四章 资金支持——湖北省政府的农业投入

农业投入,是现代政府为实现经济的发展目标,对农业系统的资金注入行为。它通常以财政、信贷和价格支持等形式作用于农业。本期的国民政府和湖北地方政府主要通过财政和信贷形式对农业注入资金,以支持农业的发展。本章对湖北省政府的农业投入进行考察。主要回答的问题是:湖北地方政府的农业投入来源有哪些?主要用途是什么?

一 农业财政支出的总体分析

进入近代以来,随着各种公用事业的发展,国家职能日益扩张,国家的财政收入也呈现日益增长的趋势。对此,持消极论者,认为这种财政收入的增长只是增加了人民负担,无益于社会。实际上现代财政的趋势,正如时人所说,不在于"岁出的浩繁,只在用途的当与不当;不在岁入的过大,只在分配的公与不公"[①]。首先我们来看看作为地方政府的湖北省政府农业财政支出的总体情况。下面请看1928～1936年湖北省农业财政支出估计表(表4-1)和湖北省1913～1924

[①] 周春崖:《五年来湖北岁入的分析——民国十八年至二十三年度》,《中国经济评论》第1卷第6号,第117页。

年农商经费数目表（表4-2）。

表4-1　1928～1936年湖北省农业财政支出估计

年　度	农林费	农村合作	合计（元）
1928	59097	—	59097
1929	122061	—	122061
1930	201776	—	201776
1931	123841	—	123841
1932	126606	—	126606
1933	51770	—	51770
1934	84910	101008	185918
1935	84910	120000	204910
1936	258910	170000	428910
总　计	—	—	1504899
年　均	—	—	167211

资料来源：1928～1932年数据来自《湖北省建设最近概况》（1933年）；1933～1936年数据来自贾士毅《湖北财政史略》，第125～126页。

说明：（1）农林费是农林费与农林事业费合并计算而得。

（2）1928年、1929年是建设厅农林费支出与附属机关支出两类数据相加而得，1930年、1931年数据是根据农林行政每月2800元的概算与附属机关实际支出相加而得，1932年数据因《湖北省建设最近概况》中建设厅五年来附属机关收支概况表的数据统计不全，因此参照湖北省建设厅整理各附属农林机构中月支经费预算和建设厅农林行政费七折估算而得。1933～1936年数据来自贾贾士毅《湖北财政史略》，未作改动。

表4-2　湖北省1913～1924年农商经费数目

年　度	经费（元）	年　度	经费（元）
1913	44291	1920	37370
1914	32149	1921	49077
1915	32745	1922	58417
1916	24199	1923	45304
1917	41050	1924	101135
1918	51590	总计	574515
1919	57188	平均	47876

资料来源：贾士毅：《湖北财政史略》，第40页。

通过以上两表的对比，湖北省政府在国民政府时期比北京政府时期在农业方面的投入总量增大了。从 1928 年至 1936 年 9 年间政府投入 150 万余元，主要用于维持农业行政机构的运转和农业技术机构的技术研究和开发，平均每年度支出 16 万余元，较之北京政府时期的每年 4.7 万余元支出大大增加了。

我们还可以通过前两期农业投入占湖北省财政支出的比例进行比较。具体详见农业投入占湖北省财政支出的比例统计表：

表 4-3　北京政府时期与国民政府时期农业投入占湖北省财政支出的比例

年　　度	①农业财政支出（元）	②全部财政支出（元）	①占②的百分比
1913～1924	574515	1207271	0.48%
1928～1936	1504899	2034341	0.74%

资料来源：农业财政支出数据来自前两表的统计；1913～1924 年的全部财政支出数据和 1928～1936 年数据来自贾士毅《湖北财政史略》，第 5～8、42～43、61、125～126 页。

从表 4-3 可知，国民政府时期的农业财政支出占全部财政支出的比例较北京政府时期有所增加，由原来的 0.48% 上升为 0.74%。当然当时的这种统计并不全面，实际支出一定会有所增加。据当时省农林指导员张信民、高光道、尹琛国、陈问簏等人因省政府决议裁撤省农林指导员呈请省政府予以保留的一份报告反映说，当时湖北的农林经费不及全省财政收入的 3%，如果裁撤农林指导员后，农林经费大约只占全省财政收入的 2% 多一点，并且与中央政府的占地方收入 20% 的要求相距甚远。[1] 实际上，1928～1933 年的湖北省的平均年收入 2036 万余元[2]，那么据上述报告的估算湖北省每年在农业的财政投入当在 40 万～61 万元。相对于现代来说，也许这个数字实在太小了，实际上，在当时来说，相对

---

① 《湖北建设月刊》第 3 卷第 1～2 号（1931 年 3 月），公牍第 10～11 页。
② 贾士毅：《湖北财政史略》，1937，第 5～6 页。

于当时一个一等县一年才 17640 元的财政预算来说，^① 的确是一笔不菲的支出。

我们也可从下面一项决策中印证湖北农业投入绝不止以上之数。1931 年实行裁撤厘金后，湖北省财政收入急剧减少。为此湖北省政府委员会第 8 次会议决议，所有 1930 年度总预算力求紧缩以达到收支平衡，建设厅预算从 1931 年 1 月起实行裁并，其中农林建设经常经费减少 78457.33 元，原拟扩充农林实验场现均暂不办理；农林经费减少 29760 元，农林指导员全部裁撤；建设费临时门农林费减少 70000 元，原拟推广农林事业现从缓办理。^② 由此可知我们前面的估算数字还是有点过少。

从其农业活动的内容来看，农业技术的研究和开发活动大大加强了。湖北农林实验场，开创于清末张之洞督鄂期间。但因为是初创，基本上无成绩可言。正如时人所说："以言成绩，则仅有破败之旧式房屋，不适用之老笨农具……甚或以房屋租佃农民耕种，则更无试验之可言。"试验场为"官家的产业""优差""闲缺"。^③ 当然这种评说有点言过其实，过分夸大了其不足，平心而论，至少也开创了农业科学研究和试验之风，为后人的农业科学研究奠定了基础。国民政府成立以来，湖北地方政府的农业科学研究和试验活动较前大大增加了。一是各类试验机构的设置较前增加；二是农林试验的活动增强了；三是农林试验的效果有所提高。^④

我们再来看看湖北农业建设计划。其计划之宏伟、预算资金之巨大的确令人惊叹。1933 年湖北省建设厅拟定了《湖北农业建设计划》，试图振兴湖北农业，复兴湖北农村，其原则是"农民缺乏生产资料当

---

① 湖北省民政厅：《湖北县政概况》，第一册，汉口国华印务公司，1934，第 2 页。
② 《湖北建设月刊》第三卷第一、二号（1931 年 3 月），命令第 16～17 页。
③ 刘行骥：《农林试验场的意义和重要》，《湖北建设月刊》第 1 卷第 7 号（1928 年 12 月），论著第 16 页。
④ 湖北省建设厅：《湖北省建设概况》，1948，第 102 页。

设法供给，农民缺乏生产技能当尽力指示"。具体计划如下。

第一，有计划有重点地规划湖北农业试验场的设置。

农业试验场涵盖粮食、棉花、造林、畜牧、蚕桑等各个方面。为解决湖北粮食生产问题，除将现有南湖农业试验场加拨建筑费和设备费以充实内容外，湖北省政府将在安陆、鄂城分别设立稻作试验场，襄阳设置麦作试验场，从事分配良种、指导耕作，达到改良食用作物、增进品质及产量的目标。

为提高湖北棉花的产量和品质，除将现有徐家棚棉业试验场拨款修复房屋和充实设备外，将在黄冈、孝感、天门、江陵、光化等处分别设立棉场，原有江陵棉场加以扩充，进行良种驯化和培育工作，并推广于民间。

为推广造林事务，将原有武昌林场移至九峰，襄阳林场移至隆中，除六、七两个区外，湖北省还将在各区分别设立一个林场，以推广造林事务，并附设苗圃进行造林工作。

为振兴畜牧，湖北省计划将原有的赫山畜牧试验场移至武昌夹山，以从事推广繁殖牛、猪、鸡、鸭等畜禽良种工作；在襄阳设立畜牧场，以从事繁殖马、驴、羊、猪。

为振兴蚕桑，湖北省整理原有蚕桑试验场，设立冷藏库，利用电力装置、冷气机械贮藏秋蚕原种，以供分配民间之用；在沔阳仙桃镇和黄冈各设一个蚕桑试验场推广蚕种桑苗，普及蚕丝业；在省城附近创办一个新式机械缫丝工厂，统一制丝及输出以恢复蚕丝的国际贸易地位。

在武昌设立农具制造工厂，制造轻便畜力机，如新式犁、中耕耙、播种器、打麦机等用具，还制造小型发动机、轧花机、载重汽车以供农村利用。

综上所述，拟在全省设立的农业试验机构主要有：武昌、鄂城、樊口、安陆 4 个稻作试验场；武昌、襄阳 2 个麦作试验场；武昌、黄冈、孝感、天门、江陵、光化 6 个棉业试验场；武昌、大冶、蕲春、黄安、随县、襄阳、隆中、宜昌、恩施、郧县等 10 个林场；武昌、黄冈、沔阳、仙桃、襄阳 5 个畜牧场；武昌蚕桑试验场和武昌农具厂。详情见表 4-4。

表 4-4 湖北省拟改造和设立的农业试验场一览

行政区别	稻	麦	棉	林	畜牧	蚕丝	农具
第一区	武昌	武昌	武昌	武昌	武昌	武昌	武昌
第二区	鄂城 樊口	—	—	大冶	—		
第三区	—		—	蕲春	—		
第四区	—	—	黄冈	黄安	黄冈		
第五区	安陆	—	孝感	随县			
第六区	—	—	天门	—	沔阳 仙桃		
第七区	—	—	江陵	—			
第八区	—	襄阳	光化	襄阳 隆中	襄阳	—	
第九区				宜昌			
第十区				恩施			
第十一区	—	—	—	郧县	—		

资料来源：《湖北建设月刊》第四卷第四、五号合刊，计划，第 41 页。

第二，复兴农事教育，培育农业专门人才。

在清末时期湖北省原有的农科专门教育，至民国以后早已停顿；1926 年中等农业学校也停办了，农业专门教育中断达 20 余年，农业后备人才缺乏。湖北省在前清农校旧址设立农业专科学校，还在各区农林场附设各类实验学校，注重实地工作，冬季特为农民开讲习班，宣传普通农业知识。拟设立实验学校如表 4-5 所示。

表 4-5 湖北省拟设立实验学校一览

行政区域	实验学校地址
第一区	南湖农场 武昌林场 南湖蚕桑场
第二区	鄂城稻场 大冶林场

行政区域	实验学校地址
第三区	蕲春农场 蕲春林场
第四区	黄冈棉场 黄安林场 黄冈蚕桑场
第五区	安陆稻场 随县林场 孝感棉场
第六区	天门棉场 沔阳蚕桑场
第七区	江陵棉场
第八区	襄阳麦场 光化棉场 襄阳畜牧场
第九区	宜昌农场 宜昌林场
第十区	恩施农场 恩施林场
第十一区	郧县农场 郧阳林场

资料来源:《湖北建设月刊》第四卷第四、五号合刊,计划,第43~44页。

实验学校,学习时间为 2 年,其中 1/3 为授课时间,2/3 为工作时间。所学教材注重实用,由场员担任基本功课教学,聘请地方学校教员担任辅助功课教学,实习材料全由各试验场供给。实验学员毕业后,必须在本试验场或本地农村服务,或者自己经营农业。

第三,经费预算。

新计划的经费预算主要有三项:

一是新设农林蚕桑畜牧各试验场经费。新开设的 4 所普通农场、2 所稻作试验场、1 所麦作试验场、4 所棉场、6 所林场、2 所蚕桑试验场、1 所畜牧场等共计 20 所农业试验场,共需开办费洋 33.1 万元,每月经常费 2.24 万元,每年临时费 1.2 万元。

二是改造原有各试验场的经费。南湖农场、徐家棚棉场、南湖蚕桑场、赫山畜牧场、武昌林场、武丰林园、江陵棉场等各试验场的改造经费共计 19.2 万元

三是新设立的农具制造工厂、缫丝工厂、茶工厂需开办费共计 28 万元,流动资金约需 100 万元。

以上一、二两项于 1933 年次第兴办，需开办费及补充费 52.3 万元，三项自 1933 年起着手筹备，1934 年完成，需开办费 28 万元，流动资金约需 100 万元，以上共需 180.3 万元，经常费不在此内。① 以上计划，在当时看来，的确是一副救济湖北农业复兴农村的良方，然而因为湖北省政府陷入了财政危机，加上 1934 年的大旱和 1935 年的大水灾，许多计划因为没有财力支持和政府迫于救济而无法实施，以致政府建设方针不得不为之转变，"建设用款，力求投资于生利之事业"②，这不能不留下历史的遗憾。

我们再看看湖北省农矿厅时期的农业经费预算，更是令人咋舌。1929 年 7 月湖北省政府改组，增设农矿厅，负责农矿行政及事业。农矿厅设有四科，第二科负责全省农业事宜，第四科负责全省林务、垦务事宜，此外，农矿厅辖有农、林、茶、棉、畜牧等 16 个试验场。农矿厅每月经常费 16797 元，临时费 1000 元，16 个农林试验场每月共支经常经费 1.8 万余元、临时经费全年 1.6 万元。

虽然是昙花一现，但湖北农矿事业，已略具端倪。③

二　农业财政支出的个案分析

为进一步了解当时湖北省农业投入，我们以农田水利建设和农业实验和研究为个案进一步展开分析。

1. 农田水利建设

农田水利建设关系着农业的兴衰。然而近代以来湖北的农田水利建设状况不佳。正如时任建设厅长的石瑛所言，湖北人民灌溉田亩，

---

① 《湖北建设月刊》第 4 卷第 4~5 号（1933 年 3 月），第 37~49 页。
② 湖北省财政厅：《民国二十三年 1-6 月湖北财政报告》，第 2 页。
③ 《农矿厅归并建设厅始末》，《湖北建设月刊》第 2 卷第 4 号（1930 年 4 月），附录。

一般都仰给于塘堰，近年来堰之冲坏者不修，塘之壅塞者不浚，以致一遇雨水过量，则无处容纳，一遇天晴稍久，则灌溉无术。[①] 大冶农村中没有水利工程，大雨来了便是潦，半月不雨便有旱。[②]

湖北省襟江带汉，夙有泽国之称，全省 70 个县中有 38 个县依靠堤防防止水灾。据湖北省政府统计室估计，38 个县的耕地面积共计 4120 万亩。在 1926 年以前，湖北堤防工程，除著名险要之处，发生特险或溃口，由公家拨款派员修筑外，其余都由各县就地筹款办理。1926 年秋，国民政府鉴于湖北水政失修，召集各机关联席会议议决，在特税、厘金及有防洪大堤各县田赋项下，按照正税附征堤工捐一成，并对湘鄂海关进出口货，按估价附征一成堤工捐，用作湖北堤防专项经费；同时还设置水利局，专门负责修理长江和汉水各重要干堤。1927～1936 年，湖北省累计水利建设经费达 3577 万元。湖北省历年所花费的岁修、防汛、赈务、堵口、修复各项费用见表 4-6。

表 4-6　1927～1936 年湖北修筑堤防费用一览

年　度	项　目	金　额
1927～1936	岁修工程费	1463.2 万元
1927～1936	防汛费	218.6 万元
1931	复堤堵口费	1337 万余元，其中现金 1374769 元，小麦 14727 吨、面粉 47797 吨（两项总计价值 1200 万元）
1935	赈务费	227 万元，其中急赈 27 万元、农赈 64 万元工赈 120 万元、义赈 16 万元
1936	复堤堵口费	330 万元，其中钟祥遥堤 300 万元，各县民堤 30 万元
合　计		3575 万元

资料来源：杨思廉：《江汉洪水之成因及治防方法》，《建设评论》第 3 卷第 1 期（1936 年 10 月）；陈英：《湖北近十年堤工概况》，《建设评论》第 2 卷第 1 期（1936 年 5 月）。

---

① 石瑛：《最近中国建设状况及应注意之点》，《湖北建设月刊》第 2 卷第 4 号（1930 年 4 月），专载第 25 页。
② 李若虚：《大冶农村经济研究》，载萧铮《二十年代中国大陆土地问题》，第 21044 页。

此一时期湖北省的水利建设呈现以下几个特点：一是设置有专门机构负责水利兴修事务。相对于北京政府时期，虽然在 1914 年成立了湖北水利局，但常因经费没有着落，形同虚设，所有水利行政，仍由省长公署的土木股办理，如果有巨大工程，临时组设工程机关，遴选大员主持一切。工程完毕，机构也立即裁撤。国民政府时期，设立了专门的水利机构负责办理水利事务，虽然其中机构变换，最后由全国经济委员会江汉工程局负责办理。针对以往岁修工程临时设立工程处主持事务和工程完毕立即撤销的现象，江汉工程局改临时工程处为常设机构，在黄石港、武昌、嘉鱼、监利、汉川、岳口设立工程处，分别负责各自管辖范围内的岁修工程。① 二是水利兴修有了专门的经费保证。如前所述，在特税、厘金及有堤各县田赋项下，按照正税附征堤工捐一成，并对湘鄂海关进出口货按估价附征一成堤工捐，用作湖北堤防专项经费。从 1926 年起开征，每年大约能征收 200 余万元。② 三是开始运用科学方法治理水利。改变以前仅堵筑溃决堤防的只治标办法，实施标本兼治。聘请挪威水利专家安利森为工程师，规划一切水利事项，根据科学方法统筹治理长江和汉水。招聘技术人员，购买测量仪器，成立地形测量队和水文雨量站，③ 精确测量长江、汉水及重要支流各段水位的涨落、河槽的变迁、河流的流量、流速、含沙量等，考察水力、水量、水性及附近地势，为水利决策提供科学依据。

此一时期，由于有了专门的机构和专项经费，湖北境内主要河道每年的兴修和防护较前有了很大程度的加强，也取得了一定程度的成效。这一时期根据主管水利行政机构的更替大体可分为两个时期：湖北水利局时期和江汉工程局时期。下面分述两大水利机构的水利建设成效。

---

① 陈英：《湖北近十年堤工概况》，《建设评论》第 2 卷第 1 期（1936 年 3 月）。
② 陈英：《湖北近十年堤工概况》。
③ 陈华甫：《湖北水利工作之进行》，《中国建设》第 1 卷第 5 期（1930 年 5 月），第 21 页。

　　湖北水利局从 1926 年冬成立到 1932 年被撤，6 年中设立的工程和防汛机构达 170 余处，每年按堤防地分设处所，工程完成以后即予以撤销。6 年中，所修的土石工程概况具体如表 6-7 所示。

表 4-7　1927～1932 年湖北省堤防岁修概况

年度	工程处数	主要内容	工程款总数
1927	13	监利车湾堤等 13 堤护岸加修、溃口修建等	15.0 万元 又 153426 串
1928	22	沔阳宏恩堤等 22 堤的加修、开锁口等	106.1 万元 又 4792 串
1929	20	武昌武泰闸等 20 堤修理闸工、修月堤等	161.2 万元
1930	25	汉川第二堤等 25 堤建堤、加修、抛石等	168.6 万元
1931	18	黄冈蕲春等 18 堤修堤、护岸、加修等	153.5 万元
1932	23	公安县公安堤等 23 堤修矶、护脚、培修等	141.6 万元
合计	121		746 万元 又 58218 串

　　资料来源：陈英：《湖北近十年堤工概况》，《建设评论》第 2 卷第 2 期（1936 年 5 月）。

　　从表 4-7 可知，湖北水利局时期，共培修加固堤防 121 处，累计工程金额达 746 万元又 58218 串。

　　下面我们再看看 1933～1936 年湖北省堤防的岁修状况（见表 4-8）。

表 4-8　1933～1936 年湖北省堤防岁修情况一览

河　道	处数（处）		数量（万公方）	
	土　方	石　方	土　方	石　方
长江　汉水	389	316	1787	10
合　计	705		1797	

　　注：其中 1933 年土方兴修的处数长江和汉水都不详。
　　资料来源：《革命文献》第 81 辑，第 13 页；全国经济委员会江汉工程局：《江汉工程局业务报告》（1933 年），第 11～12 页。

　　从以上看来，1933～1936 年江汉工程局成立以来，对于长江、汉水主要河道的堤防岁修工程，共计 705 处，共用土石方达 1797 万方。单从 1933 年来看，江汉工程局兴筑土方工程长江段 200 余公里，约计 46 万方，汉水段 80 公里，约 33 万方，石方工程长江 39 处，汉水 16 处，共用蛮石 38900 余方，共花费 101 万多元。①

从前后两期的经费比较来看，前期经费基本是收多于支，并且有较大的节余，只可惜由于政局变换，制度设计不健全，机构变动频繁，人事更替如同走马灯，对于堤工的收支监督稽核极其不力，以致贪污、挪用现象较为严重，出现了轰动一时的"川江龙案"等丑闻。② 后期由于国民政府将权力收归中央直接管辖，加强了对堤工款项的监督，颁布了《湖北堤工专款收解支付办法》，规范了资金支付。1933 ~ 1934 年，堤工专款也是收多于支，并且有定期存款 50 万元，以应付意外事件的发生。1935 年大水，由于干堤的堵口复堤工程费用巨大，堤工专款不敷使用，虽然国民政府补助了 300 万元，仍是不够，于是又向中央银行汉口分行订立透支合同借款 90 余万元应急，当年支出达 680 余万元。1936 ~ 1937 年偿还贷款后收支略有节余。③

至于堤防岁修的效果，余涛认为湖北水利兴修取得了较为明显的成效。1935 年长江大水，因为堤防已经培修完整，因此水位虽然与 1931 年相同，受灾面积比 1931 年大为减少。④ 据时人记载："（1935 年）本周长江上游水势汹涌，襄湘各河亦均猛涨，汇于武汉，沿河各干堤堤工，幸已告成，否则早已泛滥矣。"⑤ 从《湖北省年鉴》记载来看，1935 年的水灾较 1931 年的民间损失大约少 2 亿元。1931 年为 4

① 全国经济委员会江汉工程局专刊：《江汉工程局业务报告》（1933 年），第 11 ~ 12 页。
② 湖北省水利堤工事务清理委员会：《湖北省省水利堤工事务清理委员会清理报告书》，1932，第 1 ~ 6 页。
③ 湖北省志编纂委员会：《湖北省志·财政》，湖北人民出版社，1995，第 258 ~ 259 页。
④ 余涛：《二十世纪三十年代湖北的水灾和水利建设》，华中师范大学 2005 年硕士论文（未刊稿）。
⑤ 《国闻周报》第 12 卷第 27 期。

亿元，1935 年为 2 亿元。① 有学者认为 1935 年水灾较 1931 年有过之而无不及，全省受灾面积达 56762 平方公里，比 1931 年多 1 万余平方公里，受灾农田 1448 万亩，比 1931 年增加 1100 万亩以上，从而凭此否定当时政府兴修水利的成绩，认为地方政府每年虽收到近百万元的堤工捐费，并有堤工委员会的设置，但堤防常年失修如故。② 这值得斟酌。笔者考查了史料来源，《湖北省年鉴》第一回第 99 页所载是 1935 年水旱灾合计的面积而不单是水灾的面积。湖北省志记载，1931 年全省淹没面积 45107 平方公里，受灾人口 7918423，死亡 67854 人，受灾农田 2023 万亩；1935 年全省受灾农田 1230 万亩，受灾人口 695 万余，淹死 9.6 万人，未记载全省淹没面积。只不过说是汉水发生百年罕见的大水，沿江溃口 29 处，湖北境内达 27 处。③ 比较来看，全省受灾农田和人口 1935 年都明显小于 1931 年，只不过死亡人口多于 1931 年，全省受灾面积 1935 年不详，无从比较。同时李文海先生并未将 1935 年水灾而是将 1931 年水灾列为中国近代十大灾荒。④ 据《申报年鉴》记载：1931 湖北省受灾耕地面积达 1460 万亩，占全省耕地面积的 24%，受灾农户 115.4 万户，占总农户的 29%，农产损失达 8400 万元。⑤

此外，鉴于 1935 年民堤溃决十分严重，为了解决以前政府仅负责主要河道干堤的修建和维护，而将非主干堤防全部交给县级政府和地方民众的问题，国民政府同意每年从湖北堤工专款下拨其收入的 20% 作为补助民堤的收入。从此，民堤经费也有了较为可靠的来源。1935 年湖北省各县民堤补助工程工款累计达 28000 余元。⑥ 据李仪祉统计，

① 湖北省政府秘书处：《湖北省年鉴》第一回，1937，第 211 页。
② 陈钧：《湖北农业开发史》，中国文史出版社，第 245 页。
③ 湖北省地方志编纂委员会：《湖北省志·财政》，湖北人民出版社，1995，第 258～259 页。
④ 李文海等：《中国近代十大灾荒》，上海人民出版社，1994。
⑤ 《申报年鉴》（1933 年），第 72 页。
⑥ 《江河修防纪要（民国二十四年）》，台北传记文学出版社，1971，第 4 页。

1935 年 1～5 月，湖北省各县培修民堤花费大约 143035 元。①

此一时期，湖北省兴修了一个著名的灌溉工程——金水闸的建设工程。湖北金水流经嘉鱼、蒲圻、咸宁、武昌四县，至金口汇入长江。流域内东西南三面为山地，北面为长江，中间地势低洼，常受长江洪水内灌，90 多万亩耕地被淹。1933 年 5 月，国民政府从湖北堤工捐款中拨付 88.7 万多元，在此修建了一座长 130 多米的拦河坝及三孔高和宽各为 7 米的泄水闸，可避免农田被淹。② 金水闸闸身全部为钢筋混凝土结构，三扇钢闸门为英国制造，闸门由机械启闭，居于当时国内同类闸门领先水平，既能防止长江洪水倒灌，又能排泄渍涝。据估计，金水自筑坝建闸以后，每年农产增收，至少在四五百万元以上。③

2. 农业研究及实验

农业研究与实验，需要经费支持。1927～1932 年湖北省建设厅所属的农业试验场累计支出达 41 万余元，以用于维持农林试验场的运转。当然，其经费分为事务费和事业费两大部分，至于各农林试验场的事务费所占比例多大，从现有材料来看，无法稽考。但是一定的经费支持为农业研究与实验提供了财力保障。1934 年湖北棉产改进处成立后，开始注重增加事业费，减少事务费。1934～1936 年间所用事务费达 77655 元，占 38.08%；事业费 126271 元，占 61.92%，没有违背节省行政经费以增加事业经费的目标。农林试验场的经费情形具体详见 1928～1932 年湖北省政府建设厅所属农林棉茶各试验场支出概况（表 4-9）和 1934～1936 年湖北棉产改进处经费决算一览表（表 4-10）。

---

① 李仪祉：《十年来之中国水利建设》，载中国文化协会《抗战十年前之中国》，国民出版社，1945，第 360 页。
② 李仪祉：《十年来之中国水利建设》，载中国文化协会《抗战十年前之中国》，第 340 页；孟昭华：《中国灾荒史记》，中国社会出版社，1995，第 745 页。
③ 宋希尚：《湖北金水整理计划之经过及其实施概况》，《水利月刊》第 5 卷第 1 期。

表 4-9　湖北省政府建设厅所属农林棉茶各试验场支出概况（1928～1932 年）

试验场名称	1928 年	1929 年	1930 年	1931 年	1932 年	合计
南湖农业试验场	10784	24279	37712	17640	—	
襄阳林场	1589	149	7912	—	—	
宝积庵农场	—	8181	17819	11292	—	
武昌林场	4184	18028	19670	19416	3270	
宜昌林场	1513	6023	8851	7805	517	
徐家棚棉业试验场	8751	5935	15644	2671	—	
钟祥棉场	1901	—	—	—	—	
崇阳苗圃	—	2131	836	—	—	
南湖蚕桑试验场	5958	19446	22459	5981	—	
赫山畜牧试验场	2708	8545	15287	8141	1870	
羊楼峒茶业试验场	2957	7589	9678	6682	—	
郧阳林场		2453	5875		—	
施南农场	—	1374	3799	3298	—	
孝感林场	—	3699	872	616	—	
江陵棉场	1750	3220	5081	4586	—	
总　计	42095	111052	171495	88128	5657	418427

资料来源：湖北省政府建设厅编《湖北建设最近概况》，1933 年 2 月，第 24 页。

表 4-10　1934～1936 年湖北棉产改进处经费决算一览

单位：元，%

年　度	预算金额	用途分配			
		事务费	百分比	事业费	百分比
1934	26884	12534	46.63	14349	53.37
1935	59940	18862	31.47	41077	68.53
1936	117071	46254	39.51	70816	60.49
合　计	203896	77655	38.09	126241	61.91

资料来源：《湖北棉产改进报告书》，第 15 页。

注：事务费是指包括工资、办事费、购置费一类的开支；事业费为厂地费、植棉费、推广费、讲习费及轧花机械的设备费和办公房屋的建筑费等。

　　实际上，针对当时试验场预算经费当中的实验费不能专款专用以致被挪用的弊病，湖北主管机构进行了相应的改革。1929 年湖北建设厅将各试验场事业费一律取消，按照各场事业的繁简、范围大小酌量分配。如各场需要事业费时，由各场先呈报用途、经费数目及计划，呈报农林试验总场，然后再由总场呈报建设厅审核。①同年 7 月，湖北省农矿厅成立。针对当时农林试验场大都划地命名，形同企业，有农林合并办理者，有变更管辖与弃置不理者，且主管机关不明用意一再缩小预算，存立名目，各场亦因陋就简敷衍从事，农矿厅开展了一系列的整顿工作。第一，撤销农林总场名义，改名为农林试验场，并将其划分为作物、园艺、病虫害三系。第二，林业、棉业、茶业、蚕桑、畜牧各场独立，暂不分系，各就其原定的试验事项切实进行。第三，严格选拔技术人员。各场场长、技士、技正等职，以具有专门资格及有技艺成绩者才为合格。第四，加强对试验场的监督管理，随时派员巡回视察各试验场是否按计划行事。②

　　本期湖北农业实验与研究的情形，我们可以从各专业实验活动窥见一斑。湖北省南湖农业试验场，有场长 1 人、技士 7 人、技佐 4 人、监工员 4 人、事务员 4 人，场长邵惕公是北京国立农业大学毕业。该场有房屋 6 栋，田地 850 亩，8 马力引擎吸水机 1 部、畜力中耕器 3 架、畜力中分犁 1 具、普通犁 2 具。每月经费总数 3870 元。该场设作物、园艺、化验、经济、病虫害 5 个系，1931 年扩充为稻作、麦作、豆作、育苗、园艺、化验、病虫害、推广 8 个系。作物系主要从事水稻和小麦育种试验，也进行各项作物的栽培试验；园艺系主要从事果树、蔬菜、花卉、养蜂育种试验及庭园布置；病虫害系主要从事昆虫采集、饲养、陈列展览以及防治病虫害工作；经济系则以改良土地、肥料、人工及栽培有利作物并测算经济效益；作物系育成的良种有

---

　　①　湖北省建设厅：《湖北建设最近概况》（1928 年 4 月至 1929 年 5 月），无页码。
　　②　《湖北农矿月刊》第 1 期，计划，第 6 页。

622 纯系、1102 纯系、1122 纯系、1074 纯系、3457 纯系小麦五种；园艺系育成了黄陂桃 1 种和北平早生黄瓜、线茄、日本黑皮南瓜、德国红皮南瓜、武昌龙瓜、武昌大椒等 6 种蔬菜。[①] 湖北武昌徐家棚棉业试验场占地 358.6 亩，职员 3 名，技士杨显东、技术员喻锡璋都是金陵大学农学士，每月经常费 604 元、每年事业费 250 元，年收入达4000 余元，其主要宗旨在于改良华棉和从事美棉适应水土的实验。1929 年在棉业试验场进行种苗适应水土实验者有阿克来品种和屈力司品种，有从各棉产区采集的 444 种改良华棉。此外还进行了 30 种棉花的肥料试验、株距试验、行距试验、浸种试验等。[②]

三 湖北省的农贷资金投入

除了上述的农业财政投入外，本期湖北开始给予农业以信贷支持。农业信贷政策是国家运用信贷工具调控农业经济活动的基本准则，是银行、信用合作社分配农业信贷资金、组织农业信贷的管理活动的准则。它包括贷款政策和利率政策。农业贷款政策表明农业贷款贷给谁，即重点支持哪些部门、企业和产品；利率政策即对于不同的贷款申请者、不同的贷款用途给予不同的贷款利率。[③] 关于 20 世纪二三十年代湖北省农贷资金的数量估计，近年来有些学者做了一些尝试，徐畅认为，银行对湖北省的合作社、农仓放款总数应有 350 万元以上。[④] 我们拟对本期湖北省农贷资金进行尝试估计。

1. 中国农民银行农贷资金的数量估计

1933 年，国民政府为办理豫鄂皖赣四省救济事业，成立四省农民

---

① 《湖北建设月刊》第 3 卷第 4 号（1931 年 5 月），调查第 4 页。
② 《湖北农矿月刊》第 2 期（1929 年 9 月），调查。
③ 庄小琴：《农业政策学》，气象出版社，2000，第 186～188 页。
④ 徐畅：《二十世纪二三十年代华中地区农村金融研究》，齐鲁书社，2005，第 290 页。

银行，总行设于湖北汉口。四省农民银行的使命为"供给农民资金"
"复兴农村经济""促进农业生产之改进"。后因业务发展迅速，1935
年时改名为中国农民银行。那么中国农民银行到抗日战争爆发前，在
湖北省提供农业多少资金呢？有学者进行了估算，至1936年10月底
中国农民银行对湖北合作社的贷款只有245万元，农仓贷款1937年共
52万元，动产抵押至1936年共45万元。[①]

　　实际上，据时人统计，中国农民银行1933～1937年对湖北省的农
业贷款总计为365万余元，根据贷款对象和性质可分为以下几类：一
是合作社贷款，二是合作社预备社贷款，三是特种事业贷款。下面我
们分类述之。

　　第一，合作社贷款。

表4-11　中国农民银行历年来对湖北合作社放款一览

年　度	社数（个）	社员数（人）	放款数量（元）	累　计
1933	89	1911	15921	15921
1934	567	25256	249939	265860
1935	1516	63432	665428	915367
1936	2031	116884	878808.81	1544236.81
1937	2238	130896	1248267.8	2792504.61

　　资料来源：林嵘：《七年来中国农民银行之农贷》，《中农月刊》第1卷第1期（1940年1月），第81～84页。

　　1934年度贷款数据截至11月底，数据来源于《湖北省办理农村合作社及农民贷款情形调查》，《湖北农村合作》第4号（1934年12月），第73～80页。

　　1935年度贷款数据来源于《中国农民银行民国二十四年之农村合作事业》，《农村合作月报》第1卷第6期。

　　从表4-11可知，中国农民银行1933～1937年在湖北省共计发放
合作社贷款279万余元。

---

　　① 徐畅：《二十世纪二三十年代华中地区农村金融研究》，第290页。

第二，合作预备社贷款。

合作社预备社贷款，有由中国农民银行直接办理者，也有由中国农民银行委托机构间接办理者。由农行直接办理者是鄂湘川边区救济贷款贷与湖北省14.8万元，分别贷放于宣恩、咸丰、来凤、建始、巴东、五峰六县156个预备社。截至1937年底实际发放10.8万元。间接办理者最初是由前豫鄂皖三省农村金融救济处湖北分处在英山等16县发放贷款446098元。其次由湖北省合作委员会办理者有两次，一次是1934年蒲圻、咸宁、孝感、黄冈、浠水等五县旱灾救济，实际发放贷款73311元；一次是1936年豫鄂皖三省边区湖北省救济贷款17.5万元。截至1936年底实际贷款129856元。[①] 以上预备社贷款合计约为75.7万元。

第三，湖北应城汤池农村改进实验区1935年办理储押贷款10万元。[②]

综上所述中国农民银行1933~1937年间在湖北省发放合作社贷款279.3万余元，合作社预备社贷款75.7万余元，应城汤池储押贷款10万元，总计贷款达365万余元。

据程理锟估计，截止到1938年5月底，中国农民银行对湖北省合作贷款达6121550.27元。[③] 扣除1938年上半年的贷款总额为314.6万元，[④] 总计贷款总额为297.6万元，与以上估计相差不足60万元。

此外，以下一些零星的史料也基本能印证笔者的估计。

截止到1933年底，湖北省农村金融救济分处分别在黄安、罗田、

---

① 林崧：《七年来中国农民银行之农贷》，《中农月刊》第1卷第1期（1940年1月），第81~84页；《湖北省办理农村合作社及农民贷款情形调查（1934年11月底）》，《湖北农村合作》第4号（1934年12月）。
② 林崧：《七年来中国农民银行之农贷（续）》，《中农月刊》第1卷第2期（1940年2月），第111页。
③ 程理锟：《湖北之农业金融与地权异动之关系》，载萧铮主编《二十年代中国大陆土地问题资料》，台北成文出版社，1977，第45616页。
④ 林崧：《七年来中国农民银行之农贷》，第81~84页。

英山、沔阳、监利、潜江、通城、阳新、通山等九县指导农民成立合作预备社达 807 个，社员 44828 人，贷款金额达 319864 元。[①]

截至 1936 年 6 月底，湖北省已于 37 县成立了合作社 2109 个，社员有 108608 人，贷款 1394583.41 元；预备社 1693 个，社员有 92189 人，贷款 621278.40 元；联合社 366 个，贷款 22900 元。[②]

截至 1936 年 10 月底，湖北省已于 41 县成立了合作社 2357 个，社员有 122779 人，贷款 1590366.31 元；预备社 1936 个，社员有 110392 人，贷款 688607.4 元；联合社 36 个，贷款 30700 元。[③]

截至 1938 年年底，中国农民银行历年来对湖北省合作社的贷款累计达 713679.13 元，合作社达 4946 个，社员有 331466 人，贷款数位居全国之首。除了平时贷款外，中国农民银行还对湖北省进行了救济贷款，其中广济、黄梅、浠水、黄冈、英山、蕲春六县的约定贷款 17.5 万元，贷款结余额达 10.3 万元。宣恩、咸丰、来凤、恩施、建始、巴东、五峰、鹤峰八县的约定贷款 14.8 万元，贷款结余额为 14.8 万元。[④]

总之以上史料基本能印证我们的估计应离事实不远。

2. 其他银行的农业贷款估计

（1）中国银行

中国银行在湖北进行农贷始于 1936 年。该年 2 月中国银行在武昌成立办事处。湖北省合作委员会先后划定京山、钟祥、蕲春、广济、

[①] 《豫鄂皖三省农村金融救济概况》，《银行周报》第 833 号（1934 年 1 月），转引自《中国农业金融概要》，商务印书馆，1936，第 51 页。

[②] 刘寿朋：《湖北省农村合作委员会工作概况》，《农村合作》第 1 卷第 6 期（1936 年 1 月），第 137～147 页。

[③] 刘寿朋：《湖北近年来之建设概况》，《实业部月刊》第 2 卷第 2 期（1937 年 1 月），第 61 页。

[④] 朱通九：《我国农业金融机关最近对于融通农业资金之鸟瞰》，《中农月刊》第 1 卷第 1 期（1940 年 1 月），第 16～21 页。

武昌青山实验区、荆门等区域为其合作贷款对象。9月，该行与应城汤池农村改进区以农产物联保储押联合会为对象办理储押贷款。1937年3月，又与应城签订春耕贷款合同。中国银行在上述区域累计贷款达35万余元。详情如表4-12所示。

表4-12　中国银行湖北省农业放款统计

名称	合作社数（个）	合作社员数（人）	贷款数（元）
武昌	43	2796	54447
京山	21	1005	19301
广济	21	987	21009
钟祥	18	625	11085
应城汤池农改区	843	7046	241025.91
湖北合委会运销处	17	556	9533
合计	954	13015	356440.91

资料来源：程理锟：《湖北之农业金融与地权异动之关系》，载萧铮主编《二十年代中国大陆土地问题资料》，第45640～45641页。

（2）上海商业储蓄银行

1934年，上海商业储蓄银行在湖北武昌县青山农村试验区指导成立51个农村合作社，发放贷款3万余元，以办理棉花产销合作；在第六区塘堰利用社办理修筑塘堰贷款4000余元，累计发放贷款达37427元。[1]

（3）全国经济委员会合作事业委员会驻鄂办事处（后改组为实业部合作事业湖北办事处）

1935年10月全国经济委员会合作事业委员会成立，负责全国合作社的业务指导、资金介绍、技术联系和人才培养等技术推广工作。全国经济委员会合作事业委员会在湖北设立驻鄂办事处。截至1936年

---

[1] 《上海商业储蓄银行农业贷款报告》（1935年1月～6月），第11页；中央银行经济研究处：《中国农业金融概要》，商务印书馆，1936，第254页。

2 月，驻鄂办事处在湖北 4 县 1 市组织合作社 380 个，社员有 6905 人，发放贷款 215934 元。国民政府曾划拨合作事业委员会湖北办事处合作事业专款 876820.16 元，以办理合作和救济灾荒。[①]

（4）华洋义赈会

截至 1934 年 2 月，华洋义赈会在湖北指导成立合作社 58 个，社员 1138 人，发放贷款 14194 元。[②]

此外，为了救济 1931 年大水后的灾民，1932 年湖北省政府成立了农民借贷所，附设于湖北省银行内，但是省库空虚，无款可借，向华洋义赈会湖北水灾救济会借款 15 万元作为基金，在黄安、沔阳及潜江设立借贷分处，办理贷款业务。在潜江借款农民约 7000 户，平均每户贷款约 5 元，沔阳借款农民约 2 万户，平均每户贷款约 2 元，黄安借款农民约 9000 户，平均每户贷款约 4 元。因农民借贷所资金有限，没有推广至其他各县。[③] 截至 1934 年 11 月底，共计贷放 145828 元。[④]

下面我们将中国农民银行、中国银行、上海商业储蓄银行、华洋义赈会、实业部合作事业湖北办事处、全国经济委员会合作事业委员会驻鄂办事处、湖北省农民借贷所本期发放的农业贷款统计如下（表 4-13）。

表 4-13　湖北省 1927～1937 年各机关农业贷款数量估计

单位：万元

机　　构	贷款数量
中国农民银行	297.6
中国银行武昌办事处	35.6

① 中国第二历史档案馆：《中华民国史档案资料汇编》第五辑第一编，"财政经济"（七），第 342～343 页。
② 中央银行经济研究处：《中国农业金融概要》，商务印书馆，1936，第 205 页。
③ 中央银行经济研究处：《中国农业金融概要》，第 51 页。
④ 《湖北省办理农村合作社及农民贷款情形调查》，《湖北农村合作》第 4 号（1934 年 12 月），第 73～80 页。

机　　构	贷款数量
上海商业储蓄银行	3.7
华洋义赈会	1.4
实业部合作事业湖北办事处	8.8
全国经济委员会合作事业委员会驻鄂办事处	109.3
湖北省农民借贷所	14.5
合　　计	470.9

综合以上分析，截止到 1937 年，湖北省的农贷资金总计达 470 余万元，主要用于灾后救济事业以恢复农业生产、农业改良、兴修水利等。

从上述湖北地方政府的农业投入看来，直接的财政投入和现代信贷支持，维持了各种农业机构的运转和农田水利建设、农业技术研究和开发等部分农业建设事业的开展，为现代农业生产的发展提供了一定的资金支持。但是，由于本期的国民政府和湖北地方政府的财政极其拮据，农业投入严重不足。不仅如此，政府为筹措本已极其有限的资金，也只能运用苛捐杂税和直接摊派等非常手段开辟财源，这又成了近代农民负担加重的一个重要根源，也是后来民众抛弃国民政府的症结所在。

第五章 利益协调——湖北省土地政策的调整

　　土地问题，从内容来看，包括两个问题，一是土地的所有权问题即土地分配问题，也即土地采用什么方法去利用，才能使地利发挥其最大效能的问题；一是土地的经营权问题，即土地采用什么样的方法去占有，才能使土地占有者有最合理而最有利的享受利用土地的成果。[①] 在国民政府时期，无论是学术界、政治界、社会各界就当时中国土地问题的核心问题也即中国最主要的土地问题是什么争论不休。其中大多数认为土地分配问题是中国土地问题的重心。他们认为土地分配问题是土地问题的本质，中国土地生产之所以落后，是分配问题没有得到解决的一种反映。也就是说，在不完善的土地制度下，谈不上地尽其利，必须在平均地权之后，生产、利用以及地尽其利诸问题才能解决。中国土地分配不均，是促成农业恐慌乃至全国经济衰落的基本原因。另一派认为土地生产或利用问题是中国土地问题的重心。中国现时使用土地之人，无论是地主或佃户，都感到入不敷出，生计日益艰难，其原因是由于农家耕地太少，资本短缺，土地生产力不足，而不是由于土地分配不均的问题。如果生产或利用问题解决了，就足

---

① 漆琪生：《中国土地问题发生的由来及其对策》，《文化建设》第 2 卷第 2 期（1935 年 11 月）。

以解决土地的分配问题。[①] 那么当时的国民政府及湖北省地方政府对于土地问题是如何认识和处理的呢？出台了哪些政策？其政策绩效如何？本章拟就这些问题展开讨论。

一　土地改革：一个绕不开的难解之题

在传统的或原来的生活水准越来越下降以至只略高于仅够糊口的情况下，不合理的土地所有制对在生活边缘挣扎的人口影响之大，或许远远超过正常的比例。土地所有制必须被认为是与人口变化有关的一个相当重要的因素。[②] 如何处理土地问题和提出解决的对策，是摆在刚刚上台执政的国民政府面前的一道难题。土地问题，就是一个国家的兴废存亡问题。一国之盛衰，依其土地制度之健全与否为断。[③]

1. 理论解读的困惑

"平均地权"是孙中山1905年在同盟会宣言中提出的关于解决土地问题的方案。后来他对于平均地权屡有论述，但都只是原则性的提示，没有进行详细的申论。[④] 因而孙中山逝世后对"平均地权"理论的解读对国民党的土地政策有着十分重要的影响。在当时，有关孙中山"平均地权"理论的解读主要有以下四种：

一是认为"平均地权"是以土地私有制为前提，主张采取租税政策来解决私有制存在的弊端。其主要手段是通过征收地价税来推翻大地主的土地独占权，以达到"耕者有其田"的目标，而照价收买仅仅

---

① 吴文晖：《中国土地问题及其对策》，商务印书馆，1944，第6~7页。
② 何炳棣：《明初以降人口及其相关问题（1368-1953）》，生活·读书·新知三联书店，2000，第265页。
③ 祝平：《土地政策要论》，文信书局，1944，第1页。
④ 吴文晖：《中国土地问题及其对策》，第216页。

只是为了防止地主不如实呈报地价。

二是认为"平均地权"纯为"土地国有论"，只不过所采取的手段是和平的，比较适合中国国情。

三是综合前两者之说，主张土地"由农有到国有"，先暂时实现耕地由农民所有，最终实现土地国家所有。

四是认为"平均地权"的核心是"地尽其利"，目的是使"土地未来价格，平均为众人所享有"，实现的方法为"核定地价""征收地价税""涨价归公"。[①]

正是对平均地权理论的不同解读，在国民政府高层也存在争议，以致政府出台的各种土地改革步骤，多遭到反对者以"应慎重""再研究"等延宕战略，使土地改革的一切政策都遭到搁置。[②]

2. 现实的挑战

国民政府成立初期，刚受战火摧残的农村破败不堪。战争中人力的征发、钱财的勒索、社会秩序的混乱，都给予农民以莫大的打击。尤其是当时党派分歧，各党各派都在企图夺取政权，因此本已日趋严重的农村土地问题成为他们关注的重点，各党派纷纷提出各自的土地政策作为奋斗目标及动员民众的工具。福建人民政府提出了"没收土地，计口授田"的土地政策；第三党以"耕者有其田"为其政纲；阎锡山也在山西提出了"土地村公有"的计划。[③]尤其中国共产党在苏区开创革命根据地，开展土地革命，提出了"将土豪劣绅、大中地主的土地及一切公地分配给贫苦农民，实行耕者有其田"。1929 年 6 月，在鄂豫皖苏区，中共鄂东北特委制定了《临时土地政纲》，对没收和分配土地作了规定。1929 年冬进一步制定

---

① 萧铮：《平均地权真诠》，《地政月刊》第 1 卷第 1 期（1933 年 1 月），第 1~28 页。
② 萧铮：《土地改革五十年》，台北，地政研究所，1980，第 71~73 页。
③ 成圣昌：《中国土地问题诸主流之解决方案及批判》，《农村合作月报》第 1 卷第 6、7 期。

《土地政纲实施细则》，对分配土地做了更明确的规定。在湘鄂西苏区，1929年12月，中共鄂西党的第二次代表大会制定了《关于土地问题决议案》，1930年10月，又通过了《土地革命法令》，对土地没收对象、分配原则和标准等做了进一步的规定。在鄂东南苏区，1929年10月，湘鄂赣边革命委员会发布的《革命纲领》即指出，没收一切地主阶级的土地，归当地苏维埃政府处理，分配给无地或少地的农民及退伍的士兵使用。1930年6月，阳新县第一次苏维埃代表大会通过《没收土地和分配简例》和《土地使用暂行条例》。在上述决议、法规、条例的指导下，土地革命如暴风骤雨般地在湖北各苏区开展起来。[①]

国民党早在革命时期由孙中山提出了"平均地权"和"耕者有其田"的土地政策，因此执政以后如何面对现实的挑战和解决中国的土地问题就成为摆在国民党面前的一个重要问题。总之，政治环境的激励，是促成土地问题激化的主要原因。[②]

3. 国民政府对土地问题的认识

对于收复后的共产党红色区域的土地政策，当时主要有三种主张：一是主张乘土地所有权动摇之机，学习俄国办法，实行无偿没收，归国家所有；二是主张由国家发行公债收买；三是主张国家用现金收买，直接分配给农民。具体实施办法，将收复后的共产党红色区域的无人耕种的广阔荒地，收归国有，交给合作社，创立大规模的集体农场，运用科学方法经营耕种。对于内地已经耕种的农地，应限制地主私有最高额。对于超过最高额的土地，采用累进法征收其所得税。其目的是迫使大地主出卖土地，由承耕其土地的佃农收买。如果佃农因为贫穷而无力购买，由政府设立借给资金和介绍买卖两种机构，帮助

---

① 田子渝、黄华文：《湖北通史》（民国卷），华中师范大学出版社，1999，第365～368页。
② 成圣昌：《中国土地问题诸主流之解决方策及批判》。

佃农收买土地，以使其成为自耕农。① 当时《土地处理条例》起草人之一的向乃祺提出了《土地政策纲领》十条。② 其政策的设计主要是通过组织合作社、集体农场的试验达到土地分配和土地经营合理化的双重目的。后来国民政府颁布的《土地处理条例》也基本上与这一政策纲领吻合。李安陆提出利用"利用合作"来解决农村土地问题的制度设计后来成了《农村土地处理条例》的模板。第一，利用合作主张阶级调和，使业主、自耕农、佃农联合，从事农业生产和改进工作，在不废除土地私有制度的原则下，限制土地所有权的扩大，保障土地耕种权的使用和利益，而使农村生产渐渐达到合理分配，实现平均地权的民生主义。它既不赞成共产主义的没收政策和平均分配，推翻数千年的私有制度，也不同情封建社会的私有制度，而使大多数农民永远受着租佃制与高利贷的双重剥削。因此一方面限制土地私有权的扩大，改善业佃关系，分配土地之耕佃，以货币纳租，使土地所有者利润减少，加速租佃制的崩溃，使农产品的支配权操纵于生产者之手，以求合理分配，并限制私有买卖权，由合作社逐渐收买，达到耕者有其田的土地政策，以至村田社有社营而将来为国有国营。第二，利用合作社还要从事农业生产技术上的改良以增加生产，并救济生产资金，借以达到人尽其力、地尽其利。利用合作社解决土地问题的方式有三个时期，先从整理入手，再到分配，经过社田社管、村田社有、村田社营三个阶段，而后达到土地国营大量生产的目的。总之要实现"租不攘佃，税不攘民"，只有实行"村田社有"；要实现"人有田耕，田有人耕"，只有实行"村田社有"；要实现"人尽其力、地尽其利"，只有实行村田社营。民生主义是利用合作的原则，而利用合作是实现民生主义的工具。因此，要想实施耕者有其田的土地政策，解决中国的土地问题，达到人尽其力、地尽其利的生产效率，以发展国民经济，

---

① 向乃祺：《从匪区土地处理说到土地政策》，《地政月刊》第 1 卷第 12 期，第 1703～1709 页。
② 向乃祺：《从匪区土地处理说到土地政策》，第 1708～1709 页。

更非推行利用合作不为功。利用合作具有解决土地问题的条件和发展生产的效能，它能运用最和平的经济手段，在不流血的原则下，使农民对于土地先行得到耕种权的保障进而达到土地使用权的自由，渐渐地消灭土地私有制，而使土地民众化、社会化，以至于获得土地问题的解决。①

时任国民政府最高领导人的蒋介石基本认同了上述政策建议。他对中国土地问题的主要认识有以下几点：第一，他认为，当前中国的土地问题不是土地的分配问题而是土地的利用问题。他说："中正对于土地政策，认为经营及整理问题，实更急于分配问题。"② 第二，土地分配政策，遵平均地权遗教，应达到耕者有其田的目的；土地分配，自应特辟和平途径，以渐进于耕者有其田。至于具体操作办法，凡是本村有耕作能力者，必令计口授佃，重在均耕，而不在于均其所有；对于所有耕地超过规定数量的业主，采取累进税率，征收所得税。并将这项税收作为流通当地农业金融之用。这样不亲自耕作而靠收租为生的地主，收入必定有限，只有改投资金从事其他事业，而佃农有更多的机会购买土地。为了防止自耕农自身或其子孙不再从事耕作，必将耕地归还地主，由同村的地主、自耕农、佃农共同组织利用合作社，管理本村的土地。如果有人售卖田地，由合作社出面购买，然后平均分佃于社员，长此以往，可达到村田全为合作社所有。社员耕作合作社的土地，交租于合作社。所交之租，由合作社作为改良耕地的费用。第三，土地利用，关于土地经营及整理，则应倡导集合耕作，以谋农业之复兴。土地经营与整理的办法，则可随着利用合作社的发展，进行集体耕作及共同整理的途径。③

---

① 冯静远：《从划一合作社名称说到利用合作》，《农村合作》第 2 卷第 3 期（1936 年 10 月），第 12~14 页。
② 《蒋委员长对于解决土地问题意见》，《地政月刊》第 1 卷第 11 期（1933 年 11 月），第 1563~1565 页。
③ 《蒋委员长对于解决土地问题之意见》，《地政月刊》第 1 卷第 11 期，第 1563~1565 页。

二　土地政策的颁布与内容

在国民政府成立以前的广东革命政府时期，土地问题仅属于理论的宣传时期，目的在于唤起民众，推翻军阀政治，因此开展农民运动，使农民团结起来自己解决土地问题。

南京国民政府成立后，中国国民党通过制定具体的土地决议来实现孙中山"平均地权、耕者有其田"的目标。1928 年 7 月，国民党三届二中全会决议，要求内政部培养土地行政及技术人才，实行调查、测量和登记，拟定土地分配的标准；要求农矿部设立垦殖银行，进行垦殖事业。1934～1935 年，国民党四届四中全会、四届六中全会分别提出《土地陈报决议案》和《利用荒废土地办法》。1935 年 11 月，国民党五大通过《积极推行本党土地政策案》，提出了"实行土地统制、迅速规定地价、实现耕者有其田、促进垦殖事业、活动土地金融"五项措施。1936 年 7 月，国民党五届二中全会提出《改革租佃制度案》，要求迅速改革现有租佃制度，实现耕者有其田。1937 年 2 月，国民党五届三中全会要求限期完成全国土地清丈及登记，做好实施土地改革的准备工作，并确定扶助佃农、奖励垦荒、提倡合作耕种，作为政府实施地政工作的要务，同时还明确土地改革的根本目的是实现耕者有其田，以安农耕而尽地利。①

土地政策不仅体现在国民党的历次中央会议的决议当中，还体现在国民政府及地方政府所颁布的各项土地法律法规当中。从 1928 年起，国民政府开始酝酿制定土地法，当年 2 月，胡汉民、林森拟出土地法原则九项，经国民党中央执行委员会政治会议第 169 次会议审查通过后交立法院起草土地法。1930 年 6 月《土地法》由立法院通过，6 月 30 日由国民政府正式公布。《土地法》确定和保障土地所有权、

---

① 朱子爽：《中国国民党土地政策》，国民图书出版社，1943，第 45～53 页。

限制私人或团体所有土地的面积、保障佃农利益、奖励开垦荒地、促进土地使用效益等。1935 年 4 月国民政府公布《土地施行法》并确定在 1936 年 3 月 1 日起实行《土地法》。后又相继颁布了《各省市地政施行程序大纲》《训练初级地政人员办法大纲》《省市地政经费筹集办法》《公有土地处理规则》《办理土地陈报纲要》等法规。累计到 1936 年《土地法》实施前，国民政府制定和颁布的土地法规及各省市地政单行章则不下 240 余种。①

针对湖北等"剿匪"区内特殊的土地情形，国民政府颁布了一系列土地法规。《农村土地处理条例》对土地限额分配及业佃关系都作了规定；《屯田条例》对荒废地区及农村安全予以切实补救及永久的保障；《农村合作社条例》对农村组织及促进农业生产进行了制度设计。②

从以上决议、法规和政策的文本内容来看，国民政府的土地政策主要是以孙中山的"平均地权和耕者有其田"为目标。其核心内容主要有：

一是明确了存在的土地问题的中心问题的认识是"土地利用问题"，而不是土地分配问题。因此是以承认现行的土地私有制为前提，实现由前期的解决土地分配问题向解决土地利用问题的转变。

1933 年蒋介石向外界宣布土地政策时说，"今日中国之土地，不患缺乏，并不患地主把持……中正对于土地政策，认为经营及整理问题，实更急于分配问题。"③

二是土地政策的核心是实现孙中山平均地权和耕者有其田的目标。

1933 年蒋介石向外界宣布土地政策时坚持"以和平途径使耕者有其田，倡导集合耕作以增加生产"。他说，"对于（土地）分配问题，

---

① 朱子爽：《中国国民党土地政策》，国民图书出版社，1943，第 72 页。
② 朱淑鸣：《一年来我国的地政》，《政治月刊》第 2 卷第 4 期（1935 年 1 月），第 78 页。
③ 《蒋委员长对于解决土地问题意见》，《地政月刊》第 1 卷第 11 期（1933 年 11 月），第 1563～1565 页。

即遵奉平均地权遗教，应达到耕者有其田之目的；而关于经营及整理，则应倡导集合耕作，以谋农业之复兴。"关于如何实行土地分配，他认为，"自应特辟和平途径，以渐进于耕者有其田"，而且一再申令"承认业主地权，保持目前农村秩序"①。

三是有关土地分配政策，在承认现有土地所有制的前提下，重在维护现有农村秩序。对于耕者有其田，重在平均土地经营权，而不是土地所有权。不过，对于土地所有权，国民政府采取限制的态度。

1930 年颁布的《土地法》明确指出："中华民国领域内之土地，属于中华民国国民全体。其经人民依法取得所有权者，为私有土地。"②

针对鄂豫皖三省"剿匪"的特殊情形，1933 年豫鄂皖三省"剿匪"总部颁布《剿匪区内各省农村土地处理条例》，主要目的在承认业主地权和维持目前农村秩序。在具体实施时，土地分配以维持土地私有权、田归原有业主为原则。无论有无契据和有无确定经界，原业主只要在办理规定手续后即可恢复其土地所有权。办法如下：凡是有契据者，由业主提交契据，经乡镇农村兴复委员会审查属实并公示一个月无异议者，发给管业证书；凡是没有契据者，由乡镇农村兴复委员会委员两人以上担保，出具书面证明，经审查属实后转请县农村兴复委员会复核公示 3 个月无异议者，发给管业证书。凡经核准登记者，征收登记费地价千分之五。管业证书 1 亩以下者征收 4 分，依次递增，至 50 亩以上者增加为 1 元。没有经界的土地，由乡镇兴复委员会将其划分为若干小区，召集区内业主会议审定界址。如各业主的田地分散在区内或区外不便耕作时，可以通过互换集中于一起，以便业主耕种。凡所有权没有确认的土地或无法判明业主的土地以及官有荒地，均由

① 《蒋委员长对于解决土地问题意见》，《地政月刊》第 1 卷第 11 期（1933 年 11 月），第 1563～1565 页。
② 《国民政府颁发土地法的训令》，中国第二历史档案馆：《中华民国史档案资料汇编》第五辑第一编，"财政经济"（七），江苏古籍出版社，第 130～131 页。

农村兴复委员会用"计口分田法"分配农民耕种。每人授田最多不得超过 6 亩最少不得低于 2 亩。①

为了限制土地分配过分不均的状况,《土地法》规定:"政府对于地方私有土地,根据地方需要、土地种类和性质,分别限制个人或团体所有土地面积的最高额。"②《各省农村土地处理条例》直接限制私有土地的最高额。"确定土地所有权后,各乡或镇农村兴复委员会应根据当地的土地肥瘠、人口密度和业主的家庭状况,限制每一业主的土地所有最高额,从 100 亩起,至 200 亩止。"除直接限制土地最高所有额外,国民政府还采取累进税率的税收方法来间接限制土地所有权。"个人所有土地最高额在限度以内者,土地按普通税率征收,超过部分按累进税率征收其所得税,最高达其所得的 80% 。"③

四是协调业主和佃农利益,着重保障佃农权益。

为了保障佃农权益,首先保障佃农租佃权。为保障佃农租佃权,必须限制业主增加地租。为此,国民政府采取最高田租公定法并且实施减轻地租。国民政府《土地法》规定,"限定最高地租不得超过耕地正产物的 375‰,如超过 375‰者应减为 375‰,如少于 375‰者按照原来约定缴纳。禁止业主向佃户预收地租和收取押租。还准许佃户缓付租金。"④《农村土地处理条例》则要求"承佃人按年缴纳的地租,应查明各地习惯,在低于原有租额的前提下,由乡或镇农村兴复委员会决定"⑤。其次保障佃农租佃权,对业主撤佃的条件及行为做了较为

---

① 萧明新:《土地政策述要》,商务印书馆,1938,第 195 ~ 197 页。
② 《国民政府颁发土地法的训令》,中国第二历史档案馆:《中华民国史档案资料汇编》第五辑第一编,"财政经济"(七),第 130 ~ 131 页。
③ 《各省农村土地处理条例》,中国第二历史档案馆:《中华民国史档案资料汇编》第五辑第一编,"财政经济"(七),江苏古籍出版社,第 186 页。
④ 《国民政府颁发土地法的训令》,第 152 ~ 153 页。
⑤ 《各省农村土地处理条例》,中国第二历史档案馆:《中华民国史档案资料汇编》第五辑第一编,"财政经济"(七),第 185 页。

详尽的限定。《租佃暂行条例》第九条规定："业主对于佃农，仅得于下列情形之一时，解约撤佃：承佃人自愿解约时；承佃人死亡而无法定继承人时；业主为生活必要收回自耕时；承租地依法变更其使用时；承租人因伤病残废，且无人代行耕种时；承佃人受刑事处分无人代耕时；承佃人故意荒芜地亩，或妨碍业主产权，经证明确实时；承租人将土地转租他人时；土地所有权转移于自耕农时；地租积欠达二年之总额时，但荒年及遇不可抗力者，不在此限。"《条例》还给予佃农优先典当或购买业主土地的权利。"业主典当或出卖土地时，佃农依同样条件，有优先承典或承买权。土地所有权转移时，除转移于自耕农外，佃农有继续承租权。佃农依地方特殊习惯，有偿或无偿取得永佃权者，得依习惯办理"。当遇灾荒时，"凶年灾歉及其他不可抗力，致收获减少或全无者，应按比例减少，或免除租额"。此外，明确规定佃农与业主身份平等。"业主与佃农身份平等，业主绝对不得强课佃农以力役或供应"。再次是采取补偿制度。如果土地需要改良，国民政府允许承租人自由为之。并且还规定在将来返还耕地时，佃农可以向出租人要求赔偿。[①]

五是加强土地开发，力求地尽其用。

针对当时人均耕地过小、地块散碎等土地使用不经济的现象，国民政府出台了国家统筹安排土地用途、土地垦殖、土地重划、取缔坟地等一系列政策。

第一，国家统筹安排土地的各种用途，以使地尽其用。

根据国家经济政策、地方需要情形及实际情形确定土地为农地、林地、牧地等各种用途，以便地尽其用。各种土地用途的确定和变更权在主管地政机构，公布权在地方政府，而最高变更权则在国民政府。[②]

---

① 黄通：《中国租佃问题及其解决方案》，《地政月刊》第 4 卷第 4 ~ 5 期，第 588 ~ 589 页。
② 《国民政府颁发土地法的训令》，中国第二历史档案馆：《中华民国史档案资料汇编》第五辑第一编，"财政经济"（七），第 148 ~ 149 页。

第二，加强对荒地的开发，使未利用而可利用的土地得到利用。开发荒地，是南京政府土地立法的重要内容。土地法律法规规定荒地分为国有荒地和私人荒地。对于私人荒地的开垦，由主管机关命令荒地所有者在规定期限内开垦完毕，并规定了相应的奖惩办法。如所有者未能按期开垦，则由土地需要者呈请征收。对于公有荒地，规定比较详细：首先，规定了垦殖负责机关。垦荒区内之地段由地方政府负责招垦。其次，对承垦人的条件给予限制。承垦人"以自为耕作之中华民国人民为限，可以是农户也可以是农业合作社"。《国有荒地承垦条例》规定"凡承领国有荒地开垦者无论其为个人为法人均认为承垦权者"。《剿匪区内屯田条例》把荒地分给军人耕种并给以优惠。《徒刑人犯移垦暂行条例》规定："人犯移垦之地，以公有荒地拨充……人犯刑期满后，愿受地入籍者，授以地若干亩之耕作权……移垦人犯之眷属，得携带随行。"也就是说，集体或个人都可以从事垦殖事业。而且，军人、人犯也可以承垦。再次，规定承垦人的最高垦荒面积。《土地法》规定："如果是农户承垦荒地，承垦地之单位面积额以其收获足供十口之农户生活或其可能自耕之限度为准；如果是农业合作社，面积总额以每一社员承垦一个单位计算为限。"此外，还规定了相应的奖励办法。荒地开垦完毕后，承垦人可以无偿取得永久耕作权，承垦人每年应向国家缴纳百分之十五的地租，但可享受五年的免租权利。①

第三，限定土地经济使用的最小面积，进行土地重划，使利用的土地得到合理的充分的利用。

近代以来，我国土地分散碎割，极大影响了土地的使用。而解决土地散碎的方法宜实行土地重划。为此，《土地法》对土地重划进行了较为详尽的规定：首先规定了土地的最小面积。"地政机关对其管辖区内的土地按照其性质和使用种类规定最小面积单位，如达到规定

---

① 《国民政府颁发土地法的训令》，第 154 ~ 155 页。

的最小面积额度后不得再为分割。"其次，重划土地。《土地法》第18条规定"主管地政机关可以对其区域内分段面积不合经济使用的土地，可以根据具体情形全部重新划分，重划后再分配于原土地所有权人"。再次，对重划土地的程序操作作了规定。先由地政机关制定土地重划计划书、重划地图，并规定重划地段的最小面积单位，经地方政府核定后，通知各该土地所有权人，并发布公示。地政机关在征求各土地所有者意见时，只要没有超过半数的人反对就可以实行重划。再次，对于重划土地后面积增减的补偿问题。重划后的面积出入，由增加面积者补偿给面积减少者。补偿标准参照当时的地价进行。如果原有面积过小，以致政府不能按照规定的最小面积单位分配给原土地所有者，也应补偿其地价。如果小农所属的耕地面积过小并且是一家的生存之本，政府应设法分配其土地。其无力补偿的地价，由政府给予直接补贴。[1]《剿匪区内各省农村土地处理条例》也规定："前条界址之划定，如业主之田地，因星散区内，彼此隔越，有感耕作之不便者，得以交换分合之方法，使各个田地集中于一处，议定新界址。"[2]

三　土地政策的实施

国民政府土地政策的实施，在湖北，主要以湖北省政府转发中央政令及出台部分补充实施意见为主体。当时出台的主要土地政策有《湖北各县临时土地清查委员会章程》《湖北各县处理剿匪区域土地章程》《湖北各县农村兴复委员会组织章程》《湖北各县农村兴复委员会办事通则》等等，下面拟从二五减租、集团农场和利用合作社的创办加以考察。

---

① 吴文晖：《中国土地问题及其对策》，商务印书馆，1944，第 79～80 页。

② 《剿匪区内各省农村土地处理条例》，中国第二历史档案馆：《中华民国史档案资料汇编》第五辑第一编，"财政经济"（七），第 186 页。

1. 二五减租

所谓"二五减租"，就是假定地主与佃农间对于收获物的分配以彼此各半为平均标准，再减去 25%（在地主应得之一半内），即为佃农所得。

"二五减租"最初是由沈定一于 1923 年在其家乡浙江萧山县衙前镇首先实施的。[①] 1926 年 10 月国民党第二届中央各省市总支部代表联席会议通过《国民党最近政纲决议案》。《决议案》明确规定：减轻佃农田租百分之二十五。[②] 这是国民党中央决定实行"二五减租"的开始。

国民党中央执行委员会决定实行"二五减租"后，南方各省在自己的行政大纲中表明响应，但随后又纷纷否定了原来的做法。湖北省政府于 1927 年 8 月，仿照湖南的减租条例通过"二五减租"的议案。1929 年 3 月 6 日，湘鄂政务委员会在第 19 次会议时议决明令废除。理由是：二五减租，非但地主减少收入，政款也毫无着落，佃户自己也要受损害。为保障地主权利、增加政府收入、安定地主与佃户的纠纷，应当废除二五减租，以法律手段仲裁纠纷。[③] 至于缴纳田租的标准，由佃农与地主自由约定。[④]

为此，学术界认为，国民政府的"二五减租"也就到此为止结束了，成了一纸空文。

实际上并非如此。1929 年 6 月国民党三届二中全会决议：由内政部督促各省党部于本年年底将各省田租数、农民生产和生活概况调查

---

① 《中华民国建国史讨论集——中兴建设史》第五册，正中书局，1981。
② 荣孟源、孙彩霞：《中国国民党历次代表大会及中央全会资料》上册，光明日报出版社，1985，第 286 页。
③ 秦含章：《中国农业经济问题》，新生命书局，1931，第 326 页。
④ 章有义：《中国近代农业史资料》第三辑，生活·读书·新知三联书店，1957，第 303 页。

完毕，作为实施二五减租的基础。①

1930 年颁布的《土地法》再次重申这一规定并对相关内容做出了更为详细的规定："地租不得超过耕地正产物收获总额千分之三百七十五，约定地租超过千分之三百七十五者，应减为千分之三百七十五，不及千分之三百七十五者，依其约定。出租人不得预收地租，并不得收取押租。"②《土地法》对地租的征收对象进行了界定，只能征收正产物。并且还规定不得预收地租和收取押租。

1933 年 1 月，国民政府颁布《租佃暂行条例草案》，再次对二五减租进行了详细的约定，佃农向地主缴纳租税时，一律以"征收当年当地的生产物为原则，所缴租额不得超过当地正产物收获总额的375‰，农业副产物品归佃农所有"。并且要求一律革除小租、杂役及一切陋规，禁止包佃包租制及预收地租、押租等。③

2. 利用合作社的兴办——试图用和平革命解决土地分配问题

利用合作社是各种农村合作社的中心组织，其目的在于增加农业生产，改善农民生活。其主要任务是代管社员土地，置办农业及生活方面的公共设备，以供社员共同使用或租用。

国民政府所定的各种土地处理办法，以《土地法》为最高原则，根据特殊环境而予以变通处理。其主张以组织农村利用合作社为骨干，先由社的力量泯除农民阶级的冲突达到土地均耕之境界，然后使乡村土地逐渐收归社有，由个别之经营渐进而为集体之经营。④

《利用合作社模范章程》规定：社员土地必须与合作社订立契约，交社管理；合作社遇有添置公共设备时，社员应尽量供给劳力，合作

① 荣孟源、孙彩霞：《中国国民党历次代表大会及中央全会资料》上册，第 759 页。
② 《国民政府颁发土地法的训令》，中国第二历史档案馆：《中华民国史档案资料汇编》第五辑第一编，"财政经济"（七），第 152～153 页。
③ 中国第二历史档案馆：《中华民国史档案资料汇编》第五辑第一编，"财政经济"（七），第 214 页。
④ 萧明新：《土地政策述要》，商务印书馆，1938，第 239 页。

社征收设备费由社员大会议决，每年征收各社员田地、山林收获量的5%以上，合作社应就设备费中提出若干成，充作省县农民银行的股金，或发行省县农民银行债券的基金。①

利用合作社除像一般生产合作社从事各种农业生产、提供公共设备与指导外，并进而管理土地，将农村中的各种农民，上自地主、佃农、自耕农，下至雇农，集合在合作社的组织之下，彼此平等地同为合作社社员，接受合作社的监督与指挥，共同参与农业生产活动。合作社对于社员所有的土地，有集体承包管理的权利。各种土地业主，将其土地承批于利用合作社，由合作社负责保护，并可由合作社代为缴纳地租。至于缴纳地租的数量与条件，则由该社各种社员，组织评租委员会共同决定。合作社集体承包社员土地之后，有全权处分土地与管理土地，合作社得按照一定的计划，整理耕地，改正从前零星杂乱的各种耕地，使其整齐划一，适合于新式的科学经营。这时合作社自身成为一个农业企业家，社员则是从事农业生产的事务者和劳动者。生产的收益，除支付生产费用与提存准备金外，其余则按照各生产人员的劳动状况，经社员共同评议，分配于社员大众。此外，如利用合作社不直接从事经营，也可将其所集体承包的土地，转租于佃农耕种，使佃农社员直接与合作社成立租佃关系，以消除以前地主对于佃农的直接剥削关系。②

1932年10月，鉴于收复区内农业生产衰败、农村经济凋敝，豫鄂皖三省"剿匪"总司令部颁布《农村利用合作社模范章程》《农村合作社条例章程说明书》，对利用合作社的目的、组织、业务、最终目标作了详细的说明，从中我们可以看出其制度设计的大概。

第一，利用合作社的目的。借合作社组织以发展收复区的资本主

---

①　袁济华：《为什么要推行利用合作》，《湖北农村合作》第3号，第6页。
②　漆琪生：《中国的农业建设与农村利用合作社》，《文化建设》第1卷第12期（1935年9月），第69～70页。

义农业生产方式，建立集体经济的农业生产关系。《农村利用合作社模范章程》第 3 条规定，"本社以代为管理社员土地，并置办农业及生活上公共之设备，供社员共同或分别利用为目的"。《农村合作社条例章程说明书》对合作社的创办目的作了更为详细的说明，"利用合作社，第一在管理土地，第二在置办设备，前者在谋生产之增加，后者在求农民生活之改善，盖土地由社管理，设备由社置办，由社员共同或分别利用，必收增加生产及改善生活之效果"。

第二，利用合作社的组织。《农村利用合作社模范章程》第 8 条规定："凡一村中有自耕农、佃农、地主 9 人以上就可组织利用合作社。社员须与合作社订立土地契约，即地主社员与合作社之间订立田地批承契约，佃户社员与社之间订立批佃契约，自耕农社员与社订立自愿交社管理及服从指导契约。"合作社"由社员大会推选组织理事会处理社中日常事务"。设立利用评定委员会，专门负责"管理土地利用、生产设备、农事指导、产业调查、工作设计、农场整理、租额评定、契约审查"等工作。

第三，农村利用合作社的业务。《农村利用合作社模范章程》第 17 条规定，利用合作社的业务有主要业务和次要业务两种。主要业务有两项，一是管理土地，二是置办农业设备。管理土地有三种方法，依照契约由合作社承批地主社员的土地；依照契约，由社将承批地主社员的土地，转佃给佃户社员；按照契约，自耕农社员将土地交合作社管理，仍由自耕农耕种。此外，合作社还承担有代理收付地租、整理耕地、购买土地的业务。佃户社员将地租交给合作社，再由合作社转付于业主社员，便于确定公平地租以避免业佃双方冲突。为了改进耕作，合作社得举行耕地整理。合作社在区域内得根据情形购置田地以便集中经营。关于置办设备事项，合作社经营耕畜、仓库、耕作用具、灌溉排水用具、防除虫害用具等农业设备。合作社的次要业务主要是农民生活改良与农村文化增进的事务，具体项目有：公路、邮政、医药所、守望队、国术馆、农村实用学校、农民教育馆、托儿所、婚丧用具、公用水井、公墓等公用设施。

第四，利用合作社的资金来源。《农村利用合作社模范章程》第13条规定，社员须认社股作为组织资金，除股金外，社员还须认缴五倍于股金的保证金，此外，还征收设备费。资金不足时还可临时收费。①

总之通过利用合作社，实现小农个别经营、共同管理及共同利用，渐进于集体农场。然后由利用合作社购置本村土地逐步达到共同经营，从而实现社田尽为社有，社员尽为佃户，社为社员所有，社员耕社田，实现温和的土地革命。农村利用合作社对农村中最基本的两大问题——土地问题和农业技术问题都有重大作用。它既是解决土地问题，实现耕者有其田的最好方法，同时又是直接改良农业的法宝。②

笔者查阅了相关文献，只发现了少数几处有关湖北利用合作与土地管理关系的论述。据统计，截至1934年9月，湖北省利用合作社共计有58个社，分布于浠水、黄冈、孝感、应城、安陆、随县、枣阳等7县，管理田亩达40567亩，参与户数达3535户，户均11.5亩。参与管理田地者中，自耕农最多，有2739户，占77.5%；佃农次之，共计539户，占15.2%；地主最少，只有257户，占7.3%。详见表5-1。

然而，后来的相关史料虽然记载了利用合作社的发展概况，但没有有关利用合作社管理土地的资料。截止到1936年3月底，湖北的利用合作社，分布于全省的黄冈、安陆等11县，总计390个社，社员达48539人，贷款金额达349928元。至于利用合作与土地管理的关系无从得知。具体详见表5-2。

---

① 漆琪生：《中国的农业建设与农村利用合作社》，《文化建设》第1卷第12期（1935年9月），第70~71页。
② 源峻：《农村利用合作真诠》，《武汉日报》1935年9月16日，第2张第3版。

表 5-1　湖北省农村利用合作社概况（截止于 1934 年 9 月）

县　别	社　数 （个）	社员户数（户）			管理田亩 （亩）
		佃　农	自耕农	地　主	
浠　水	5	28	196	61	2129
黄　冈	9	4	689	8	6404
孝　感	8	80	500	15	4839
应　城	6	67	278	10	3089
安　陆	10	57	500	43	7271
随　县	14	200	307	88	8645
枣　阳	6	103	269	32	8188
总　计	58	539	2739	257	40567

资料来源：湖北省农村合作委员会：《湖北农村合作》第 3 号（1934 年 10 月），第 64 页。

表 5-2　湖北省利用合作社发展概况（1936 年 3 月）

县　别	社　数（个）	社员数（人）	贷款金额（元）
黄　冈	108	11406	19413
安　陆	74	5251	6995
应　城	48	4859	8465
枣　阳	49	3140	19070
随　县	30	2028	10610
孝　感	75	5616	39840
浠　水	67	6900	50866
云　梦	29	1890	3295
嘉　鱼	38	2195	17842
咸　宁	48	4608	34551
麻　城	4	246	—
总　计	570	48539	349928

资料来源：《农村合作月报》第 1 卷第 10 期（1936 年 5 月）。

　　我们从一些零星的史料中可以看出利用合作社的结局。应城农民对利用合作社有三个不同的态度；业户，也即地主不愿与合作社签订契约，因为订了契约，怕受牵制，且有没收与纳税的种种危险；自耕农同样怕没收土地，且怕征收设备费；佃户则如其多收获，不如少纳租，也同样怕收设备费。① 浠水县利用合作社则只从简单易行者入手，首先经营食粮、肥料、苗圃、塘堰、山林、仓库等。②

笔者也查阅了时任建设厅长刘寿朋1936年所著的《湖北农村合作委员会工作概况》，该文是对湖北农村合作的工作总结。文中对利用合作社进行了概述，总结了利用合作社在垦荒、造林、开沟、挖塘、修堤、筑路、轧花、榨油、畜牧、养鱼、农仓、制造农具、民众学校等方面所取得的成绩，并未提及利用合作与土地管理的关系。由此可见，国民政府希望通过利用合作社和平解决土地问题的目标成了泡影。

3. 集体农场的创办，实行大农经营——力图地尽其用

集体农场，是国民政府借鉴当时苏联的集体农场而实行的一种力图地尽其用的尝试。相对于传统的小农经营的规模过小无效率而言，集体农场实行大规模经营，便于实行机械化耕作③；集体农场还采用近代工作方法，旧有之三田制已为较合理的播种次序所代替，旧日的劣种子已为质地优良的新种子所代替；人造肥料在农业上已逐渐被采用。④ 正是基于其优越性，在实践上可以由国家直营合作农场，也可结合数个或数十个中小农经营合作农场，还可组织共同耕作合作农场。⑤

在当时创办集体农场最具影响的是金水农场。湖北金水是长江的支流之一，其流域跨嘉鱼、蒲圻、咸宁、武昌四县，面积约2480平方

---

① 《应城合作事业的周年回顾》，《湖北农村合作》第6号（1935年6月），第87~88页。
② 《浠水县程家村利用兼信用合作社业务经过状况》，《湖北农村合作》第6号（1935年6月），第88~89页。
③ 李奇流：《论利用合作社经营合作农场与苏联集团农场之先例》，《农村合作月报》第1卷第10期，1935年5月出版，第1页。
④ 施勒著《苏俄农业集团化之意义与前途》，张丕介译，《地政月刊》第4卷第7期，1936年7月，第1078页。
⑤ 李奇流：《论利用合作社经营合作农场与苏联集团农场之先例》，《农村合作月报》第1卷第10期，第5页。

公里，土地肥沃，农产颇富。只因下游地势低洼，夏秋之间，长江水涨，倒灌河内。流域内被淹田地常达 90 万亩以上，农产损失年计 1000 万元以上。1929 年扬子江水道整理委员会拟定整理金水流域计划。1932 年国民政府决定兴建金水闸，调节水流。1933 年春开始动工，1935 年工程全部完成，约计花费 90 万元。鉴于建坝以后涸出的湖荒亟须整理，1934 年 2 月国民政府令江汉工程局局长杨思廉负责筹备设立金水国营农场，一方面复兴农村，一方面作为军队屯垦之地。1935 年 2 月国营金水农场正式成立，由国民政府农村复兴业务处处长陈振先担任场长。[①] 1935 年颁行《国营金水农场组织规则》，在湖北金水流域组织金水农场，直隶于军事委员会行营。[②] 国营金水农场遵照《军事委员会南昌行营制定国立集团农场设置办法草案》规定，目标在于化兵为农，开发地利，倡导集团耕作，建设模范农村。从其目标来看，化兵为农，这一举措，既出于现实的裁兵需要，或也有借鉴历代军屯的考虑。开发地利，既包括采取合作经营方式、专门技术人员指导、推广农业机械的集团耕作，也包括征地与限田，通过征地将散碎土地连成片，以利机械化集团耕作，通过限田对于坐食地租之大地主，其所有土地在 100 亩以内部分照价征收，在 100 亩至 200 亩以内部分半价征收；在 200 亩至 300 亩以内部分 1/4 价征收；300 亩以外者则没收之，以实现地权国有而耕作者具有永久使用权的土地政策。这是一个农业工业化及民生主义土地政策同时并举的计划。而建设模范农村，除开发地利之外，还包括道路、沟渠、河港、堤防、碉堡及其他公共设施的建设，其中有军事目的如建筑碉堡，但更主要的目标还是集团农场所在的农村地区的整体规划与建设。

国营金水农场分总务、经济、社会、农务、工务五股。总务股主要

---

① 湖北省政府秘书处：《湖北省年鉴》第一回，1937，第 107 页。
② 萧明新：《土地政策述要》，商务印书馆，1938，第 210 页。

负责办理文书、会计庶务、运销等事项；经济股主要负责办理土地清理，如土地登记、调查、清丈、颁发契证、征收、重划、授佃、出售等工作；社会股主要负责办理社会事业，如推广乡村卫生、辅导乡村教育、训练保甲、提倡新生活等工作；农务股主要负责垦荒、耕种、仓储、畜牧、育苗造林、育种、气象观测、捕鱼等工作；工务股办理工程建设，如修筑道路、沟渠、房屋、桥梁、堤坊水利、排泄灌溉工程等工作。

农场曾先后设立了杨林头、复兴寺、反湖沟及头墩 4 个农站，用人力、机械、畜力从事垦殖及各项农事试验研究，各农站的垦地面积分别为杨林头 4200 亩、复兴寺 2000 亩、头墩 8600 亩、反湖沟 800 亩，4 个农站种植稻、麦、棉、杂粮、蔬菜、林木、湘莲的面积，1937 年度总共达到 1.3 万亩，但因管理不善、技术欠佳，最高年份时也仅有 5000 余担，处于亏损状态。

金水农场购置了许多新型农业机械设备，主要有曳引机 24 台、打麦机 2 台、新式机犁 28 台、碟耙 65 台、20 行播种器 9 台、中耕器 80 台、马力垦犁 48 架、熟地犁 29 架，装设了 1 台抽水机、6 部虹吸管，开挖十余道支干沟渠。农场办理土地登记约 168000 余丘，清丈土地 40 余万亩，审查契证 176450 亩，授佃 5600 余亩，办理佃农登记 2000 余户。农场的面积之广、规模之大、设备之富、业务之繁，在当时全国公私农场中首屈一指。

自 1935 年成立以来，金水农场积极从事土地的清丈和开垦工作，至 1937 年全场面积约 260 万亩，职工约 1000 多人，每年经费约 14 万元。该场创设目的是以集体农场制，试行最新耕作及管理方法。时人对其概括至为精辟：一是改变经营方式，从小农经营为大农经营；二是改变隶属关系，从佃租关系变为雇佣关系；三是改变所有观念，从私人企业变为合作企业；四是改变劳动工具，从人工耕种变为机器耕种；五是改变耕作方法，从传统经验变为科学生产。[①]

---

① 章之汶、邹树文：《皖鄂湘赣四省农教视察纪行》，《中央日报》1937 年 5 月 22 日，第四版。

后来因为农民对扶持自耕农以达耕者有其田之目的，鲜有认识，以至纠纷迭起，激成1938年2月金水总场的民变，场长陈振先和副场长杨景真，以身殉职，5名职员死亡，伤者达50余人，总场房屋几乎烧毁无余，公私财产损失达7万余元，一时各股及各站工作，均陷于停顿状态。[①]

集体农场的创办，出现了与民争地的局面，引发了政府与农民的冲突。金水农场虽然大多是圈"荒地"而成，但事实上有许多是民有的熟地，因此引起了被圈占土地的农民的不满，以致省府主席前往查勘时，有5万余农民顶香跪地，求维蚁命。[②]

四　土地政策的绩效评估

对于国民政府的土地改革问题，过去学术界过分强调口口声声要坚持孙中山的三民主义，实现平均地权和耕者有其田，但是除在个别地方搞过一点改革和减租外，一般来说并没有实行。[③] 据最新研究，国民政府一直重视土地问题，有贯穿始终的土地政策。国民党在中央历次代表会议及中央执行委员会会议上强调实施土地政策的重要性。蒋介石也曾多次提及："实施土地政策，乃是中国今日更永远解决国家财政与经济问题最基本的政策。无论政府与国民个人都不能不认此为之当前切身的急务。"国民政府一直在立法文本上遵循"平均地权、耕者有其田"这个基本的纲领。从土地法律法规的体系来看，既有《土地法》《土地法施行法》等基本法规，也有地政各项具体法规，如：垦殖法规、地税法规、地价法规、土地金融法规等，涉及实体法

---

① 湖北省建设厅：《湖北省建设概况》（1948年），第125页。
② 冯和法：《中华农学会年会及其他（漫谈）》，《中国农村》第3卷第8期，1937年8月；章有义：《中国近代农业史资料》第三辑，三联书店，1957，第842页。
③ 郭德宏：《南京国民政府时期国民党的土地政策和实践》，《近代史研究》1991年第5期，第169页。

和程序法、民事法和行政法、专门法和附属法规、涉内法规和涉外法规等方方面面的内容。从《土地法》的基本内容来看，全面而具体，涉及整理地籍、规定地价、统制土地使用、地权调整等内容，基本包括了土地法的基本原则、土地的开发利用和保护、土地权属等现代土地法的主要内容。① 笔者通过考察国民党历次中央全会的决议、国民政府颁布的一系列土地法规后，认为，在法律文本和官方决议中，孙中山"平均地权、耕者有其田"的思想始终是民国土地政策的纲领和核心，南京国民政府通过历届中央全会的决议案，将此纲领细化为具体的土地政策，尽管这些决议并非如南京官方所标榜的那样，完全遵循"总理遗训"，但至少在形式上做到了这点。

此外，笔者也形成了以下几个基本观点。

（1）国民政府推动土地改革的目标更大程度上是基于政治目标，而不是经济目标。

新制度经济学认为，在国家的预期效用中，除了经济因素以外，还有非经济因素。如果制度变迁会降低统治者可获得的效用或威胁到统治者的生存，那么国家可能仍然会维持某种无效率的不均衡。② 前述各政党纷纷提出的土地改革政策给国民政府带来的挑战，直接威胁着国民政府的生存问题。尤其对于刚刚上台执政的国民政府，获得全国民众的认可和支持对其来说生死攸关。这也决定了国民政府必须选择维系农村旧有土地制度与整个农村秩序，以缓和农村土地所有和土地使用间日益尖锐的矛盾，减少社会震荡的土改政策。孙中山特别指出，"土地问题，为一切建设之先"，"政治建设的第一个目标就是平均地权"。蒋介石认为："对于土地问题的处理，差不多历来就是政治上的中心问题。处理的政策和方法得当与否，对于国家的隆替和经济的兴衰，以至政治的成

---

① 何莉萍：《国民政府土地立法与土地政策之评析》，《法史学刊》2006 年卷。
② 卢现祥：《西方新制度经济学》，中国发展出版社，2003，第 112 页。

败，都有极大的影响。"①

（2）国民政府的政治目标和地方政府经济目标之间的矛盾导致了土地政策延而不决和决而不行的局面。

强制性制度变迁，由于违背了一致性同意原则，存在有很大的局限性。尽管某一制度在强制运作，但它可能违背了一些人的利益，这些人可能并不按这些制度规范自己的行为，这类制度很难有效率，这也常常是现实中的"上有政策，下有对策"的根源所在。②

民生主义的土地政策在国民党内并没有得到真正的认同，只是少数人的主义。据萧铮的说法，在南京临时政府成立时，除孙中山之外的资产阶级革命派主观上回避了土地改革问题，革命党人对"平均地权"也有不同的理解，以至于到临时参议院正式成立时，对"平均地权"闭口不谈。而1924年国民党一大在审议宣言时，对政纲中的反帝外交政策和土地政策，就"有人提出种种责难……会上的右翼势力迫使孙将'大土地所有者的土地收归国有'的条文从宣言中删去"。虽然平均地权纲领最终获得通过，却说明了"国民党组织庞杂，党内始终有一股暗势力，对新三民主义一概持以怀疑否定的态度"。可见，民生主义的土地政策只是"出于少数先知先觉的发政施仁，是依据一种主义"，他们虽然有自己的一套土地政策，但自己却不能真正相信自己，因此，它从一开始就缺乏坚实广泛的实施基础。中央状况尚且如此，地方情形则更糟。正如时人所指出的，"各省对于地政事宜，不但名目不一，系统不明，而且往往忽略地政在政治上的意义，即未明了土地政策是建设在新兴的三民主义的中国的主要纲领。故各省政府民政厅或财政厅所设的科或股，虽说办理地政，其实只是测丈土地、清理田亩、整理税收等，仅仅以财政为目的而已。"③

---

① 朱子爽：《中国国民党土地政策》，国民图书出版社，1940，第39页。
② 卢现祥：《西方新制度经济学》，中国发展出版社，2003，第112页。
③ 洪淑鸣：《一年来我国的地政》，《政治月刊》第2卷第4期（1935年1月），第77页。

（3）土地政策的绩效并不明显。具体表现为土地分配状况并没有
得到多大改善；租佃制度没有改良；土地利用效果也不理想。下面拟
从以下三个方面论述。

第一，土地分配状况并没有得到多大改善。

近代以来的湖北土地分配状况，据苏云峰研究，土地分配偏
向集中，农村社会阶层分化严重。太平天国以后，湖北出现官僚
兼并土地的情形，但多数土地显然集中于地主手里，1888 年广济
县的耕地属于自耕农者仅 10% ~ 30% ，属于地主者达 70% ~
90% 。从农村社会阶层分化来看，佃农与雇农占 70% ~ 90% ，自
耕农仅占 10% ~ 30% 。这种土地分配状况与 1902 年美代清彦的湖
北西北部农村调查报告及民国初年所见鄂西的情形略同。[①] 具体可
参看表 5–3 。

表 5–3　湖北西北部某农村阶层分化状况

农户类别	人　数	百分比
自耕农	24	15
半自耕农	64	40
佃　农	56	35
雇　农	16	10
总　计	160	100

资料来源：严仲达：《湖北西北的农村》，《东方杂志》第 24 卷第 16 期（1927 年），第 45 页。

湖北省土地分配不均的现象比较严重，大约 2/3 的农户所占土地
均在 10 亩以下。

---

① 严仲达：《湖北西北的农村》，《东方杂志》第 24 卷第 16 期（1927 年 8 月），第 41 ~ 49
页。

表 5-4　湖北土地分配一览

类　　别	农户		所有耕地	
	户数	百分比	亩数	百分比
100 亩以上	8894	1.10	1405224	13.97
51~100 亩	26375	3.26	1625468	16.16
31~50 亩	59359	7.33	2098955	20.86
11~30 亩	168596	20.81	2392740	23.78
10 亩以下	548740	67.50	2419484	24.06
公有耕地	—	—	28080	1.17
总　　计	809964	100	10059951	100

资料来源：内政部年鉴编纂委员会：《内政年鉴》，商务印书馆，1935，第 422 页。

据时人研究，土地集中的现象钟祥一带最为显著。500 亩以上的地主占 91% 以上，最多者有地达 3 万多亩，而 30~50 亩的小地主则仅占 8.3%。潜江一带有土地 100~300 亩者占 21% 的比例，分别多于有地 10~30 亩、30~50 亩、50~100 亩的地主的比例。但是这种土地集中的趋势，近年来受农村经济恐慌及共产党土地革命的影响，已几乎完全停止。地主数量的减少，且大都居住城市，因此自耕农、半自耕农、佃农成为农村人口的主体。雇农也较少。[①] 具体参见表 5-5。

表 5-5　湖北省三县土地分配不均统计

	潜江		南漳		钟祥	
	户数	百分比	户数	百分比	户数	百分比
10~30 亩	17	17	—	—	—	—
30~50 亩	17	17	150	79	1	8.3
50~100 亩	18	18	30	15.7	—	—
100~300 亩	21	21	10	5.3	—	—

---

① 穆严：《湖北农村经济概况》，《政治月刊》第 1 卷第 1 期（1934 年 1 月），第 42~43 页。

	潜江		南漳		钟祥	
	户数	百分比	户数	百分比	户数	百分比
300～500 亩	8	8	—	—	—	—
500～1000 亩	8	8	—	—	4	33.3
1000～5000 亩	6	6	—	—	3	25
5000～10000 亩	4	4	—	—	2	16.6
10000 亩以上	1	1	—	—	2	16.6
合　计	120	100	180	100	12	100

资料来源：穆严：《湖北农村经济概况》，《政治月刊》第 1 卷第 1 期（1934 年 4 月），第 41 页。

　　湖北黄安成家庄的土地分配状况也极为不均。据张培刚的调查，户数占全村17%的纯佃农没有土地；占户数一半的自耕农兼佃农所有田亩不过全村的8%；占户数1/6的纯自耕农所有的田地也只不过全村9%，全村80%的田地被占户数不到1/6的地主所占有。也就是说不到20%的人口占有了全村80%的田地，而占全村80%的人口却只占有不到20%的田地。具体详见表5-6。

表 5-6　黄安成家庄的土地分配

户　别	户　数		田地数		每户平均亩数	每人平均亩数
	户	%	亩	%		
地　主	4	17	389.0	83	97.25	9.57
纯自耕农	4	17	41.0	9	10.25	1.37
自耕农兼佃农	12	50	38.3	8	3.19	0.57
纯佃农	4	17	0	0	0	0
总　计	24	100	468.3	100	19.51	3.04

资料来源：张培刚：《成家庄的农家经济》，《益世报》民国二十四年10月12日，第三张第 11 版。

　　第二，租佃制度没有得到改善。

　　1930 年颁布的《土地法》对于佃农对土地的租佃权采取直接保障

办法。由于租佃权的保护，相反出现了农民租佃不均的状况，不利于土地的充分利用。黄冈县的佃户，有一户只有两三人者，耕地达 10 多亩乃至几十亩；也有一家 10 余人，仅仅只种地 10 余亩。原因是该县佃权保护甚固。[①]

　　租额负担并没有减轻。湖北西北一带，佃户每年秋收后要向地主缴纳 50% 的地租，即每斗田产谷 1 石，佃户须缴地租 5 斗。其他季节的收获则归佃农所有。但是，一般佃农在向地方租种田地时，首先要先交"顶首"，约每石田 20 余元，作为租佃的保证金。此外，每年年底，佃户还须稍备鱼、肉、鸡、鸭或其他农产，献于地方作为额外的孝敬。春初还须特设宴席，尽情款待地主，不然就是佃户的不敬了。如果全部算起来，佃户每年所得的收入大约能得收获总量的 3/5。[②] 湖北当阳秋季收租分水课和旱课两种。水课即纳谷子，一般每年缴纳收获总量的 3/10；旱课即折纳租钱，租钱较轻，一般没有确定的数目。如果遇上荒年，地主一般只要求佃户缴纳 1/10 或 2/10，有时甚至完全不需缴纳地租，以示体恤。从全省来看，佃农上交给地主的钱租数量上涨较快。上等、中等、下等田地租额指数分别由原 56、85、62 上涨至 100，进入 30 年代后上涨更快，至 1934 年时分别上升到 242、292、225。具体参见表 5-7。

表 5-7　民国前期（1913～1934）湖北省每市亩钱租租额指数（1923＝100）

县　别	上等田地			中等田地			下等田地		
	1913 年	1923 年	1934 年	1913 年	1923 年	1934 年	1913 年	1923 年	1934 年
枣　阳	46	100	159	51	100	161	54	100	154
襄　阳	46	100	77	46	100	72	38	100	51

---

① 潘沺：《黄冈县之租佃制度》，载萧铮主编《民国二十年代中国大陆土地问题资料》，台湾成文出版社，1977，第 31163 页。
② 严仲达：《湖北西北的农村》，《东方杂志》第 24 卷第 16 期，第 35 页。

续表

县　别	上等田地			中等田地			下等田地		
	1913 年	1923 年	1934 年	1913 年	1923 年	1934 年	1913 年	1923 年	1934 年
宜　城	24	100	99	47	100	133	18	100	66
江　陵	71	100	153	174	100	267	127	100	166
当　阳	41	100	554	92	100	738	68	100	474
宜　昌	87	100	429	87	100	429	87	100	429
应　城	45	100	149	46	100	149	38	100	143
黄　梅	33	100	225	33	100	225	33	100	225
云　梦	84	100	372	75	100	370	56	100	296
汉　川	80	100	200	199	100	373	100	100	248
平　均	56	100	242	85	100	292	62	100	225

资料来源：金陵大学农学院农业经济系调查编纂《豫鄂皖赣四省之租佃制度》，1936，第47页。

佃农的租额负担并不是政府规定的 375‰。大冶农村佃农的租额负担如表 5-8 所示。

表 5-8　大冶农村每亩水田平均佃租概况

每亩正产收获	每亩平均佃租	佃租占收获的百分比
5.44 石	2.81 石	50.72
每亩平均收益	每亩平均租额	佃租占收益的百分比
16.62 元	7.87 元	47.35
每亩平均地价	每亩平均租额	租额占地价百分比
33.33 元	7.87 元	23.61

资料来源：李若虚：《大冶农村经济研究》，载萧铮《民国二十年代中国大陆土地问题资料》，台湾成文出版社，1977，第 21053～21054 页。

从表 5-8 可知，大冶佃农缴纳的佃租占了正产收获的 50%。比土地法所规定的最高额 375‰高出很多。如果将实物折算成货币来计算，大约是 47.35%。这个百分数之所以较前为小的原因是，农民用来缴租的谷子的品质不如留供自用的好，农民留下的每石值 3 元，缴给地主的每石只值 2.8 元。如果从地价来看，修正土地法规定不得高于地价的 8%，大冶的地价却占到了 23.61%。①

预付地租、押租等所谓陋习并没有得到废除。汉川的佃户，每租田一斗，须为地主栽秧各 2 天。黄安的佃户每年为地主做工 2~3 天，安陆的佃户每季为地主做工 1 天。② 有关押租金的处理问题，押租金，是佃农缴给地主的一种保证金，是用来保护地主利益的，比如佃户欠租时地主可以在押金里如数扣还；如果不欠租，佃户退佃时，地主将如数退还佃农。实际上我们平常以为这是地主对佃农的一种残酷剥削行为，实际上在一些地方，佃农交给地主的押金是要算利息的。如湖北枣阳县，佃户所交押租金的多少是与要交的地租的多少成反相关的。押租金多，则所交的租额租率都小；押租金少，则租额租率都大。至于所缴押租金的数量，有等于佃户当年应交的地租者，有等于其应交地租 1/2 的，也有等于其应交地租 1/3 的。湖北枣阳，押租金的多少常无一定。地主的经济状况愈趋衰落，愈向佃户加纳押租金，而地租愈少。这种情况对佃户来说大多是有利的，因为佃户所交的押租金是要按照通行的或较高的借贷利率减租的。③ 在大冶，预付地租者秋收后再交地租要少付大约四成。④

佃地改良问题也基本形同虚设，很难得到执行。在湖北大冶，佃地改良基本行不通。因为文化还没达到那样的水准。⑤

① 李若虚：《大冶农村经济研究》，载萧铮《民国二十年代中国大陆土地问题资料》，台湾成文出版社，1977，第 21053~21054 页。
② 陈正谟：《中国各省的地租》，商务印书馆，1936，第 11 页。
③ 陈正谟：《中国各省的地租》，第 19 页。
④ 李若虚：《大冶农村经济研究》，载萧铮《民国二十年代中国大陆土地问题资料》，第 21053~21054 页。
⑤ 李若虚：《大冶农村经济研究》，第 21059 页。

第三，土地利用状况并不理想。

土地利用是人类根据土地的自然特点，按一定的经济、社会目的，采取一系列生物、技术手段，对土地进行的长期性或周期性的经营管理和治理改造活动。它既是一个把土地的自然生态系统变为人工生态系统的过程，也是一个自然、经济、社会诸因素综合作用的复杂过程。土地利用的方式、程度、结构及地域分布和效益，既受自然条件（如光能、热量、水分、地形、土壤等）影响，更受各种社会、经济、技术条件（如开发历史、生产方式、技术装备、投入水平、土地经营管理水平及国民经济发展需要等）的影响。

湖北省的土地利用状况可以从垦殖指数来加以衡量。垦殖指数是指一国或一地区已开垦种植的耕地面积占土地总面积的百分比。垦殖指数是衡量一个地区土地资源开发利用程度的指标，通常以百分数表示。其高低与自然条件（地貌、水文、热量、土壤等）、经济条件（劳动力、交通运输、水利设施等）密切相关。垦殖指数高，说明该地区的耕地开发利用程度较高，但不一定就是合理，如在不适宜发展种植业的林、牧业地区，过多地开发，会破坏土地资源。

近代湖北耕地面积，由于没有精确的调查和统计，各种资料记载数据纷纭，差别较大。《湖北通志》记载为4532万市亩，湖北民政厅调查数据是3870万市亩，征收田赋捐各地查报的统计数为3496万市亩，湖北省政府统计室根据收集的材料估计数据为5199万亩。据范守荣的分析，前面三项的统计数据都是纳税的耕地统计数据，《湖北通志》的数据是清朝时期的数据，年代久远；民政厅的数据是各县按粮推亩的报告，因没有全面丈量加之人民不断开垦因而不止此数；相对而言湖北省政府统计室的数据较为准确。① 张泰山、蔡述明、李铁强分别对20世纪二三十年代湖北省的耕地面积进行了重新估算，分别为

---

① 范守荣：《湖北省之土地利用与粮食问题研究》，载萧铮《民国二十年代中国大陆土地问题资料》，第24147~24148页。

7321 万亩和 7236 万亩、6966 万亩、7341 万亩。[①]

　　垦殖指数，据全国土地委员会调查，湖北省的耕地面积为 33447989 亩，土地总面积为 187543455 亩，垦殖指数为 17.84，低于全国平均指数 22.34。如果从作物亩指数来看，湖北的作物亩指数为 151.14，略高于全国的作物亩指数 134.52。[②]

　　据统计，1937 年湖北耕地面积 5199 万亩，占全省土地面积的 19%。全省各地差异很大。除汉口市耕地面积占全市 55% 最高外，江陵等 9 县的第四行政区耕地面积最广，占全区面积的 35%；随县等 10 县的第三行政区次之，耕地面积占全区的 29%；襄阳等 7 县的第五行政区再次之，耕地面积占全区的 28%。而鄂西宜昌等 8 县的第六行政区和恩施等 8 县的第七行政区的耕地面积只占全区土地面积的 7%；耕地面积比例最少者为郧县等 6 县的第八行政区仅占全区土地面积的 3%。由此可见各地开发很不平衡。具体详见表 5-9。

表 5-9　湖北省各行政区耕地面积及其占土地面积比例

区　　别	耕地面积（万亩）	耕地占土地面积（%）	区　　别	耕地面积（万亩）	耕地占土地面积（%）
第一区	639	21	第六区	201	7
第二区	689	18	第七区	255	7
第三区	1239	29	第八区	147	3
第四区	1226	35	汉口市	11	55
第五区	792	28	全　　省	5199	19

　　资料来源：潘泹：《黄冈县之租佃制度》，载萧铮《民国二十年代中国大陆土地问题资料》，第 31267～31268 页。

[①]　张泰山：《南京国民政府时期湖北田赋研究（1927-1937）》，武汉大学硕士论文 1998 年（未刊稿），第 11 页，《1927-1937 年湖北耕地面积的数量考察》，《湖北师范学院学报》2003 年第 3 期；蔡述明：《晚清以来湖北省农业土地利用时空变化研究》，武汉大学博士学位论文 2004 年（未刊稿），第 37～38 页；李铁强：《土地、国家与农民——基于湖北田赋问题的实证研究（1912-1949 年）》，人民出版社，2009，第 25～26 页。

[②]　全国土地委员会：《全国土地调查报告纲要》，1937 年 1 月，第 18～19 页。

在同一行政区内，各县之间的耕地开发也存在着较大的区别。以黄冈所在的第二行政区为例，耕地面积最大者是黄陂，全县共有耕地116万亩，耕地占全县土地面积的36%；黄冈次之，全县耕地面积达120万亩，占全县27%；浠水再次之，全县耕地面积有83万亩，占全县29%；麻城耕地面积较大，全县共有耕地96万亩，但只占全县土地面积的14%。耕地面积占全县土地比例较小的县有礼山、罗田、英山三县，各自占全县土地面积的9%、7%、4%。具体详见表5-10。

表5-10　湖北第二行政区各县耕地面积占土地面积比例

区　别	耕地面积 （万亩）	耕地占土地 面积（％）	区　别	耕地面积 （万亩）	耕地占土地 面积（％）
黄　冈	120	27	罗　田	25	7
浠　水	83	29	麻　城	96	14
蕲　春	55	14	黄　安	42	13
广　济	56	24	黄　陂	116	36
黄　梅	67	25	礼　山	22	9
英　山	7	4	全　区	689	18

资料来源：潘泗：《黄冈县之租佃制度》，载萧铮《民国二十年代中国大陆土地问题资料》，台湾成文出版社，1977，第31269~31270页。

据实业部中央农业实验所1934年12月农情报告记载：湖北省所报告的23县中，荒地占土地总面积的17.8%，可垦荒地占农地总面积的39.2%，占土地总面积的6.98%。[1] 据唐启宇研究，湖北四周山脉环绕，长江和汉水流经其中形成江汉平原，地势西北高东南低，农业区域可分为鄂北稻豆区、鄂中鄂南棉稻区、鄂西药材林木区、鄂东烟麻茶区。全省耕地面积达51343612.4亩，垦殖指数达17.17%，在当时还有可耕地面积9478408.64亩，可耕地指数为3.26%。可耕地面积中鄂东的枣阳、随县、安陆、应山、应城、孝感等县有可耕地210

---

① 邹序儒：《中国垦殖问题之研究》，《地政月刊》第3卷第2期，第154页。

万亩，鄂西的均县、竹谿、竹山、郧县等县约有可耕地 30 余万亩，其他则分散在各地，恩施鹤峰一带荒地虽多，但可耕地却居少数。[①] 大冶县农村 71% 的非耕地面积中，还有不少的荒地可作耕地。尤其是无论从气候还是从地理状况来看，大冶都应该是一年两收的区域，但事实上，由于水利不修，冬季水田的水不能排出去，水田荒芜，大多数的水田只能一年一收。[②] 大冶的荒地不少，而且大部分是熟荒。因为 1928～1933 年兵灾的缘故，人民流离。在所调查的 972384 亩的田地面积中，荒地占了 193536 亩，占总面积的 20%。[③]

据土地委员会调查，湖北 47 县平均每户耕地为 10.09 亩，人均耕地为 1.91 亩，也略低于全国的平均水平（户均耕地 14.08 亩、人均 2.70 亩）。从作物亩数来看，户均耕地 19.18 亩，人均耕地 3.79 亩，有所提高。[④] 据时人估计，全省人均耕地为 2.5 亩，各县差别较大。鹤峰人均可达 4 亩，而京山、阳新、鄂城、黄冈、蕲春、应城、郧西各县人均不足 1 亩。[⑤] 在同一区内，各县农户所耕土地也不一样，差距较大。以第二行政区为例，1937 年时，平均每一农户所占耕地面积如下：黄陂和黄梅县最多，户均耕地 15 亩，罗田次之，户均 14 亩，广济再次之，户均为 13 亩，户均耕地在 10 亩以上的县还有蕲春、浠水、麻城。户均耕地在 10 亩以下的有黄冈、黄安、礼山，分别为 9、8、7 亩，英山县最少，户均耕地只有 3 亩。[⑥]

总之，在维护农村基本秩序的前提下，国民政府和湖北地方政府对土地政策进行了适度调整。我们认为，国民政府十分重视土地问题，

---

① 唐启宇：《国民经济建设与耕地问题》，《中国社会》第 3 卷第 1 期（1936 年），第 28、40 页。
② 李若虚：《大冶农村经济研究》，载萧铮《民国二十年代中国大陆土地问题资料》，台湾成文出版社，1977，第 21015 页。
③ 李若虚：《大冶农村经济研究》，第 21035～21036 页。
④ 全国土地委员会：《全国土地调查报告纲要》，1937 年 1 月，第 23、25 页。
⑤ 杨绰菴：《湖北省土地与人口》，《建设评论》第 3 卷第 1 期（1936 年 10 月）。
⑥ 潘泔：《黄冈县之租佃制度》，载萧铮《民国二十年代中国大陆土地问题资料》，第 31292 页。

并且有贯穿始终的土地政策。孙中山的"平均地权和耕者有其田"的思想，始终是民国土地政策的纲领和核心。国民政府推行"二五减租"，试图调整业佃关系；兴办利用合作社，试图利用和平手段解决土地分配问题；创办集体农场，鼓励大农经营，试图地尽其用，提高土地利用水平。国民政府推动土地改革更大程度上是基于维护政权稳定和获得民众认可的政治目标，这与地方政府着眼于获取更多的财政收入，以解决其财政拮据的经济目标相冲突，结果导致土地政策绩效极不理想，土地分配不均状况并没有得到多大改善，租佃制度也没有得到改良，土地利用状况不理想。

第六章 税收整理——湖北省 田赋改革

在传统农业社会，向政府缴纳田赋，是农民应尽的义务。但是田赋税率的多少，关系着国家财政收入和农民的生产和生活。如何确定一个合理的税率，既能增加国家的财政收入，又能使农业发展、农民生活水平提高，这是历代政府的追求。如何进行田赋改革，是摆在刚上台执政的国民政府和湖北地方政府面前的一道难题。1928 年，国民政府就发布通令，明确指出，"吾国田赋之法，历朝屡变，而以土地辽阔，人口殷繁，积弊相治，难于整理……影响民生，国家岁入，因而短绌。"[①] 本章主要回答的问题：湖北进行田赋改革的缘起、内容、进程及成效如何？

一 政策选择：治本和治标

1. 政策选择的缘起

时人说得好："田赋之弊，半由制度，半出人事。而必制度欠当，政失常规，吏民遂得肆其侵欺。地籍散失，户名不实，于是吏得蒙混，民得陷匿，粮欠而官不能追。税目繁杂，轻重失平，于是豪右逃免，

---

① 《新闻报》1928 年 10 月 27 日。

小民重困，无力完纳，且不明计算方法，而吏役得遂其需索。征收制度欠善，册籍草率，盘查无方，于是吏胥侵吞挪移而官不能稽。粮房柜书等薪给甚微，不足养廉，而掌理大宗收入，是直驱使为奸。"① 从上述材料可以看出，中国田赋的弊端，一方面表现在制度上的问题，另一方面表现在制度运行当中的人事问题。湖北田赋制度也基本如此。据 1936 年《申报》记载，"湖北田赋，预算数目仅为一百八九十万元，本较各省为少；而历年实收之数，每在三四成左右，不独影响省库，即县政经费，亦难维持。其原因，大抵由于征册散乱，弊重难返及征收官吏因循怠忽所致。"② 下面我们来考察本期湖北田赋改革的缘起。

（1）田赋积弊

本期的湖北田赋积弊，主要表现在地籍散失乃至混乱、税收制度的设计和制度运行当中人的问题三个方面，下面分别论之。

第一，地籍③散失乃至混乱——田赋积弊之源。

政府征收田赋，必须要有明确的册籍作为依据。我国田赋征收税册，包括黄册、鱼鳞图册、赋役全书三种。黄册是规定赋役的方法，鱼鳞图册证明田地的数目，赋役全书则是官府公布的征收赋税税则。以一省或一府、一州县为编制单位，开列地丁原额、逃亡人丁和抛荒田亩数、实征数、起运和存留数、开垦地亩和招来人丁数等。黄册以户为主，记载业主田地的旧管、新收、开除、实在数目，即户领丘册，据此可以查阅业主所有土地的变迁。鱼鳞图册以田地为主，所有田地的原坂、坟衍、下湿、沃瘠、沙卤，分别详细记载，即丘领户册。据此可以知道该土地的业主变更及土地的状况。④ 黄册和鱼鳞图册功能

---

① 万国鼎：《中国田赋鸟瞰及其改革前途》，《地政月刊》第 4 卷第 2 ~ 3 期，第 161 页。
② 《申报》1936 年 2 月 22 日。
③ 赵冈：《简论鱼鳞图册》，《中国农史》2001 年第 1 期，第 35 页。地籍包括两大类，第一类是登记境内各块田产的静态状况，包括业主姓名、面积、四至，并绘图说明，正式名称是鱼鳞图册；另一类是登记田产的产权转移，也就是田地买卖的记录，称推收册。
④ 刘世仁：《中国田赋问题》，文海出版社，1971，第 109 页。

不同，黄册即户籍册主要是为了确定各户人家的纳税额；而鱼鳞图册是为了确定境内各类田土的总面积，也是为了确定每块田地的产权。[①] 黄册和鱼鳞图册相辅而行，缺一不可。两者相互参照、互为经纬，构成国家征派赋役的重要依据。此外，黄册和鱼鳞图册要想发挥作用，有一个前提条件，那就是必须厉行推收[②]，否则田地转移，户主生死，不久册籍就失去了准确性。[③] 从明至清末，政府都根据这两种税册征收田赋。太平天国起义以后，各县所存黄册、鱼鳞图册或者散失不足据，有的曾经进行了清丈和复查者，但大都是政府设局征收田赋时任听老百姓自报钱粮；或者任凭熟练册书[④]臆造；或者直接按照册书私藏秘册进行征收；或者以政府以前保存的实征册作为征收根据，而实征册往往只有业户的花名而无真实姓名，有田亩总数而无各丘的具体坐落，有田赋总额却无具体的征收详情，有的甚至田亩多少都不记载。[⑤] 所以上述极不准确的粮册，给田赋征收工作带来了极大困难。而这一切，归根结底，在于土地缺乏科学测量，以致各种土地如田、地、山、荡、园等的面积究竟各是多少，肥沃程度如何，所有权的登记都真相不明，赋额与税率无法确定。

第二，税收制度设计的问题——制度的问题。

税收项目的设计极为繁杂，这是近代湖北田赋制度存在的一个重要问题。湖北田赋税目分地丁、漕米、屯饷、租课、附加税五项。地丁，地为田地，丁为地丁，古代赋出于地，役出于丁，地丁本分为二，

---

① 赵冈：《简论鱼鳞图册》，《中国农史》2001年第1期，第35页。

② 亦称"过割"，出卖田地叫推，买进田产叫收。中国旧时田宅买卖、典当或赠予所办的过户和移转产权手续。契约经交税盖官印后，新业主即可持往过户。过户后，产权移入新业主名下，同时承担赋税。

③ 万国鼎：《中国田赋鸟瞰及其改革前途》，《地政月刊》第4卷第2~3期，第133页。

④ 册书是明代里甲组织中管理赋役册籍、负责推收过割的一种职役。最初一般称为里书，以后各地名色不尽相同。在明初里甲组织较完善之时，他们只是负责保管和编造赋役黄册，并协助里长催征钱粮。到了明中后期，随着里甲组织的松弛与解体，特别是官方册籍的失实，册书因其握有私册而成为联系国家与乡村社会之间重要的赋税中介人，并实际控制着基层赋税征收的全过程。

⑤ 万国鼎：《中国田赋鸟瞰及其改革前途》，第133页。

雍正时期地丁合一。地丁分起运、存易、米折等细目，民国以后不再分细目。漕粮本包括在地丁项下，但是地丁只征收白银，而漕粮则征收本色。因此在地丁之外，另外加征漕粮。屯饷即卫田钱粮，本是由用于军屯的田地缴纳，民国以后大都归为民有，故与租课之田相同。租本与赋不同，"租"是由租种国家所有的土地所缴纳的税收，而"赋"则是为私人所有的土地向政府所缴纳的税收。湖北租课有芦课、渔课、楚课等目，芦课有芦苇等收益，渔课有鱼、藕等收益所以有税，而楚课原为楚王官田，现已归为私有。附加税，1915 年湖北划一丁漕折价案，凡地丁银折价多于 3 串，漕米每石折价多于 6 串者，所多之数，划作附税。此外因办地方教育、自治、党务等事业，经财政厅核准，随赋抽收自治捐、学捐、党务捐等目。[①] 据时人研究，当时湖北的田赋种类，如果细分就有十余种至数十种之多。[②] 据统计，嘉鱼县的田赋附加有 24 种；阳新县田赋附加有 18 种；京山县田赋附加有 24 种；随县田赋附加有 31 种。[③]

除了征收项目繁多外，征收田赋的税率没有标准，弹性很大。武昌县民赋每 1 石田，须缴纳银 4 钱 8 分、5 钱、6 钱及漕米 8 升 8 合或 1 斗不等；每地 1 石纳银 1 钱、2 钱不等；楚课每田或地 1 石须缴纳银 1 钱、2 钱、3 钱以至 4 钱 8 分不等；渔课则按照湖沼的大小和深浅为标准，由各湖沼管业人缴纳，税率更无标准。可见当时湖北税率纷乱到了极点。[④]

尤其是折征制度，更是弊窦丛生。湖北田赋征收，地丁征收银两，漕米征收大米等实物。银以两计量，而米以石计量。由于当时货币制度实行银元并用制，因此在征收过程中需要将银两和米折算成制钱、

---

① 熊道瑞：《湖北田赋概要》，汉口新昌印书馆，1932，第 4~5 页。
② 熊道瑞：《湖北田赋概要》，第 56 页。
③ 树难：《湖北目前之危机与今后补救之对策》，《新鄂月刊》第 1 卷第 3 期。
④ 缪启愉：《武昌田赋之研究》，载萧铮主编《民国二十年代大陆土地问题资料》，第 12129~12130 页。

铜元、银元、辅币等。其中最主要的是由两折成银元及石折成银元，前后折征过程极为繁杂。折征因田赋各项税目不同折价不一；因货币不同折价不一；因时期不同折价不一；因地域不同折价不一；因附加有无不同折价不一，因此一省之中，同一税目，折价不一。①

此外，计量单位的不统一也给田赋征收工作带来了困难。民田无确亩，是近代中国的普遍现象。近代湖北更是如此。各县不但无确定的田亩数字，而且也不知道有亩。以武昌为例，田地面积常用石（担）、斗来计量，以致人们常无亩的概念。石、斗是量的单位，用来指代田地面积，其主要有三种含义：一是指纳税面积单位即人们缴纳一石稻米的田的面积；二是指播种面积单位，人们播种一石种子的田地面积；三是人们直接凭经验估计的田地面积。②

第三，制度运行中的问题——人的问题。

民国以后，由于田赋主要是由各县征收，然后解送至省，所以制度运行当中主要出现了三种问题：一是各县出现了县政府征收机关擅加田赋、减报成数、秘卖差委、浮报职员、不更粮册、不革例缓、不送缴核、报灾取巧、缓解蚀赋等诸多问题③；湖北省财政厅查出当阳县擅自征收亩捐、枣阳县擅自征收团捐。④ 1934 年 2 月，湖北第七区行政督察专员雷啸岑呈控江陵县的田赋积弊时指出："江陵县长将田赋征收分柜主任的职位安排视作私人敛财或结交权绅的礼物。"⑤ 汉阳财政局长向蔡甸、黄陵矶、漳口的粮柜主任索要到任费数百元；沔阳安排西柜征收主任职位时索贿 280 元。浠水县财政局长为了侵吞公款，

① 孙佐齐：《中国田赋问题》，新生命书局，1935，第 63～66 页。
② 缪启愉：《武昌田赋之研究》，载萧铮主编《民国二十年代大陆土地问题资料》，第 12008～12009 页。
③ 熊道瑞：《湖北田赋概要》，汉口新昌印书馆，1932，第 56～61 页。
④ 赵钜恩：《湖北财政厅实习报告》，载萧铮主编《民国二十年代中国大陆土地问题资料》，第 80545 页。
⑤ 《呈明江陵县钱粮柜浮收积弊及拿办作恶最甚之征收主任征收生及拟定今后整理办法》（1934 年 2 月 13 日），湖北省档案馆：LS1-5-4366，第 3 页。

浮报职员，向省财政厅呈报新近任用的征收人员 10 多个人，结果财政厅查获却无其人者。[①]

二是作为征收主要人员的书吏，也出现了贿吏赂绅、隐册传嗣、蒙官私征、浮算重收、私罚滞纳、违令填券、发卖户折等弊端[②]；以江陵县为例，由于江陵县的田赋征收分柜主任是由贿买而来，所以征收主任一旦上任后，就公开贿卖其属下的征收生职位，每个职位至少在 50 元以上。而征收生谋得职位后，就尽其浮收、敲诈等各种舞弊之能事。第五区郝分银柜主任黄稼生及其征收生李学广，平均每两银浮收在 5 元以上。[③] 各征收生有的谎报灾害，呈请上级减免田赋批准后仍旧私自征收，如监利县书差捏报新庄等垸灾歉，经批准免赋后，而书差秘不公告照册私自征收如故。各书吏在征收田赋时通过折价浮收、附加浮收、索要小费等各种手段诈取钱财，如监利县正赋银只有27000 余两，而书差预算薪食费则达 42000 余两之多。[④]

三是田赋的主要承担者和作为征收对象的农民，也实行滞纳抗完、隐辟瞒淤、售田留赋、飞洒诡寄、立柱起巧等一系列逃避赋税的行为。[⑤] 正如当时所指：湖北各县豪绅巨室，每以不完田赋为私人应享之权利，甚或包揽他人，侵吞入己，一任催收，抗不缴纳，官吏慑于威势，碍于情面，熟视无睹，未能依法严追，缘是日积月累，愈欠愈多，竟有一县之大，积欠至数十万而不可催追者。蕲春县仅 1933 年度欠赋大户就有守明柱等 702 户，最高达 79.66 元。[⑥] 浠水县没有缴纳

① 赵钜恩：《湖北财政厅实习报告》，载萧铮主编《民国二十年代中国大陆土地问题资料》，台北成文出版社，1977，第 80545 页。

② 熊道瑞：《湖北田赋概要》，汉口新昌印书馆，1932，第 56～61 页。

③ 《呈明江陵县钱粮柜浮收积弊及拿办作恶最甚之征收主任征收生及拟定今后整理办法》（1934 年 2 月 13 日），湖北省档案馆：LS1-5-4366，第 3 页。

④ 赵钜恩：《湖北财政厅实习报告》，第 80553～80554 页。

⑤ 熊道瑞：《湖北田赋概要》，第 56～61 页。

⑥ 《银行周报》第 12 卷第 47 期；《蕲春县二十二年度各大户欠赋清单》，湖北省档案馆藏，LS19-2-2846。转引自张泰山《近代农村社会转型中的沉重脚镣——1927-1937 年湖北农民实际负担考察》，《湖北师范学院学报》2005 年第 1 期，第 84 页。

田赋者，"纯系大户"①。

（2）田赋积弊的影响

本期湖北田赋，由于存在着上述一系列问题，带来了以下消极影响。

第一，因隐匿而未纳田赋的田地数目巨大。

据时人熊道瑞估计，湖北应该征收田赋的田地大约在1.6亿亩以上，但实际纳赋的田地只有5944万亩，实际纳税者只有1/3，而逃避纳税者则达到了2/3。② 因为其估计的湖北田地亩数过大，所以他对逃税田地的估计似乎过高。据贾品一的估计，湖北省实有的田地面积，当3倍于现有纳税的田地面积，也即逃避纳税的田地达到了2/3。这个估计与熊道瑞的估计相同。从其估计的论据来看，首先他引用了熊的数据，然后再用汉阳、武昌实地测丈结果加以引证。③我们认为其与熊道瑞犯了同样的错误，对当时湖北省的实际耕地面积估计过高。据关吉玉等估计，湖北耕地总面积6450万亩，而纳税耕地达4464万亩，计占总面积的65%弱。④ 这一估计可能过低。但是当时没有缴纳田赋耕地确实很多这应是一个不争的事实。的确，当时的土地清查也印证了湖北省田地隐匿之多。例如汉阳共7区，缴纳田赋田地仅67.5万亩，1935年土地清丈了两个区时，田地面积已达64万亩；武昌共6个区，纳赋的田地仅105万余亩，刚清丈了两个区时，已丈出田地约75万亩；松滋、襄阳各查出40余万亩田地未纳赋。⑤ 大冶全县耕地67万亩，实际纳税耕地只有39万余亩。⑥

---

① 赵钜恩：《湖北财政厅实习报告》，第80556页。

② 熊道瑞：《湖北田赋概要》，第7页；谭治平：《论各县整理田赋之利弊》，《武汉日报》1935年10月3日，第2张第3版。

③ 贾品一：《湖北省办理土地陈报之经过》，载萧铮主编《民国二十年代大陆土地问题资料》，第20001～20003页。

④ 关吉玉、刘国明：《国民政府田赋实况》（上），正中书局，1944，第285页。

⑤ 贾品一：《湖北省办理土地陈报之经过》，第20001～20003页。

⑥ 李若虚：《大冶农村经济研究》，载萧铮主编《民国二十年代中国大陆土地问题资料》，台北成文出版社，1977，第21112页。

由此我们可以想见湖北省田地隐匿之风甚烈。

第二，田赋收入日益减少。

民国初年，湖北省的田赋收入，年均在 200 万元以上。从 1927 年起，年度田赋收入降至 100 万元以下。具体见表 6-1。

表 6-1　湖北田赋岁收一览（1912～1930）

单位：万元

年度	1912	1913	1914	1915	1916	1917	1918	1925	1927	1928	1929	1930
田赋	238	221	289	323	328	257	233	266	42	66	93	76

资料来源：贾品一：《湖北省办理土地陈报之经过》，载萧铮主编《民国二十年代大陆土地问题资料》，第 20004～20005 页。

《湖北省乡政人员训练所整理田赋概要讲义》中也指出了当时田赋征收数量严重减少的这一局面："如果同以前相比，从数量上来说，在 1916 年以前，湖北省田赋实收总额也在 330 万元左右。但从 1926 年以后，实收 100 万元上下，最多时也不过 170 万元左右。"[1]

此外，我们也可以从其预算数与实征数的比例当中看出当时湖北田赋征收的疲弊。

表 6-2　湖北省田赋实征占预算数百分比（1928～1930）

年　度	田赋预算数（元）	田赋实收数（元）	实征占预算百分比（%）
1928	1868355	861023	46.1
1929	1601448	930731	58.1
1930	1118509	760145	67.9

资料来源：关吉玉、刘国明：《国民政府田赋实况》（上），正中书局，1944，第 297～298 页。

从表 6-2 可知，1928～1930 年，湖北省田赋实征数最高的 1930

---

[1]　《湖北省乡政人员训练所整理田赋概要讲义》，第 120 页。

年，只占其预算数的七成左右，最低为 1928 年，不足其预算数的五成。实际上当时田赋拖欠现象十分严重，每年度征收的大多数是过去的积欠田赋数，"如果剔除代征旧欠，则年度实收平均不足二成。"①

（3）税捐日益繁重和农民负担不均

湖北各县田赋税率，不但各县不同，且同一个县也不相同。同为湖北之地，有多数县不征田赋，有重至 4 分 5 厘以上者；同为湖北之山，有多数县不征田赋，有征到 7 分 8 厘者；同为江陵之土地，有仅仅只缴纳丁银者，有丁银和漕米都须缴纳者。②

县与县之间负担不均。西部的来凤县的面积有 1344 平方公里，而全年的田赋额征数只有 202.745 元，类似来凤的还有七八县之多。③ 而湖北东部田赋税率较高，如阳新县上等田每亩最高达 3 角 6 分，而武昌、嘉鱼县低至 1 角 2 分；中等田自 1 角至 8 分不等；下等田只纳 6 至 8 分。鄂西鄂北各县田地大多不分等级，每亩只纳税 6 分左右。从表面看来，人民负担不重。④ 但由于豪强大户多不纳税，所以纳税者仅少数老实农民，此外胥吏为奸，敲诈勒索，普通农民备受负担之累。除正税外，省附加税和县附加税名目多至五六十种。此外，即使在同一县中，税率也不相同。礼山县，是由原黄陂、孝感、黄安、罗田 4 个县的边区划割而组成。黄安划割部分，每亩征收田赋 6 分，而黄陂划割部分则每亩征收 1 角 3 分 2 厘 8 毫，两者田赋税率相差一倍有余。⑤

我们还可以从田赋与地价的比例来考察，湖北的田赋税率不仅不

---

① 黄继贤：《近年各省承粮田地亩额及田赋之额征与实收》，《经济学年刊》1937 年第 9 期，转引自张泰山《民国时期田赋征收人员的结构及其素质考察——以 1927–1937 年的湖北省为例》，《民国档案》2006 年第 3 期。
② 赵钜恩：《湖北财政厅实习报告》，第 80485～80486 页。
③ 郑抑波：《训政时期的土地要政》，《湖北民政刊要》第 1 期（1932 年 10 月）。
④ 贾品一：《湖北省办理土地陈报之经过》，第 20008～20010 页。
⑤ 《案据本县公民李燮堂等呈》，湖北省档案馆藏，LS19-2-2450，转引自李铁强《1927–1937 年湖北田赋问题述论》，《江汉论坛》2004 年第 1 期，第 117 页。

均，且呈增长趋势。湖北田赋税率不均，重者达田价的千分之一二，轻者只及田价的万分之一二[①]，相差达 10 倍以上。据中央农业实验所调查，水田田赋由 1912 年的 1.32% 上升至 1931 年的 1.82%，再度上升至 1932 年的 2.92%；平原旱地田赋也由 1912 年的 2.01% 上升至 1931 年的 2.35%，再度上升到 1932 年的 2.71%；山坡旱地田赋也由 1912 年的 2.11% 上升至 2.63%，1932 年有所回落，降至 2.31%，与 1912 年相比，仍然较高。具体详见表 6-3。

表 6-3　湖北省 1912～1932 年田赋与地价的比例

单位：%

年　度	水田田赋	平原旱地田赋	山坡旱地田赋
1912	1.32	2.01	2.11
1931	1.82	2.35	2.63
1932	2.92	2.71	2.31

资料来源：陈登元：《中国田赋史》，商务印书馆，1936，第 237 页。

此外，我们还可以从当时各县向省政府缴纳的田赋中看出当时各县承担赋税的不均衡现象。据 1929～1930 年度统计，1929 年，向省政府缴纳田赋 5 万元以上的有浠水、荆门、江陵 3 县，0.5 万～1 万元的有公安等 9 县，1000～5000 元有宜都等 15 县，不满 1000 元者有秭归等 4 县，根本没有向省政府缴纳赋税的有郧西等 11 县；至 1930 年，缴纳 5 万元以上者有浠水 1 个县，3 万～5 万元者有随县等 6 县，1000～5000 元者有宜都等 9 县，没有缴纳的有郧县等 14 县。[②] 具体详见表 6-4。

---

① 赵钜恩：《湖北财政厅实习报告》，载萧铮主编《民国二十年代中国大陆土地问题资料》，第 80492 页。
② 熊道瑞：《湖北田赋概要》，第 12～14 页。

表 6-4　1929～1930 年各县缴纳省政府田赋金额

金　额（元）	1929	1930
5 万以上	3	1
4 万～5 万	3	0
3 万～4 万	3	6
2 万～3 万	7	11
1 万～2 万	14	12
0.5 万～1 万	9	4
1000～5000	15	9
1000 以下	4	14
未缴纳	11	11

资料来源：熊道瑞：《湖北田赋概要》，第 12～14 页。

2. 政策的启动

自国民政府宣布进入训政时期和第一次全国财政会议正式确认田赋划归地方的政策以后，田赋及其附加的征收日益泛滥，人民负担日益沉重，国民政府相继颁发了一系列政策，试图缓解社会矛盾和稳定其政权统治。1928 年 10 月，财政部颁布《限制征收田赋附加办法八条》。同年 12 月，又颁布了《整理田赋办法》五条。[①] 1932 年 8 月，财政部重申前令；1933 年 5 月，鉴于各地附加日益严重的趋势，财政部重订《整理田赋附加办法十一条》，由行政院核准颁行[②]；1934 年第二次全国财政会议拟定《整理田赋附加原则六条》和《办理土地陈报纲要三十五条》，试图进行土地清丈，以从根本上整顿田赋及其附加，但鉴于清丈工作极其浩繁，非短时间内可以完成，于是决定以土地陈报代替土地清丈。此次会议还对中央与地方利益进行重新分配，制定

---

① 《近年限制田赋附加之回顾》，《地政月刊》第 4 卷第 2～3 号，第 273 页。
② 《近年限制田赋附加之回顾》，第 275～277 页。

了对地方废除苛杂以后的财政补救措施，以弥补地方因废除苛杂而导致的税收损失。①

　　在中央政府的强势启动下，作为地方政权的湖北省政府，如何筹划整理湖北田赋呢？据时人研究，认为当时的湖北省政府采取了治本和治标的两种办法：其一，治本办法实施——土地整理。土地整理办法主要有三种，第一种，按粮推亩。分就户问田，就田清赋；就田问户，就户查粮，调查产收等办法，办理县份比较普遍，成绩较佳者有松滋等 27 县。第二种，土地清丈。湖北省土地测量始于 1929 年，原打算在武昌、汉阳、汉川、天门、随县、荆门等 6 县试办，最后仅武昌、汉阳、汉川 3 县付诸实施。第三种办法是进行土地陈报。原打算在黄冈等 12 县内推行，后因经费等关系，只在咸宁、鄂城、蒲圻、孝感、安陆、黄陂等 6 县施行。其二，治标办法实行平均赋率和归纳券捐等。凡原定赋率每亩在 3 角以上者，不增加券捐；凡依照平均赋率标准，每亩已增加 4 分者不再增加券捐；其他每亩一律增加券票捐 2 角归并在正赋项下统一征收。② 下面拟就湖北省地方政府的田赋改革展开讨论。

二　治本政策的尝试——进行土地整理

　　土地整理工作极其重要。在财政上，土地整理得当，则"地籍既明，地价复定，合理的土地税法，可以实施，国家税收得以增加，人民负担因以平均"；在社会经济上，则"正式土地凭证颁发之后，土地的权利与价值，俱极明确，土地信用得以活动，社会金融得以流通"；在司法上，则"经界既正，地籍厘定，一切土地纠纷得以解决"；在建设上，则"荒地之垦殖，农林之改进，水利之整治，俱得

---

① 朱汇森：《中华民国史事纪要》，台北中央文物供应社，第 1089、1147 页。
② 关吉玉、刘国明：《国民政府田赋实况》（上），正中书局，1944，第 304~305 页。

以进行"。因此，孙中山说："欲解决民生问题，必须整理土地，要减轻人民负担，更须先整理土地。"① 整理土地的根本办法，必须运用科学方法对土地进行精确测量，绘制土地图册，由业主申请登记经政府审核后颁发土地所有权证书。然而，近代中国，鉴于人力财力之缺乏，田赋改革之迫切，土地测量需要很长时间，因此采用土地陈报作为整理土地的最简易方法。

1. 举行土地测量

田赋征收的主要对象是土地，因此必须有地籍册为征收依据。但"我国田土测丈，自明万历以来，从未普遍举行，粮户推收过割，又复办理不善，以致真实垦地数字，既不可靠，而田赋与土地分离之现象，又日益普遍"②。湖北省也不例外。1932 年豫鄂皖三省"剿匪"总司令部颁发《整理湖北政治纲要》，《纲要》规定湖北五年内完成土地清丈工作。1933 年 3 月又颁发《整理湖北田赋办法》，要求试办土地清丈及土地登记工作。鉴于财政困难，湖北省决定采用简易测丈办法试办土地清丈，清丈完毕后接着办理土地登记，登记后即颁发土地所有权证书。从 1933 年 6 月起，先后在武昌、汉阳、汉川、天门、江陵、随县举办土地清丈。③ 原计划 12 年之内全省清丈完毕，后因经费不足及改办航空测丈，全部完成测量工作者只有武昌、汉阳、汉川 3 个县，只完成一部分者有随县、天门、江陵 3 个县。截至 1935 年 6 月，累计共清丈 1672132 起，清丈 3440451 亩，办理土地登记手续达 62470 起，达 144924 亩。④ 下面以武昌县为例看看其土地测丈工作的实况。

---

① 贾品一：《湖北省办理土地陈报之经过》，载萧铮主编《民国二十年代中国大陆土地问题资料》，第 19943 ~ 19944 页。

② 关吉玉、刘国明：《国民政府田赋实况》（上），第 45 页。

③ 缪启愉：《武昌田赋之研究》，载萧铮主编《民国二十年代中国大陆土地问题资料》，第 12081 ~ 12082 页。

④ 《湖北省乡政人员训练所整理田赋概要讲义》，第 110 ~ 111 页。

1933 年 7 月，武昌县成立土地清查办事处，开始土地清查工作。土地清查处由县长负总责，民政厅和财政厅各派指导员 1 人协助清丈工作。清丈处设查丈和赋税二课，查丈课课长、赋税课课长分别由民政厅、财政厅指导员兼任。查丈课下设 1 个抽查员，9 个耕地丈量组。每个丈量组管辖 6 个班。每班设正副丈量员各 1 人，测量工人 2 人，分区办理耕地丈量工作。赋税课下设登记主任 1 人，登记员、缮校员各若干人。另设临时登记处若干处，每处设登记员 1 人，助理员 1 人，缮校员 1～2 人，办理土地登记工作。清丈耕地时最初采用绳尺或竹尺进行丈量，1933 年 10 月改用平板仪丈量。丈量时保甲长和业主都到场。但也有实无其人乱报姓名者，因此登记时发现无主田地极多。土地清丈工作一直到 1936 年 2 月才完成。1936 年 3 月设地政组接着办理整理造册及相应的后续工作。土地登记工作按照《湖北发给土地所有权状规则》办理。先由土地登记处颁发清丈图单，并将登记通知发给各业主。各业主在 5 日内呈缴契据或其他证明材料申请登记。登记处收到业主申请后，会同当地联保主任或保长审查核定，并在鱼鳞图册上登记。然后在原件上加盖验讫年月、公章及经手人私章。三天后业主凭收据领取土地所有权证。领取土地所有权证时须缴纳相关费用：宅地、园地每亩 2 角，水田旱地每亩 1 角，沼泽、塘、森林、湖地每亩 4 分。当时全县共清丈土地 1746274.59 亩，登记 1307859.865 亩。[①]

2. 进行土地陈报

针对湖北省田赋急需整理，而土地清丈工作又缓不济急的情形，湖北省政府开始试办土地陈报工作。1935 年 8 月，湖北省财政厅根据行政院颁发的《土地陈报纲要》，参照湖北省实际情况，拟订了《湖

---

① 缪启愉：《武昌田赋之研究》，载萧铮主编《民国二十年代中国大陆土地问题资料》，第 12081～12087 页。

北省土地陈报施行规则》《湖北省各县土地陈报人员服务规则》《湖北省各县办理土地陈报人员奖惩规则》等规章，由 8 月 13 日省府会议议决通过并报财政部核准公布实行。土地陈报的主管机关是财政厅；各县设土地陈报办事处，办事处设主任、指导员各 1 人，由该县县长兼任办事处主任，财政厅派人担任陈报工作指导员。此外办事处还设有编审员、助理员、办事员各 3 人，抽丈员 2 人，绘图登记员 20 人。除部分人员由财政厅指派外，其余均由办事处主任和指导员挑选。县以下各区设区办事处，由区长兼任主任，联保主任及保甲长都是土地陈报协助人员。土地陈报的程序分 8 项：册书编查、区公所申报、业户陈报、审核复查或抽丈、折合亩分、改订科则、县府公告、编造户领丘册和丘领户册及颁发营业执照。湖北省土地陈报工作，于 1935 年冬开始筹办，原定两年之内在全省没有办理土地清丈各县，依次实施土地陈报工作。1935 年 10 月，咸宁、鄂城、蒲圻、安陆、孝感、黄陂开始进行土地陈报；1936 年 5 月，黄冈也开始筹办土地陈报。各县办事处成立以后，由省财政厅拨款每办事处每月 900 余元。土地陈报并没有实行县区联保三级制，而是改区办事处为分组办事处；废除册书编查及区公所陈报。土地陈报工作如期完成者只有咸宁 1 个县，鄂城、蒲圻 1937 年 8 月办理完毕，其余安陆、孝感、黄陂则因人事、天时等原因没有完成。①

3. 进行土地推收，重新编制田赋清册

推收，即田地变更业户，应申报注册，换取纳税户折，对政府税收关系极大。1928 年，张难先任财政厅厅长时，鉴于粮册为书吏控制的事实，认为欲铲除田赋积弊，必须重造田赋清册。而编制田赋清册，首先必须厉行推收。1928 年 11 月，湖北省政府财政厅颁发《湖北省

---

① 贾品一：《湖北办理土地陈报之经过》，载萧铮主编《民国二十年代中国大陆土地问题资料》，第 20011～20045 页。

各县推收所办事细则》《管册专员办事细则》《承册生推收生奖惩章程》等规章①，要求在各县县政府或财政局设立推收所，所内设管册专员 1 人、推收生 4～10 人以办理各业户推收事宜。然而因种种关系成效甚微。1930 年 5 月，湖北省财政厅提经省府会议议决，各县派督察推收专员 1 人，督促各县办理推收事项，重造粮册。其主要任务有：清查已推收及未推收各户数目；考核推收册内户名是否属实；督促推收生、承册生如期编造粮册；奉财政厅之命调查其他赋税事项。原定 3 个月完成，后因种种原因延期为 6 个月，以至一延再延。截至 1931 年，成功举办者仅仅有应城、随县、松滋、宜都 4 县。其余或仅完成 2/3 或 1/3，甚至有全未举办者。② 1932 年 7 月财政厅鉴于督察专员办理成效不佳而一律裁撤，推收事项仍责成各县长负责办理，并制定了三项办法：一是已完成推收事项的应城等 4 县县长，在 1 个月内将推收册内户名进行复查核对，检查是否存在错误。如果推收册确实没有错误，就将所编粮册抄写两份，一份呈送省财政厅，一份留县保管。二是已经办理推收事项而没有完成者，从 7 月 1 日起 3 个月内由县长督促推收生、承册生完成。三是还未办理推收事项者，6 个月内必须完成推收任务。③ 至 1934 年止，已成立推收所的有礼山、孝感、应山、云梦、应城、天门、京山、钟祥、光化、谷城、南漳、襄阳、枣阳、监利、石首、远安、当阳、宜都、兴山等 26 县；而崇阳、鄂城、浠水等 13 县曾经创办了推收所，后来因经费及其他原因而停办。④

---

① 湖北省财政厅：《湖北省财政法规汇编》（1935 年），汉口光明印刷商店，1935，田赋第 26～30 页；中央政治会议武汉分会财政委员会：《财政旬刊》第 20 号（1929 年 1 月 11 日），附录第 156～160 页。

② 熊道瑞：《湖北田赋概要》，汉口新昌印书馆，1932，第 43 页。

③ 赵钜恩：《湖北财政厅实习报告》（1934 年），载萧铮主编《民国二十年代中国大陆土地问题资料》，第 80558～80561 页。

④ 笔者根据《湖北县政概况》第 1～6 册统计而得。

三 治标政策的实行

除了上述治本政策的推行外，湖北省也实施了相应的治标政策——整理田赋税目、调整田赋税率、改良田赋征收等，来解决本期的田赋问题。

1. 田赋税目的整理

近代世界的土地征税方法有 6 种，其一是面积征税法，按照土地面积征税，相同面积征收相同的税额；其二是等级征税法，按土地等级分级征税；其三是收获征税法，按照土地收获量的多少征收税额；其四是田租征税法，按照佃农向田主缴纳的田租为标准征税；其五是地价征税法，按照土地价格进行征税；其六是收益清册法或丘地清册法，按照土地的纯收益进行征税。民国时期田赋原则上先按土地种类，次按土地肥瘠，分三等九则进行征收赋税。至于漕粮则以收益为标准，类似收益征税法。

湖北田赋税目极为繁杂。清代，湖北田赋正税原分地丁、漕米、屯饷、租课、平余、火耗等名目。民国成立后，将平余、火耗等名目归并正税，分为丁、漕、屯、租四大项。① 四大项下又分细目，总计有十余种乃至数十种之多。就田赋附加税而言，自清末新政后就有各项附加，如自治、学捐等附税；民国以来有筹堤防费而附征堤防捐者，又有附征"清乡"或"剿匪"捐者，各不一致。此外各县的附加，如学捐（或称教育捐）、公安捐、实业捐、选举捐、团防捐等等名目，也就是说有一项用途，即附征一种附捐。② 据时人统计，湖北省田赋附加种类达 61 种，主要有：田亩捐、学捐、清乡捐、堤工捐、公安

---

① 张柱：《整理田赋之我见》，《东方杂志》第 31 卷第 14 号，第 108 页。
② 张柱：《整理田赋之我见》，第 108 页。

捐、新政捐、购枪费、电话费、碉楼费、壮丁费、服装费、派军米军菜费等。[①] 武昌县田赋附加有县附税、学捐、堤费、清乡、抵补、警捐、县政捐及券票捐等不同名目。

1933 年 11 月，湖北省财政厅公布《湖北省整理田赋原则》，规定以统一科目、清查漏赋、剔除积弊、减免繁琐、适合人民纳税能力为宗旨，将原有丁、漕、屯、租等名目一律废除，其原有省正税附税，各按原定折价数目，按照标准国币合并，分成正税、附加税和亩捐三种征收，附税统一分成县政捐和教育捐两种。[②] 1936 年，湖北省财政厅又裁并作为各县征收经费的券票捐，归并入正税统一征收。[③] 经过整理，将以前名目繁多的田赋归并，规范税收种类。至抗战前止，湖北省的田赋税目只有正税、附税和亩捐 3 种。

2. 田赋税率的调整

中国田赋税率，原来按照土地肥瘠和收益状况定为上中下等九则征收。由于土地缺乏科学测量，所定税率漫无标准，乃至各县税率多至数十上百种，极其紊乱。例如在武昌县，民赋每田 1 石纳银 4 钱 8 分、5 分、6 分及漕米 8 升 8 合或 1 斗不等；每地 1 石纳银 1、2 钱不等；楚课每田或地 1 石纳银 1 钱、2 钱、3 钱以至 4 钱 8 分不等；渔课按照各湖沼大小深浅为标准尤无标准；籽粒每田 1 石纳银 1 钱或 2 钱不等；卫粮每田 1 石纳米 2 斗、3 斗不等。[④]

折收制度更使田赋税率漫无标准。民国初期湖北田赋税率每丁银 1 两折收钱 2 串 400 文，漕米 1 石折收钱 4 串至 8 串不等。1915 年湖北省统一丁漕折价，每地丁银 1 两折收钱 3 串，不止 3 串者划为附加税；

---

① 邹枌：《中国田赋附加的种类》，《东方杂志》第 31 卷第 14 号，第 311 页。

② 湖北省财政厅：《湖北省财政法规汇编》（1935 年），第 22 页；关吉玉、刘国明：《国民政府田赋实况》（上），正中书局，1944，第 290～291 页。

③ 秦孝仪：《革命文献》第 116 辑，第 243 页。

④ 缪启愉：《武昌田赋之研究》，载萧铮主编《民国二十年代中国大陆土地问题资料》，第 12129～12133 页。

每漕米 1 石折收钱 6 串，不止 6 串者划为附加税征收。每串铜钱按照 7 角零 9 厘 2 毫计算。[①] 1926 年 12 月，湖北省颁布了《湖北省征收田赋暂行章程》和《湖北省征收田赋暂行章程细则》，重新调整田赋折价，规定地丁每两征税 1 元 4 角，漕米每石 2 元 8 角。屯饷银每两 1 元 8 角至 3 元，米每石 1 元 1 角至 2 元 3 角。租课银每两 1 元至 1 元 4 角不等。[②] 此时折合虽已化繁为简，但各县田赋仍沿用银两计算，以致征收人员仍然能浮算多收。

1933 年 4 月，湖北省财政厅颁布《湖北省各县改订赋率等则六项标准》，要求各县原田赋正税税率每亩不满 6 分者一律征收 6 分；每亩税率在 6 分以上者，按照 2 分为一级依次递进；每亩在 3 角以上者依次递减一级。至于田赋附税的税率，按照县政捐、教育捐两种附加数按亩折合推算，不得增加。田赋正附税总额原则上不得超过地价税的 1%。[③] 同年 11 月，湖北省财政厅再次重申征税标准，按土地法的规定，正附税及亩捐合计不得超过地价的 1%。[④]

1936 年 2 月，国民政府要求湖北省整理田赋并拟订整理计划。3 月，湖北省拟订《恢复田赋旧时数额治标治本办法》并报送行政院，6 月获批准执行。[⑤]《治标治本办法》对湖北省的税率再一次作了相应的调整：上等田地，原税率每亩没有达到 1 角 2 分者，一律改征 1 角 2 分，已达到了 1 角 2 分者按原税率征收；中等田地，原税率每亩没有达到 1 角者，一律改征 1 角，已达到了 1 角者按原税率征收；下等田地，原税率每亩没有达到 8 分者，一律改征 8 分，已达到了 8 分者按原税率征收；特下田地，仍照原税率征收。1936 年 4 月，省

---

① 张柱：《整理田赋之我见》，《东方杂志》第 31 卷第 14 号，第 108 页。
② 湖北省财政厅：《湖北省财政法规汇编》（1935 年），田赋第 10 ~ 15 页；关吉玉、刘国明：《国民政府田赋实况》（上），正中书局，1944，第 290 ~ 291 页。
③ 《鄂省划一田赋订定赋额等级标准》，《地政月刊》第 2 卷第 3 期，第 516 ~ 517 页。
④ 湖北省财政厅：《湖北省财政法规汇编》（1935 年），田赋第 22 页。
⑤ 《湖北省政府第 190、192 次委员会会议议事录》（1936 年 3 月 3 日），湖北省档案馆藏：LS1-1-44。

政府又对随县、汉川、京山、枝江、襄阳、长阳、枣阳、宜城、光化、谷城、南漳、宜昌、宜都、兴山等税率只征 6 分且不分等级的14 县进行税率调整：按全县田地总亩数各 1/3 确定上、中、下三等，上等每亩征税 1 角，中等每亩征税 8 分，下等每亩征税 6 分，以上各项每亩不得增加 4 分以上。① 此后，湖北田赋税率逐渐趋于统一，各县田赋税率一般分为上中下三则，少数县增加了特下则，共为四则，还有一部分县不分等级，统一按一种等级征收田赋。各县税率基本按照上则每亩 1 角 2 分、中则 1 角、下则 8 分、特下则 4 分的税率征收。②

3. 田赋征收的改良

1928 年，财政厅长张难先提出《整理田赋十条办法》，以铲除积弊。张难先主要从三个方面提出了田赋改革的方法：一是针对各县"粮册，有县政府与册书各存一份者，有散存于册书之手县署并无底本者"，以致政府征收时无依据的现象，要求册书将粮册底本呈缴县政府，重新编造田赋册子，以作为征收依据。二是针对原来册书等政府不发工资的现象，由政府审查考核，加强职责，同时发放工资及津贴，根据其业绩进行奖惩。三是改良征收方法，以杜绝征收过程中的各种舞弊现象。只可惜重造粮册在各县实行者很少，虽然实行但多数也是敷衍而已。③

此后湖北省地方政府相继进行了一系列的改革。1935 年 1 月，湖北省财政厅颁布《改进田赋征收制度六项办法》。《办法》要求田赋必须严格按亩征收，废除以往按银米征收的制度；田赋分上下两忙分期征收；亩捐与田赋同时征收；各县增设征收分柜以便人民缴纳田赋；

---

① 《鄂北八县整理田赋暂行办法》，《地政月刊》第 2 卷第 6 期，第 924 页。
② 《为本县田赋递升等则税率过重人民不胜负担拟恳准复查由》（1938 年 6 月 1 日），湖北省档案馆藏：LS1-5-4362，第 74 页。
③ 熊道瑞：《湖北田赋概要》，第 63~69 页。

各县政府应编制丘领户册及户领丘册，再从实调查，以便以后改进。①
杨永泰执政湖北后，拟定 4 项田赋改良办法：一是杜绝侵蚀。胥吏把
持征收，侵税肥私，已成为田赋通病，各县县长大多因循，不事改革，
以致弊窦丛生，务须按日稽核，所收税款，登记账册，并慎选征收人
员，厉行奖惩。二是制裁豪强。各地豪强，拥有很多的田地，常以不
纳田赋为荣，且包庇他人明抗暗拒，经征官吏有的慑于威势，有所顾
虑，有的碍于情面，熟视无睹，为此严加制裁。三是严追旧欠。制定
催追办法，严立期限，督促欠户完纳。四是整理新赋。② 大体说来主
要有：

第一，改善征收手续。

每至田赋开征之前，政府首先造好征收名册，并将开征日期、
正附税率及其他有关事项公告于民，要求纳税户在规定期限内缴纳
田赋。凡没有成立经征处的县份，在县政府内设立征收总柜，并根
据实际情形设立征收分柜。已设立经征处的县份，则田赋由经征处
统一征收。经征处设核算、收款、票照三部。纳税人缴纳田赋时，
先至核算部报名，核算应缴数额，填写缴税单，然后至收款部照单
交款后，领取铜牌，再到票照部换领券票。同时成立县金库，由县
金库派员逐日收取，直接将田赋缴入县金库。这样县金库与经征处
互相监督，较之以前由征收生或柜书一手包征，实为完善。此外，
县财政委员会及财政厅委派的会计主任，专门负责稽查审核。省政
府在每行政区派遣一名督征员，轮流督促全区各县的一切田赋征收
事项。只可惜至 1937 年，湖北省成立经征处者只有武昌、汉阳、襄
阳、宜昌、宜都、巴东、随县、郧县、恩施、天门、江陵、大冶、
广济、光化等 14 县。③ 没有成立经征处的各县，也实行将田赋串册注
明正附税数目的改革。针对以前田赋征收时纳税单不注明应缴税额，

---

① 湖北省财政厅：《湖北省财政法规汇编》（1935 年），田赋第 37 页。
② 《湖北省政府公报》第 177 期，第 23 页；《申报》1936 年 2 月 22 日。
③ 《湖北省乡政人员训练所整理田赋概要讲义》，第 30 页。

乡农无知，听凭书吏浮算浮收的弊端，湖北省政府遵照财政部命令，修订田赋纳税凭单式样，附以易知由单，将正附税银元总数和明细表，分别详细填写，并且督促各县务必在纳税清单上用正楷字填写工整，以便纳税人明白。[1]

第二，加强对县长的奖惩。

湖北全省田赋正税，总额为241万余元，历年以来实收不足100万元。实收不足的主要原因是县长督征不力。[2] 为解决湖北省田赋征收不力的状况，1933年湖北省财政厅制定了《各县田赋比额整理办法》。《办法》规定，以田赋正税应征数为总额，每年9月初至第二年1月底为征收旺月，每月必须完成总额的12%，其余每月必须征收总额的5%。如果各县县长每月没完成任务的10%，记过一次；3个月累计未达到该任务的30%以上者，记大过一次；6个月如未完成任务的50%以上者，撤职查办。如超额完成任务者，根据情况分别给予记功、记大功和加薪等奖励。[3] 1936年10月，湖北省财政厅又修订了《湖北省各县征收田赋考成规则》[4]。财政厅将每年度分作两期对县长进行考核，要求县长每年的7月1日至12月31日应征足全年应征数的六成，次年1月1日至6月30日应全部完成征收任务。根据完成情形进行奖惩。

第三，催缴欠赋。

针对1927～1931年各县积欠省库田赋达400多万元的情形，湖北省政府财政厅会同民政厅提经省政府会议议决，颁布了《催征欠款办法九条》[5]。1936年9月制定了《催缴欠赋规定办法》：一是各县应在

① 《田赋册应注明正附税银元数目》，《武汉日报》1935年5月24日，第2张第3版。
② 湖北省财政厅：《湖北省财政法规汇编》（1935年），田赋第32页。
③ 《鄂省府积极整理各县田赋》，《地政月刊》第2卷第1期，第210页。
④ 《湖北省政府第219次委员会会议议事录》（1936年10月2日），湖北省档案馆藏：LS1-1-46。
⑤ 赵钜恩：《湖北财政厅实习报告》（1934年），载萧铮主编《民国二十年代中国大陆土地问题资料》，第80558～80561页。

规定忙限期内如期征收，通知纳税人并由纳税人自动缴纳。二是在缴纳期限过后一个月内将欠户清册编造齐全，由县长分区派遣征收生下乡会同联保主任及保甲长挨户催收。三是征收生收到税款后应立即掣给券票，并当面将册载该户姓名盖印注销。四是县政府每十日对征收生进行考核并予以奖惩。五是对于拖欠或拒绝缴纳田赋者按《滞纳处分办法》处理；对于故意抗缴者，除封产备抵外，还将没收其不纳赋的田地。①

第四，减轻附加。

附加税的整理也是湖北田赋改革的一项重要内容。实行田赋附加正式始于 1901 年的庚子赔款，当时各省为了筹集赔款资金纷纷增加田赋税率，名曰粮捐或亩捐。民国成立后，规定地方有征收附加的权利，但不得超过正税 30%。当时因为有厘金税收，田赋税率增长还不快。国民政府成立后，田赋划归地方，征收大权，操纵于地方当局，国民政府虽然颁布了《限制附加办法》及《监督地方财政条例》，地方政府视同具文。各地田赋附加，有的按亩附加，有的按石按两附加，有的按元附加，有的按串票附加，有的按亩按两按石同时附加。省附加于上，县区乡附加于下。年复一年，有的多至数十乃至上百种。② 湖北田赋附加，民国初年，湖北田赋省政府每两附加大约 1000 文，征收费 20 文，中央每两附加 100～800 文不等，赋税较少的县，最高者每两加至 1800 文。国民政府成立后，全省附加税有数十种，随县就有 20 多种，其余各县也有十多种或几种。③ 1928 年国民政府颁布《限制征收田赋附加办法八条》，其中要求各地在征收田赋附加时应由各县局呈请省市政府审核并报财政部批准。1932 年重申此令。1933 年 5 月重订整理办法 11 条，1934 年第二次全国财政会议也拟订《整理田赋

---

① 《湖北省政府公报》第 233 期（1936 年 9 月 10 日），第 4～5 页。
② 《湖北省乡政人员训练所整理田赋概要讲义》，第 30 页。
③ 《湖北省乡政人员训练所整理田赋概要讲义》，第 33 页。

附加原则六条》，呈送行政院颁布执行。① 鉴于全省田赋附加逐渐递增的现象，在中央政府的促动下，湖北省财政厅在审核 1934 年度县地方预算时，分县严格审核。对于税率超过正税者，按照不超过地价 1% 的原则一律予以裁减。② 1934 年度累计裁撤和废除蒲圻等 39 个县 62 种苛捐名目，总计金额达 451948 元；1935 年度裁撤汉阳等 8 县的 12 种苛杂名目，累计金额达 48959 元；1936 年裁撤武昌等 21 县苛杂 52 万多元。三年累计裁撤各种苛捐杂税达 102 万余元。③

四　田赋改革的绩效评估

田赋改革的目的有两个，一是减轻并平均人民负担，二是政府税收增加。然而民国时期的田赋改革却与这两重目标背道而驰。正如时人所指出的："一方面人民负担越来越重，另一方面，国家税收日益减少。"④ 国民政府时期的湖北田赋改革，表现了与全国田赋改革不同的结局，从一定程度上说是取得了一定的绩效，地方政府税收得以增加了，而中央政府并没有实现其稳定社会巩固统治的政治目标，广大人民的负担却加重了。

1. 湖北省地方政府的财政收入有了一定程度的增长

田赋改革的财政目的十分明显。时人萧铮说："当时地籍整理，中央与地方已渐加注意，然其动机，大半出于整理赋税，增加收入。"⑤ 土地陈报的目的是"以便政府编造征册，更订科则"⑥，也就

---

① 土地委员会编《全国土地调查报告纲要》，1937，第 66 页。
② 贾士毅：《湖北财政史略》，1937，第 177～178 页；孔祥熙：《全国各省市减轻田赋附加废除苛捐杂税报告书》，商务印书馆，1934，第 72 页。
③ 贾士毅：《湖北财政史略》，1937，第 177～178 页；《湖北省乡政人员训练所整理田赋概要讲义》，第 142 页。
④ 孙佐齐：《中国田赋问题》，新生命书局，1935，第 398 页。
⑤ 《中国土地政策》，《中国地政学会第五届年会论文集》，1939 年 4 月。
⑥ 《国民政府公报》1934 年第 1478 号。

是为了整理田赋，多收钱粮。湖北省田赋应征总额由原来的 266 万余元，经 1933 年和 1935 年田赋改革，全省应征正赋为 3373276.49 元，应征地方附税总额为 2071021.39 元。1936 年改革全省额征总数为 4334966.77 元。①

实际上，湖北的田赋改革真正启动于 1931 年国民政府裁撤厘金以后。1931 年裁厘以前，田赋收入在湖北省政府总收入中的地位并没有像其他省份一样，是省政府收入的重要来源和在省财政中占据重要地位，相反，田赋收入所占份额较小，从未超过省收入的 10%。如果将湖北省的主要收入来源进行排序，其顺序依次为协款、营业税、屠宰税、公产收入、牙税、武阳税捐、田赋、契税。田赋排列为第七位，在省收入中所占份额较小。② 1931 年前，田赋收入占省财政收入比例的最高年份是 1929 年，占 6.08%，最低年份为 1930 年，田赋收入仅占 3.52%。1931 年后，田赋收入所占比例逐渐得以提高，最高年份为 1937 年，田赋收入占财政收入的比例为 13.04%，除 1935 年因为大水灾田赋收入有所减少外，其余均较前提高了。其中 1936 年超过了 10% 的比例，占到了 10.42%。不仅如此，田赋收入总额较前有了很大程度的提高。1931 年前，田赋收入总额都不足 100 万元，最高年份为 1929 年，只有 93 万余元，1931 年后，田赋收入总额均超过了 100 万元，最高年份是 1936 年，当年收入达到了 248 万元，较 1935 年度增收了近 100 万元。具体详见 1928～1937 年湖北省田赋占财政收入百分比一览表（表 6-5）。

---

① 《湖北省乡政人员训练所整理田赋概要讲义》，第 117～121 页。
② 赵钜恩：《湖北财政厅实习报告》（1934 年），载萧铮主编《民国二十年代中国大陆土地问题资料》，第 80443 页。

表 6-5　1928～1937 年湖北省田赋占财政收入百分比

年度	田赋实收数（元）	省财政收入（元）	田赋占财政收入百分比（%）
1928	861023	16639012	5.17
1929	930731	15308483	6.08
1930	760145	21586380	3.52
1931	1025785	24436273	4.19
1932	1523179	23843930	6.39
1933	1602309	22967699	6.97
1934	1580075	23958989	9.59
1935	1500159	21797603	6.88
1936	2482235	23802991	10.42
1937	2439580	18635970	13.09

资料来源：1928～1936 年省财政收入数据、田赋实收数 1934～1936 年度来源于贾士毅《湖北财政史略》第 5～7、98 页；1928～1933 年田赋实收数来源于徐振麟《湖北财政概况》，汉口现代书局，1935。1937 年田赋实收数来源于关吉玉、刘国明《国民政府田赋实况》，正中书局，1944，第 298 页。

　　湖北田赋收入在县级政府收入中所占的地位则与省政府截然不同。田赋收入在县级地方政府收入的地位极其重要，最多时占县总收入的 2/3。[1] 具体详见表 6-6。1933 年湖北大冶县田赋收入 101526 元，占全县总收入的 56.5%。[2] 这种状况与其他各省相同，田赋附加往往占全县收入总数的十之八九，少亦十之六七，五成以下的甚鲜。[3]

表 6-6　1935～1937 年县田赋收入占县地方预算

年度	县地方田赋收入（元）	县地方预算（元）	田赋收入占县预算百分比（%）
1935	1649123	3428990	48.09
1936	6068211	8785980	69.07
1937	3994307	14233373	28.06

资料来源：关吉玉、刘国明：《国民政府田赋实况》（上），正中书局，1944，第 299 页。

---

[1]　关吉玉、刘国明：《国民政府田赋实况》（上），第 299 页。
[2]　《大冶县调查日记》（1937 年 7 月 25 日～8 月 11 日）。
[3]　万国鼎：《中国田赋鸟瞰及其改革前途》，《地政月刊》第 4 卷第 2～3 期，第 160 页。

2. 田赋改革并未减轻农民负担，相反加重了农民负担

有关本期湖北农民的田赋负担，据陈钧等研究，田赋正附杂税，自 1927 年后不断加重。[①] 张泰山最新研究，1927～1937 年湖北农民实际田赋负担极为沉重，达到了法定田赋负担 7 倍左右。[②] 李铁强的研究则对田赋负担进行了分层处理，认为本期的湖北，一部分在乡村处于主导或统治的土地所有者，可以通过左右基层官吏规避负担或将负担转嫁给其他小土地所有者或佃农，因此，佃农与自耕农成了田赋的主要负担者。[③] 我们认为本期的田赋改革并没有减轻农民负担，相反加重了农民负担。具体表现为名义的田赋税率有所增加。

据时人考察，1928～1933 年，是近代以来田赋附加最为苛繁的时期，附加名目之多，征课之滥，历史上无出其右者。所以无论政府簿籍所记载的田赋收入为多少，民众之负担，以此时期为最重。[④] 湖北省的情况也基本如此，甚至有过之而无不及。1934 年后国民政府及湖北地方政府虽然进行了田赋整理，1933 年和 1936 年对田赋税率进行了两次重大调整，均是高税率地区稍微调低，而低税率地区则是直接增加或变相增加税率，名义上的田赋负担加重了。武昌县 1935 年将全县分成上、中、下三等征收田赋，上等田每亩征收 1 角 7 分 2 厘、中等田每亩 1 角 4 分、下等田每亩 1 角 1 分 8 厘。1936 年上、中、下等田分别增收至每亩 1 角 9 分 4 厘、1 角 6 分 2 厘、1 角 4 分。1937 年时更是分别增至 3 角 8 分、3 角 4 分、3 角 2 分。[⑤] 具体详见 1935～1937

① 陈钧等：《湖北农业开发史》，中国文史出版社，1992，第 227 页。
② 张泰山：《近代农村社会转型中的沉重脚镣——1927–1937 年湖北农民实际田赋负担考察》，《湖北师范学院学报》2005 年第 1 期，第 80～86 页。
③ 李铁强：《土地、国家与农民——基于湖北田赋问题的实证研究（1912–1949）》，人民出版社，2009，第 346 页。
④ 关吉玉、刘国明：《国民政府田赋实况》（上），正中书局，1944，第 299 页。
⑤ 缪启愉：《武昌田赋之研究》，载萧铮主编《民国二十年代中国大陆土地问题资料》，第 12129～12133 页。

年武昌县每亩正附税统计表（表6-7）。

表6-7　1935~1937年武昌县每亩正附税统计

年份	上则（每亩）	中则（每亩）	下则（每亩）	特下则（每亩）
1935	1角7分2厘	1角4分	1角1分8厘	—
1936	1角9分4厘	1角6分2厘	1角4分	—
1937	3角8分	3角4分	3角2分	8分

资料来源：缪启愉：《武昌田赋之研究》，载萧铮主编《二十年代中国大陆土地问题资料》，第12150页。

1935年前松滋县田赋实征每年大约在2.1万元，1935年实行按粮推亩后，共计田地50余万亩，每亩征税6分，每年田赋总额也仅3万余元，剔除减免后，每年上交省政府大约在2万余元。1936年土地清丈完毕后，奉令改折市尺，以每亩折合1.66亩，全省田地面积一跃而为105万余亩，按照上则每亩税率1角2分、中则1角、下则8分计算，全县应缴田赋总额达10.5万余元，两年以内田赋陡增4倍左右。并且按照政府政策，在土地清丈前的亩捐税率为1角2分，清丈后因土地增加税率应减少一半，改为每亩6分征收，后省财政厅命令由8分增加至1角，仅亩捐一项就增加了4万余元。[①]由此可见人民负担并没有减轻。

除了正税明显增加外，各种附加也并没有减轻。据时人张柱考察，湖北通山、当阳、广济、宜城等县，农民平均每亩收3~5石谷，按时价折算，只值6~10元，而该4县农民平均每年需纳捐税每亩省正附税4分至1角，县附税3分至1角，亩捐1角2分至6角，保甲捐及壮丁队1元2角至3元5角（这项捐款大多由保甲长无定则的摊派，每月次数不定），共计重者4元以上，轻者亦达1元5角。[②]襄阳一农民

[①] 《为本县田赋递升等则税率过重人民不胜负担拟恳准复查由》（1938年6月1日），湖北省档案馆藏：LS1-5-4362，第74~75页。

[②] 张柱：《整理田赋之我见》，《东方杂志》第31卷第14号，第109~110页。

在 1931 年以前，他所耕种的田地须缴纳 11.5 元。后来田赋增加至 24.5 元，再次增加至 55 元。虽然表面上看，襄阳的田赋上等田每亩约 3 角 6 分、中等 3 角、下等 2 角 4 分，与其他各县相比并不算重，然而田赋改革时没有经过丈量，任由调查员妄报，有将田地 1 亩报为 2 亩者，而有势力的富豪之家则将 2 亩报为 1 亩者，办理草率以致田赋负担不均。[①] 鄂东农民的租税负担，有田 12 亩者，须缴纳民银 1 两。纳银 1 两者即须缴纳省县正附税 2 元 4 角 6 分，保安队亩捐 12 元，须缴纳 14 元多，大约相当于产量总值的 9%。其余券票捐、飞机捐、电杆费以及其他一切临时摊派还没有计算在内。总之有 3 石谷物出产者，须纳税二十七八元左右。[②] 更有甚者，罗田县北乡民众，因催税吏过分追讨田赋，竟有四五十人，将田产契约交于区公所，转呈县政府，请求政府将其田地没收充公而免交田赋就可以了。[③]

3. 南京国民政府稳定社会巩固政权的目标并没有得到实现

1928 年，国民政府将田赋划归地方后，却又强制启动了田赋改革，出台了一系列的改革措施，其主要目标侧重于政治目标——稳定社会巩固政权。然而由于受到执政能力的限制及国内外各种环境的影响，地方政府对其政令或者阳奉阴违，或者听而不闻，以致其政策无法得以执行，缺乏执行力。例如，财政部于 1928 年颁布《限制征收田赋附加办法八条》，《办法》的主要内容有：田赋正税附捐总数不得超过地价的 1%；田赋附加总额不得超过正税总额。各县县长如故意违抗，由财政厅会同民政厅将该县长撤职查办。财政部所颁布的八条办法，各省始终没有遵照执行，相反，田赋附加不但没有大量地核减，反而呈日趋高涨之势[④]，鉴于此种趋势，1932 年 8 月财政部重申前令；

---

① 《申报》1936 年 6 月 18 日。
② 《东北大学豫鄂皖收复"匪"区经济考察团报告书》，1934，第 115 页。
③ 张柱：《整理田赋之我见》，第 109～110 页。
④ 《近年限制田赋附加之回顾》，第 273 页。

1933 年 5 月财政部又重订《整理田赋附加办法十一条》，由行政院核准颁行，其主要内容有：如第二条明确规定，除正税外，凡是以亩捐、赋额、串票等名目征收的一切税捐都以附加税论，这样地方当局不便以非附加名目而随意滥征。第三条规定，附加总额，连同正税一并计算，不得超过地价的 1%。如地价没有查报的地方，附加总额不得超过正税，以防止地方当局滥报地价增添附加。1934 年第二次全国财政会议拟定《整理田赋附加原则六条》，以图限制田赋附加。[①] 中央政府的政令不可谓不完善，然而却得不到执行。各地的执行情形，据全国土地调查委员会调查，各省田赋附加税基本能够统一，各县的附加税全省一致者极少，各自为政者多，擅自征收之风日炽。[②] 1934 年 12 月，湖北省政府委员会会议公然通过决议：各县应该裁撤废除的教育附加及杂捐在没有其他款项抵补前仍照旧征收。[③]

正如时人宋序英所言："当局明知其弊，且反复申令，将有所限制整理，而不立见施行者，盖深虞附捐除后，各项建设、教育、水利等经费，因无款而停顿，其牵累必极巨大也。今日各省当局，劳心焦思于附税之存废者，在筹谋抵补方策，至中央命令，固视若疤疣赘大鸟腹背之毛而已。"[④] 可谓一针见血，道出其中的实质。

县级及以下政权机构对中央及省级政府的政令也是如此。1933 年湖北省政府遵照财政部废石废两通令颁布《湖北省赋率等级标准六项》。在推行过程中，各县政府以各种理由搪塞，执行不力。诚如广济县县长傅长民所言，遵照等则标准办理者固属不少，但迄未遵办或办理未能彻底者仍属多数。他在陈述广济县未能办理的理由时说，一是亩无标准，各地大小不一；二是没有田赋清册档案；三是如果确实

---

① 《近年限制田赋附加之回顾》，第 275～277 页。
② 土地委员会编《全国土地调查报告纲要》，1937，第 66 页。
③ 《湖北省政府第 121 次委员会会议议事录》（1935 年 1 月 1 日），湖北省档案馆藏：LS1－1－43。
④ 宋序英：《限增田赋附税之治标与正本》，《地政月刊》第 1 卷第 5 期，第 682 页；《农业周报》第二卷第十三期（1933 年 3 月），第 156 页。

按照标准推行，那么全县的正附税捐势必锐减，全县财政无法维持。①
土地陈报工作需要技术和行政机关协同办理。土地陈报处由技术人员
专任绘图、登记等工作；然而欲求土地陈报的准确，必须要求县政府
运用行政权力，指挥保甲人员协同努力。湖北省各县县长与陈报处指
导员大多不能通力合作，因此陈报工作进行极其迟缓。② 各县土地陈
报时假名极多。因为保甲长为了不得罪四邻，不愿意报告业主真实
姓名。③

均县政府在编制 1934 年度岁入预算时，确定全县田赋每亩征收正
附税捐 0.365 元，而该县政府却在 1934 年 12 月强行将赋率改为每亩
征收正附税捐 0.49 元。这就使得每亩田赋无形增加 0.125 元的负担。
随后县民李亚强等控告到财政部，要求按岁入预算标准征收。财政部
长孔祥熙批示该县政府"自不得于预算外擅自加征"，并要求湖北省
政府切实查明。但湖北省财政厅却以该县田赋附加税率，是由该区专
员召集各县县长会议商定，财政厅备案为由，驳回李亚强等人上诉，
最后均县政府仍照修改的税率征收。④

正如费维恺所说，国民政府的田赋划归地方，意味着中央政府放
弃对一部分经济的任何财政要求，也放弃了对一种不公平的田赋制度
进行彻底检查的任何尝试，在这种制度下，有错误的土地记录和腐败
的官吏使富人能够逃避公平的负担。结果是一大部分潜在的农业税收
被截留，社会不能将它用于公共福利⑤，从而使得广大民众负担沉重，
生活日益艰难。本意取宠于民众的国民政府却丧失了民心，这不能不
说是国民政府在大陆失败的一个重要原因。

---

① 《各县关于田赋废石废两改亩改元订定赋率标准的报告及本府的批复》，湖北省档案馆藏：
LS1-5-4359，第 40 页。
② 贾品一：《湖北办理土地陈报之经过》，载萧铮主编《民国二十年代中国大陆土地问题资
料》，第 20169~20170 页。
③ 贾品一：《湖北办理土地陈报之经过》，第 20167~20168 页。
④ 转引自张泰山《民国时期田赋征收人员的结构及其素质考察——以 1927-1937 年的湖北
省为例》，《民国档案》2006 年第 2 期。
⑤ 费正清：《剑桥中华民国史》（上），中国社会科学出版社，1994，第 123~124 页。

第七章　生产和经营干预——湖北省 农业改良和农村合作运动

本期湖北，农业衰败。为恢复和发展农业生产，国民政府和湖北地方政府对农业的生产和经营进行了全面的干预。本章主要回答的问题是：国民政府和湖北地方政府在农业生产和经营方面进行了哪些干预活动？其效果如何？

一　农业品种改良和技术改良及推广

1. 水稻、小麦和棉花的品种改良及推广

行政院农村复兴委员会针对当时中国稻麦生产不能自给、仓储制度不完备、运销方法不良三大问题，制定了《中国米麦自给计划》。其主要内容有：一，改进方针与实施方法：实施治螟、推广良种、米质分级、改良灌溉、增进地力、经济改善；由现有中央农业建设机关，领导全国稻作改良及推广工作，预期十年完成本计划的任务，即中国人吃中国米和耕三年必有一年余粮。为此特别强调厉行仓库政策与关税政策，同时减轻捐税及改进杂粮。① 1935 年 8 月，经行政院及中央政治会议决议，全国稻麦改进所成立，年定经费 48 万元，由中央农业

① 《中国米麦自给计划》，《中国农民银行月刊》第 1 卷第 1 期，第 60~61 页。

实验所从事筹备工作，并由行政院农村复兴委员会、军事委员会、资源委员会、全国经济委员会、财政部、实业部等机关各派代表组成行政院全国稻麦改进所监理委员会监督进行。全国稻麦改进所于同年11月25日正式成立，主要负责"研究及改进全国稻麦品种，推广各地优良稻麦品种，研究及防治稻麦病虫害，研究及促进灌溉制度之改良，研究及调查全国稻麦生产状况及农作制度，扩充全国稻麦耕地面积，增进地力及改良农具"，等等事务。稻麦改进所举行各地著名品种的试验工作。在湖北，稻麦改进所与国营金水流域农场、国立武汉大学、中华大学农学院合作进行稻麦品种改良的试验工作。①

　　湖北位居全国中部地带，长江和汉水在此交汇，灌溉便利，高温多雨，土地肥沃，极适宜于稻作生产。其东南部各县种植双季稻，然而近代以来水稻生产却满足不了人民的生活需求，每年"仰给湘蜀，数十万石至数百万石不等"，究其原因，除水旱虫等灾害频繁外，"人事之未尽"亦是一重要原因。时人也提出了培养人才、设立试验场、改善水利等各项建议。② 1927年，湖北省建设厅将原第一农事试验场改组为农业试验场，地点在武昌南湖，主要进行各种谷物栽培、病虫害防治等试验。③ 1929年，鉴于种植棉花获利颇丰，有些农民将稻田改作棉田，粮食生产减少，一遇天灾，湖北米价大涨。为此，湖北建设厅曾建议省政府要求各县县长转令各区长村长等，取缔农民种棉，要求农民必须根据实际情况约定各家每年种多少粮食。如果农民将其田全部都种棉花或种棉超过其田地十分之六以上者，将给予一定的处罚，以确保一定的耕地面积用来解决人民的吃饭问题。④ 同年，湖北省建设厅要求全省农林试验场在本年度以改良种子、增加产量、防除

---

① 全国图书馆缩微复制中心：《粮政史料》第1册，2000，第79~80、87~88页。
② 《改良湖北稻作计划书》，《湖北建设月刊》第1卷第4号（1928年9月），计划第31~37页。
③ 《湖北建设月刊》第1卷第1号（1928年6月），法规第22、26页。
④ 《本省建设计划书》，《湖北建设月刊》第1卷第8号（1929年1月），计划第1页。

病虫害为原则，加强研究和推广工作。① 南湖农业试验场曾由京杭等处运来"帽子头"等品种，进行十杆行和高级试验，从而选取纯系良种；1936 年曾由南京金陵大学与中央农业实验所购到 26 号小麦等 20 余种，与本地 16 个品种进行比较试验，结果以 2905 号最佳，立即推广 11 石种子②；还曾征集各地优良稻麦，举行品种试验，育成适合本省风土的多种良种，产量比普通高出 1/2。③

近代以来，棉花种植业在湖北农村经济结构中占据重要的地位。全省 69 县中有 49 县适宜种棉，种植面积时有增减，一般为 500 万～1100 万亩。1920～1933 年，湖北平均每年种植面积达 718 万亩，年平均产量 184 万担。④ 最盛时（1929）种植面积达 1114 万余亩，几占该省旱地面积 1/2 以上。1928 年产量达 304 万担。⑤ 具体详见表 7-1。

表 7-1　1926～1936 年湖北省棉花产量（1926 年＝100）

年度	种植面积（万亩）				产量（万担）			
	湖北	全国	指数变化	湖北占全国百分比	湖北	全国	指数变化	湖北占全国百分比
1926	506	2717	100	18.6	111	624	100	17.8
1927	629	2761	124	22.8	135	672	121	20.1
1928	1111	3193	219	35.7	364	884	327	41.2
1929	1208	3381	238	35.6	207	759	186	27.2
1930	1147	3759	227	30.5	306	881	275	34.7
1931	428	3050	84	14.0	104	640	93	16.2
1932	763	3710	151	20.6	163	811	146	20.1

① 《湖北全省农林试验总场十八年度计划书》，《湖北建设月刊》第 1 卷第 8 号（1929 年 1 月），第 10 页。
② 湖北省农村调查委员会：《湖北省农村调查报告》第一册武昌县（1937 年），第 60～61 页。
③ 《湖北建设厅 23-25 年度行政计划》，湖北省档案馆：LS31-1-150。
④ 《湖北棉花生产与交易状况》，《工商半月刊》第 5 卷第 16 号（1933 年 8 月），调查第 52 页。
⑤ 范守荣：《湖北省之土地利用与粮食问题》，载萧铮主编《民国二十年代中国大陆土地问题资料》，台北成文出版社，1977，第 24157 页。

续表

年度	种植面积（万亩）				产量（万担）			
	湖北	全国	指数变化	湖北占全国百分比	湖北	全国	指数变化	湖北占全国百分比
1933	818	4045	162	20.2	217	977	196	22.2
1934	789	4497	156	17.5	191	1120	172	17.1
1935	457	3502	90	13.0	90	812	81	11.1
1936	888	5621	175	15.8	267	1447	241	18.5

资料来源：1926~1933 年数据来自棉业统制委员会编《棉花统计》与纱厂联合会编《棉产统计》，具体详见《实业统计》第 1 卷第 1 号（1933 年 2 月）第 4 页、第 2 卷第 4 号（1934 年 8 月）第 22 页。1934~1937 年数据来自《湖北棉产改进报告书》。

陈钧：《湖北农业开发史》，中国文史出版社，第 263 页，其中 1931 年产量错误，现为修正数，1934、1935 年面积数据有出入。

　　湖北除宜昌以西外中东部 40 余县都产棉。主要分布在长江沿岸、汉水沿岸和平汉铁路沿线各县，形成了三大产棉区域。一是江汉平原棉区，包括今荆州地区、荆门市、孝感地区大部，武汉市的武昌、汉阳、咸宁地区的嘉鱼、蒲圻，该地区土层深厚、土壤肥沃、热量丰富、光照条件好，适宜植棉，是全省棉花生产水平最高、产量最大的地区。二是鄂东区，包括今黄冈、麻城、浠水、鄂城、广济、蕲春、新洲、黄梅、罗田各县，本区无霜期长、热量丰富，植棉技术水平较高。三是鄂北区，包括今襄樊市各县、随州、老河口、安陆、应山等县，本区较宜棉花生产，日照时数较多，有南北兼优的气候特点，对棉花生长有利，但土壤质地黏重，影响棉花生产水平。[①] 湖北所产棉花分美种棉和土种棉。美种棉又称细绒棉，可用于纺 16 支纱，是清末张之洞督鄂时输入，但因时代久远并有其他棉种混入，品质逐渐变差，约占全省棉产量的 80%。土种棉又称粗绒棉，可用于纺 10 支纱或混纺 16 支纱，约占总产量的 20%。[②] 当时上海商

---

① 梅莉：《历史时期的湖北植棉业》，《农业考古》1991 年第 1 期，第 340 页。

② 《湖北棉花生产与交易状况》，《工商半月刊》第 5 卷第 16 号（1933 年 8 月），调查第 55~60 页。

品检验局将我国棉花按品质分为六类。湖北棉花中的洋棉属于第二类，品质较优。大多数土种棉属于第五类，至于湖北东部各地所产的特粗棉则属于最末等。[①]

然而棉花又是一种生产技术性较强的农作物，棉花质量的优劣，很容易受到气候、土壤、栽培品种、田间管理、收获采摘，以及轧花加工和仓储保管等多种因素的影响。作为国内最早大批引入陆地棉种的地区，兼之气候温和，光照充足，湖北省具有优越的植棉条件。对于湖北棉花生产情形，时任棉业试验场场长的姚瀚清有着较为切实的认识：从产量而言，因耕作极其粗放，较之其他各地实属低下。据1922年调查报告，湖北境内中美棉亩产量最多不过100斤籽花，少者只有50余斤。较之河北正定所产中棉每亩150斤、美棉200斤产量，分别只及其2/3与1/2。鄂棉品质也极其低劣。土棉中新洲家乡棉及孝感铁子棉纤维只有一寸长，勉强可用来纺14支以上的棉纱，其他大部分粗绒棉，品质粗硬，纤维长只有六七分，仅仅能用作棉胎、火药的原材料或手工纺织所用。至于美棉原来所有优点，因不加改进，退化殆尽，市场上地位极其低落。[②] 据中华棉业统计会1933年调查，到30年代初，湖北棉作普遍存在品种混杂、品质退化不能满足市场需求、产量降低、成熟期迟、棉农不讲究种植方法等诸多问题[③]，给湖北棉业生产带来许多不利影响。

1926年，湖北省建设厅接管前北京政府时期农商部在鄂设立的第三棉业试验场，改称湖北省徐家棚棉业试验场，并将二郎庙基地170多亩划归该场管理，全场总面积达529亩。棉业场每月

---

① 梁之军：《湖北之棉业》，《中国经济评论》第2卷第8期（1935年8月），第10页。
② 姚瀚清：《整理湖北植棉计划书》，《湖北建设月刊》第1卷第6号（1928年11月），计划第3~4页。
③ 杨显东：《改良湖北全省棉产八年计划》，《汉口商业月刊》第1卷第3期（1934年6月），第124~125页。

开支经常费为 1346 元。该场将爱字棉、脱字棉、百万华棉、孝感光子长绒棉、鸡脚棉等品种，分别进行育种、栽培等试验，成效显著。1932 年进行改革，徐家棚棉业试验场增设试验、经济两系，试验系主管驯习外种、培育新种、重要栽培试验和推广宣传等事项，经济系主管棉作物的经济栽培事项。建设厅要求棉业试验场除了兼负试验工作外，还须担负良种和技术推广工作。在试验场设置标本陈列室，陈列该场及其他各地的优良产品，并每年开一次展览会。在农闲时各场职员赴农村讲演。为加强良种的推广工作，由棉业试验场将试验良种无偿配发给农民，每个农户最多只能无偿领取 1 亩地的种子。此外，为推广棉业改进棉种，湖北省建设厅还在钟祥、江陵各设省立棉场，由建设厅拨发经费，派遣技士、技佐等专业技术人员各 1 人，负责棉种之驯习、分配棉种之模范栽培及推广宣传工作。①

1931 年湖北大水灾，棉业试验场遭受重大损失，房屋倒毁，设备及优良种子荡然无存。② 1933 年 3 月，因财政紧张，湖北省建设厅将所辖徐家棚棉业试验场和武丰林园共 897.41 亩划拨给湖北省棉业改良委员会。湖北省建设厅加入该会成为会员并成为该会董事。③

30 年代初，一些民间团体和政府机构，相继从省外引入德字棉、福字棉、斯字棉和珂字棉等新品种，其中以德字棉推行最广。全国经济委员会选购棉种万余担，分发湖北、陕西、河南、江苏等省。为了加快引进美棉品种的繁育和推广，湖北省政府相继在天门、随县等地建立棉场，担负棉花品种试验和繁育之责。后又在各主要棉区建立良种示范区和特约棉种繁育区。1933 年，在国内工商界的一再呼吁下，

---

① 湖北省建设厅：《湖北建设最近概况》（1933 年），农政第 4~5、10~11、14~15 页。
② 湖北省建设厅：《湖北省建设概况》（1948 年），第 102 页。
③ 《湖北省政府关于棉业改良委员会借用徐家棚、武丰空地作试验场的训令及器具清册》，湖北省档案馆：LS1-5-4788。1930 年春，国立武汉大学、湖北纱厂联合会共同组织湖北棉业改良委员会，在武汉大学珞珈山、汉口博学中学设立第一、第二棉业试验场，从事棉业改良工作。

全国棉业统制委员会成立，下设中央棉产改进所和棉花掺水掺杂取缔所，"负全国棉业改进之责"。1934年，湖北棉产改进处更颁定"改进棉产五年计划"，以实行改良棉种及扩展棉田为宗旨，确定将汉水流域各县作为全省改进棉产的重点。其主要内容为划定光化、谷城、襄阳、枣阳、宜城等为种子区，继续办理光化、谷城棉农的生产贷款，增办襄阳、枣阳、宜城棉农的生产贷款，并在上述三县增设轧花厂多处。

1935年春，湖北省政府委员会议决设立湖北省棉产改进处，直隶于省政府，负责棉花改进工作。5月1日，棉产改进处正式在鄂北老河口成立。1936年春因事业推进，棉产改进处处址迁设襄阳，并分别在双清、太平店、老河口、宜城、小河口、孔家湾及天门等处分设办事处。同年夏，全国经济委员会棉业统制委员会、湖北省政府、湖北棉业改良委员会合作，将原棉产改进处改组为湖北省棉产改进所，并将所址由襄阳迁至武昌。棉产改进所下设襄阳区、天门区、随县区3个植棉指导所和石首、浠水两办事处。此外，3个植棉指导所还分别设立了办事处。棉产改进工作分别由全国经济委员会棉业统制委员会、湖北省政府、棉产改进委员会合伙筹资，三年筹资达20余万元。①

现将棉产改进处和棉产改进所成立以来的棉种改良工作概述如下。

第一，大力加强棉种的选择和管理工作。

棉花品种的优劣，关系着棉花的生产产量和质地，为此湖北省政府颁布了《湖北棉产改进所种子区整理棉种办法》和《湖北棉产改进所棉种管理区暂行规则》以加强对棉花品种的选择和改进。棉产改进所按照计划，选择光化县仁爱等8个乡及谷城县中和等19个乡，共计棉田32190亩、棉农9032户，作为种子管理区，分别于老河口、太平店设办事处进行管理。种子区域划定后，棉产改进所派

___
① 湖北省棉产改进所：《湖北棉产改进所报告书》，1937，第1~2页。

员前往种子区进行合作社组织工作。以合作社作为推进事业的机构，指导植棉技术、宣传选种意义。还派员到各乡按保举行报告会，每个保内的棉农每户须派 1 人参加报告会。报告会主要宣传棉种整理方法、收集种花的手续等。要求各棉农按照要求采收种花，于每年 10 月 15 日前按照每亩交种花 10 斤的标准送到指定的轧花厂，由轧花厂进行集中轧花并选择优良种子作为下年推广之用。棉农所交种花按年递增，第一年 10 斤，第二年 20 斤，第三年 30 斤。为调动棉农上缴种花的积极性，轧花厂按至少高于市场价格 1 元的价格收买种花。如棉农有多选送者，轧花厂也尽量收买。如棉农不按要求送售种花，由棉业改进所商请地方政府给予棉农每亩 5 角以下的罚金处罚，情节严重者可处以一个月以下的拘押。但是当 1936 年在太平店收买种花时，遇到当地棉商的抵制。因轧花厂按照高于市价 2 元的价格收购种花，影响棉商操纵市场，棉商一面以棉产改进所高价收买棉花扰乱市场向省政府控告，一面派遣人员拦路强买，还曾一度收集人员闯入轧花厂进行破坏活动，以致当年种花收集数量不多，原定计划未能完全实现。①

第二，有计划地大面积地推广良种。

为规范良种推广工作，湖北省政府先后颁布了《湖北棉产改进所合作场章程》《贷放棉种办法》《合作场棉农贷种暂行办法》《湖北棉产改进所设立示范场办法》。1935 年，首先选择在天门县将购自山西、陕西的脱字棉及老河口良种 2800 余担进行推广，推广棉田面积达 3 万余亩。1936 年将区域扩展至襄阳、宜城、谷城、天门 4 个县，推广良种 1 万余担，推广面积达 13.5 万余亩；1937 年推广区域扩至天门、襄阳、宜城、随县、枣阳、石首、谷城、浠水等 8 个县，推广良种 8000 余担，推广面积达 17 万余亩。具体情形参见表 7-2。

---

① 湖北省棉产改进所：《湖北棉产改进所报告书》，1937，第 47~51 页。

表 7-2   湖北省棉产改进所 1935～1937 年良种推广成绩

棉田单位：亩   良种单位：担   贷种金额：元

年　代	1935	1936	1937	合计
棉田面积	30618.0	135730.8	191793.0	358141.8
良种数量	2804.46	10027.46	8260.87	21092.79
种子来源	晋陕脱字 棉老　河口	陕西脱字棉 光化、谷城良种	本所自留脱字棉　徐州、济南、 江浦、郑州等脱字棉	—
推广区域	天门	天门、襄阳、 宜城、谷城	天门、襄阳、宜城、谷城、 浠水、石首、随县、枣阳	—

资料来源：《湖北省棉产改进所报告书》，第 63～64 页。

本表是根据湖北省棉产改进所 1935～1936 年推广棉田统计表和推广良种统计表合计编制而成。

2. 茶蚕业技术改良及推广

湖北茶叶分为三大区域，一是内销绿茶区域，主要分布在黄梅、蕲春、浠水、麻城等县；二是老青茶区域，主要分布在崇阳、通山、蒲圻、通城等县，过去曾产大量的二五箱茶，1936 年时已绝迹，目前主要是羊楼峒所产的老青茶最负盛名，是砖茶原料中心；三是红茶区，主要分布在宜昌、长阳、宜都、五峰、鹤峰等五县，所产红茶，每年销量有三四万箱，总计达 15 万～20 万斤，后因品质降低，销路锐减，每年销量减少为两三千箱。[①] 为振兴湖北茶叶，提高茶叶品质，羊楼峒茶叶试验场进行了技术改良，拟定了摘制老茶、除草兼培土、台刈兼整枝、购种兼调查、育苗兼垦荒、施用寒肥、松土追肥、修购机械、除草补肥等改良方法。[②] 鉴于羊楼峒茶场主持乏人，致停办已久。该省因财政困难不易重新组织。1936 年湖北省政府预定经费6000～8000元在宜昌和羊楼峒各设推广指导所一处，指导民间组织茶叶生产合作

①　《商专月刊》第 1 卷第 3 期（1937 年 3 月），第 59 页。

②　《湖北省羊楼岗茶业试验场最近整理计划书》，《湖北农矿月刊》第 2 期（1929 年 9 月），
　　第 2～6 页。

社，就采摘、精制等各方面加以指导，并在适宜地点开辟模范茶园，授以剪枝、施肥等新式栽培方法。而砖茶的研究则由汉口商品检验局负责。[①]

湖北蚕业，在清末极其发达。据农商部统计，全省 47 县有成畦桑田 177504 亩，其他散植不成畦者有 115765 亩，共计有桑田 293269 亩。年产春茧 14959945 斤、夏茧 2610895 斤、秋茧 1960 斤、榨茧 15670 斤、天茧 50008 斤、丝 1366251 斤，丝值 6782642 元。[②] 后来慢慢衰落了。国民政府成立后，湖北省政府建设厅为重新振兴蚕业，曾聘请蚕桑专家王嘉猷、裴宗度帮助拟订《湖北省蚕业计划书》。计划分三期。第一期主要工作有：开办蚕业讲习所，培养专门人才；开办蚕桑试验总场和分场，将原南湖桑园改为湖北省蚕桑试验总场，在汉川、沔阳、黄冈、麻城蚕桑发达区域设立试验分场，作为推广蚕桑技术的模范；将原湖北缫丝局改造成湖北模范缫丝厂，作为改良生丝技术的先导，并在各县蚕业繁盛区域设立小规模缫丝厂。第二期中心任务是推广蚕桑技术。推广至各县及乡镇，在各县设立蚕业讲习所、乡镇蚕业传习所，教给农民栽桑、养蚕、制种、制丝等技术。县设蚕桑试验场，负责培育桑苗及蚕种，以备推广之用。各乡镇推行共同催青、消毒、稚蚕养育、杀蛹干茧组合，以解决一家一户较难解决的共同问题。每年开蚕丝品评会及种茧审查会。第三期主要工作在汉口设立生丝检查所，提高生丝品质。[③] 1928 年 10 月，湖北建设厅呈请中央政府武汉政治分会转呈国民政府财政部，就拟建 1 所蚕桑学校、4 所蚕桑试验场、1 所蚕桑指导所所需各项费用 12 万元及每年的运行费用 9 万元问题，除自筹一部分外，请求在江汉海关出口税下划拨 6 万元作为

① 吴觉农：《一年来之茶业》，《国际贸易导报》第 9 卷第 1 期（1937 年 1 月），第 76 页。

② 胡焕宗：《湖北全省实业志》，中亚印书馆，1920，第 121～124 页。

③ 《发展湖北全省蚕业之大计划》，《湖北建设月刊》第 1 卷第 6 号（1928 年 11 月），计划第 11～20 页。

开办费, 此外每年划拨 6 万元作为运行费用。[1] 同年 11 月, 湖北省建设厅按计划在武昌南湖设立蚕桑试验场, 每月划拨经常费 1216 元, 临时费 1871 元。1929 年春, 该场培育蚕种 1500 张并分发各乡。同时鉴于湖北各地以前只养春蚕, 南湖蚕桑试验场进行夏蚕和秋蚕养育并向各地推广。[2]

表 7-3   湖北各县 1928～1933 年春蚕茧产量

单位: 斤

县别		鄂城	嘉鱼	钟祥	汉川	郧县	黄冈	天门	蕲春	合计
1928 年	经丝	—	—	—	82000	—	—	—	—	82000
	土丝	100	967	1600	107000	1320	210	180000	200	291397
1929 年	经丝	—	—	—	10000	—	—	—	—	10000
	土丝	150	948	1700	7000	1280	180	140000	160	151418
1930 年	经丝	—	—	—	600	—	—	—	—	600
	土丝	100	925	1300	800	1095	150	150000	80	154450
1931 年	经丝	—	—	—	300	—	—	—	—	300
	土丝	100	862	1500	200	480	110	100000	60	103312
1932 年	经丝	—	—	—	200	—	—	—	—	200
	土丝	60	554	1600	200	340	100	100000	70	102924

资料来源:《湖北省政府公报》第 64 期 (1935 年 1 月)。

1935 年, 为振兴蚕业, 湖北省建设厅与全国蚕丝改良委员会通力合作, 成立湖北省蚕丝复兴委员会及各区分会, 在各蚕丝重要产区所在的行政督察区成立分会。各分会在蚕丝业重要产区, 成立育蚕指导所, 负责指导改良任务。全国蚕丝改良委员会无偿配给湖北省湖桑 10 万株及蚕种 2 万张, 由育蚕指导所分别转发各乡养蚕户。1935 年 4 月, 湖北省选送 30 名女生到南京、镇江实习育种、制种、弹丝。[3]

---

① 《湖北建设月刊》第 1 卷第 6 号 (1928 年 11 月), 公陵第 1～2 页。
② 《湖北建设概况》(1928 年 4 月～1929 年 5 月), 第 91～111 页。
③ 《湖北省政府公报》第 150 期 (1935 年 11 月), 特载第 30 页。

二 产品质量的改进和监控

1. 取缔棉花掺水掺杂活动

掺水掺杂是棉花销售运输过程中普遍存在的弊端。由于棉花具有吸湿和容易混杂的特性，因而往往被商人用以取巧牟利。含水含杂多少，不仅决定着棉花可用量的多少，同时还直接影响到棉花商品的市场价格及形象，严重者损坏纺织机器，影响工厂的生产。作为主要的产棉区，湖北同样存在着掺水掺杂问题。掺水之风遍于湖北各地，棉花的含水量位居全国之首，平均含水量为 13% ~ 17%，其中孝感、三叉埠等地掺水最多者，棉花含水量达 18% ~ 19%。湖北棉花掺杂的杂物主要有棉籽、破叶、砂石、泥土、石膏等。据汉口商品检验局 1931年检验，湖北美种棉平均掺杂率达 3.56%，土种棉平均掺杂率也达 1.11%。其中孝感三叉埠掺杂率高达 8.5%。如果单就掺杂棉籽来说，岳口棉达 26.09%，枣阳棉达 23.67%，老河口棉最少，也达 6.62%。因此，湖北棉花售价因之而低落，贸易信用一落千丈。

早在 1924 年汉口花业公会曾联合洋商创设检验汉口棉花，当年汉口湖北物品检查所也曾检验棉花。1927 年湖北商民发起拒掺。1928 年湖北省建设厅曾与商民合组拒掺会，然而因为遭到部分棉商和棉农的强烈反对而作罢。1929 年 5 月，实业部不顾反对声浪在汉口设立商品检验局，同年 9 月又在沙市设立棉花检验分处，实行掺潮检验。最初只对出口棉花进行检验，检验标准棉花含水率达 15% 及以下者为合格。1931 年 8 月对所有棉花都要求进行检验。[①]

1934 年 10 月，为取缔棉花掺水掺杂，提高棉花品质，全国经济委员会棉业统制委员会在上海设立中央棉花掺水掺杂所，并决定在全

---

① 梁之军：《湖北之棉业》，《中国经济评论》第 2 卷第 8 期（1935 年 8 月），第 9 页。

国各产棉重要省份设立取缔分所。1935 年 1 月，全国经济委员会棉业统制委员会会同湖北省建设厅合组湖北省棉花掺水掺杂取缔所。湖北省棉花掺水掺杂取缔所将全省棉花主要产地划分为 10 个区，在各区的交通中心及重要产棉地设取缔分所，在各区内的重要棉花集散市场设置办事处，全省办事处达 11 个。取缔所主要进行棉商登记和棉花水分杂质的查验工作。[①]

取缔所首先加强了对棉商的管理。按照《湖北省棉商登记办法》举办棉商登记工作。截至 1935 年 4 月，累计登记花商、花行、轧户等各类棉商达 3616 户，位居全国榜首。其次，进行棉花查验工作。水分和杂质的查验工作实行棉商申请查验和市场抽样检验两类。1935 年进行水分查验的棉花只有 4851 公担，1936 年增至 35 万余公担。1936 年的水分检查合格率为 93.9%。[②] 1936 年累计查验棉花达 141882 公担，其中合格 130894 公担，合格率达 92.3%，不合格 10988 公担，不合格率达 7.7%；抽查 208222 公担，其中合格 197862 公担，合格率达 95%，不合格 10360 公担，不合格率达 5%。再次，为加强对掺水掺杂工作的取缔，取缔所制定了《拘送花犯及处置轻微花犯等变通办法》，对于查获的案犯，根据案情轻重或送交县政府或法院法办，或会同当地区公所或联保办公处惩办，或责令当众整理并具结保释。1936 年查获并处理掺水案件 135 件、掺杂案件 114 件，全年共计达 249 件。[③] 此外，为加强棉花掺水掺杂的取缔工作，一方面防止棉商在运输过程中对查验的棉花进行改包作弊，另一方面检查各取缔分所及办事处的工作情形，湖北省棉花掺水掺杂取缔所还分别在内河滨江各要隘、内河起点及运输要道设置复查员进行复查工作。[④]

---

① 全国经济委员会棉业统制委员会《棉花掺水掺杂取缔事业第二期工作总报告》，1936，第一章第 15 页、第五章第 1~6 页。

② 《棉花掺水掺杂取缔事业第二期工作总报告》，第五章第 37~47 页。

③ 《棉花掺水掺杂取缔事业第二期工作总报告》，第五章第 56 页。

④ 《棉花掺水掺杂取缔事业第二期工作总报告》，第五章第 49~52 页。

棉花掺水掺杂取缔工作的开展使得棉花品质得以提高。1931 年前，沙市棉花所含水分及杂质总量，大约在 30%，商家称之为"七成货"。沙市棉花经 7 ~ 8 天运至上海后往往就霉烂不堪，市场信誉极其低下，以致厂家只得望而却步。[1] 1931 年后，棉花的水分含量逐渐降低。详见 1929 ~ 1933 年湖北棉花水分比较表（表 7-4）。自实行棉花市场检验以来，棉花品质得到了较大的提高，湖北全省棉花的含水量由 1935 年的 12.41% 降至 1936 年的 11.71%；平均含杂率也由 1935 年的 3.62% 降至 1936 年的 1.6%。[2]

表 7-4　1929 ~ 1933 年湖北棉花水分比较

年份	水分在 12 斤以内者		水分在 12 斤以外者	
	数量（担）	占总量百分比	数量（担）	占总量百分比
1929	—	—	7011435.17	100
1930	2750.80	0.86	318735.84	99.14
1931	17029.28	32.20	377629.52	67.80
1932	765968.21	84.38	141807.93	15.62
1933	1036118.99	82.40	221303.06	17.60

资料来源：梁之军：《湖北之棉业》，《中国经济评论》第 2 卷第 8 期，第 10 页。

棉花掺水掺杂取缔工作有利于棉花的市场销售。在进行棉花掺水掺杂取缔工作以前，由于棉商掺水掺杂，沙市棉运至上海后只得减价 30% 销售，棉花收购商有时还不愿意购买。实行取缔工作以后，各地来沙市购棉者急剧增长。以前不愿购买沙市棉的申新、永安等纱厂也纷纷设庄收购。[3]

棉花掺水掺杂取缔工作使厂商也大受其益。在 1936 年前，纱厂的

---

① 实业部汉口商品检验局沙市检验分处：《沙市棉检》（1937 年），第 16 ~ 19 页。

② 全国经济委员会棉业统制委员会：《棉花掺水掺杂取缔事业第二期工作总报告》，1936，第一章第 22 ~ 24 页。

③ 实业部汉口商品检验局沙市检验分处：《沙市棉检》（1937 年），第 14 ~ 16 页。

每件纱需用棉花 500 多磅，以致制成一包棉纱产生的废花达 80 多磅；而在实行棉花市场检验后，纱厂所用棉花，水分和杂质含量减少，质量提高，以致废花量减至每件 40 余磅，每件用棉也只需 460 余磅，大大降低了纱厂的成本。[①]

2. 商品检验的创办

商品检验在欧美各国盛行已久。美国开创于 1891 年，日本也于 1896 年颁布《生丝检查法》。商品检验的目的有二，一是消极地厉行检验，取缔劣质商品，以增进商业信用；二是积极地研究指导，改良商品，以扩充其销路。近代以来，我国商人或掺假作伪，或鱼目混珠，只顾眼前利益，不顾日后销路，以致商业信用堕落。如以前曾为我国对外贸易重要商品的生丝、茶叶、棉花、桐油、蛋品等，有的因为不合国外市场标准而竞争失败，有的因为品质低劣而销路阻滞，不仅失去了国际市场，而且本国人民也因而不用国货竞相购买外国产品。国民政府成立后，1928 年工商部在《工商行政纲要》中宣布将在全国重要通商口岸成立商品检验局，对各重要出口商品加以检验。同年 12 月公布《商品检验暂行规则》及《商品出口检验局暂行章程》，从第二年（1929 年）4 月起，上海、汉口、青岛、天津、广州商品检验局先后成立。各项商品检验步骤大概如下：从商品种类而言，先检验农作物，然后再检验牲畜产品及化学工业品；从商品运销而言，先办出口，次及进口与市场买卖；从商品数量而言，先由大宗数量入手，次及各地的主要特产；从检验地点而言，先就通商要埠，次及其他地点。[②]

汉口商品检验局自 1929 年 5 月设立，商品检验工作由检验处主

---

① 实业部汉口商品检验局沙市检验分处：《沙市棉检》（1937 年），第 16~19 页。
② 马克强：《中国商品检验之创办及其现状》，《中国实业杂志》第 1 卷第 4 期（1935 年 4 月），第 619~624 页。

持，下设农作物品检验组、化学工业检验组、牲畜产品检验组以及稽查抽样室。农作物品检验组下设棉检、茶检、芝麻、麻类、豆类及研究组务等室。检验局共计职工145人。截至1934年底所有设备费共计5万元。1934～1937年共计检验棉花343.3万公担、茶叶43万公担、芝麻86.5万公担、麻类46.8万公担、豆类61.3万公担。具体详见表7-5。

表 7-5　1934～1937 年汉口商品检验局检验农作物一览

单位：万公担

商　品	1934 年	1935 年	1936 年	1937 年	合　计
棉　花	118.8	54.4	84.6	76.5	343.3
茶　叶	1.6	14.9	11.9	14.6	43
芝　麻	16.6	18.5	21.3	30.1	86.5
麻　类	6.6	11.1	14.5	14.6	46.8
豆　类	—	9.7	25.5	26.1	61.3

资料来源：实业部汉口商品检验局：《检验统计》第 1 期（1934 年）、第 2 期（1935 年）、第 3 期（1936 年）、第 4 期（1937 年），汉口中华印书馆。

　　通过实施商品检验，一定程度上提高了商品的质量。据 1934 年武汉市粮食改进会检验豆麦，每石 100 斤，水分多在 10 斤以上，杂质（泥沙灰土）多在 8 斤左右，总计 1 石豆麦，净重不过 80 斤左右。[1] 1935 年 3 月，鉴于粮商掺潮售卖，以致一般贫民忍痛高价购买，尤其是荒歉之年，民众损失更大，湖北省政府通令全省各县市，对于粮食掺潮发售，一律查禁，倘有阳奉阴违，以身试法者，即从重处罚。[2]

　　汉口的苎麻、大麻等麻类出品，民国以来每年产值在 300 万元左

---

① 《本市豆麦开始检验》，《汉口商业月刊》第 1 卷第 9 期（1934 年 9 月），第 100～101 页。
② 《省府通令各区严禁粮食掺潮发售》，《汉口商业月刊》第 2 卷第 2 期（1935 年 2 月），第 124～125 页。

右。然而麻农麻商贪图微利，动辄掺水作伪，致信用日落，外销日蹙，为避免重蹈过去丝、茶、棉的覆辙，1934 年 5 月，实业部实施出口麻类检验，订定标准加以检验。[①] 1935 年设立汉口商品检验局武穴分处，正式检验出口麻类。[②] 1935 年 6 月，开始实施豆类检验，要求水分不得超过 15%，杂物不得超过 5%。[③]

三　救灾备荒，调剂粮价——仓储事业的发展

仓储，也叫仓廪，是历代藏谷藏米用于救济的设施。清朝末年，全省共有仓廒 390 处，大多是总督、巡抚、州县官劝捐或捐俸而办，由知府、知州、知县委员专司其事，贮谷备荒。[④] 民国成立以后，天灾人祸，仓政废弛，原有仓储，或因军用之强取，或因私人之侵蚀，荡然无存。国民政府成立后，为监督慈善团体和加强对私仓的管理，1928 年 7 月国民政府内政部制定颁布了《义仓管理规则》。后因民食问题极其重要，1930 年 12 月修改前项法规，颁布《各地方仓储管理规则》，通令施行，要求各地积谷数量以每户积谷 1 石为最高额，经费来自于地方公款，地方无公款者可采取派收和捐募的办法筹集。所储仓谷主要用于平粜、散放和贷借。贷出的利率、期限、平粜的价格、散放的办法，由仓廒管理委员会斟酌地方状况报告县市政府裁定。"九一八"事变后，我国最大的粮仓——东北沦陷，直接威胁到我国的粮食安全，加之 1931 年大水灾，粮食问题日益严峻，仓储不仅要供给军食，还要解决民食，1932 年 11 月，国民政府颁布了《各地方建

---

① 王宠佑:《民国二十四年本局检验工作之回顾》,《检验统计》第 12 期（1935 年）,第 1 页。

② 《实业部改进麻业举办麻类检验》,《汉口商业月刊》第 2 卷第 8 期（1935 年 8 月）,第 80～81 页。

③ 王宠佑:《民国二十四年本局检验工作之回顾》,《检验统计》第 12 期（1935 年）,第 1 页。

④ 湖北省地方志编纂委员会:《湖北省志·民政》,湖北人民出版社,1994,第 42 页。

仓积谷办法大纲》，较之前项法规，《大纲》不仅要求积谷不积款，而且积谷的数量较前有了增加，"各仓应比照县市区域内人口总额数，积足三个月食粮为最高额"。同年 12 月，颁布了《各省建仓积谷实施方案》和《全国建仓积谷查验实施办法》，对于建仓、积谷、查验、管理提出了要求，加强了监督。

湖北省于 1931 年开始整顿并重新举办各县仓储。1931 年 7 月，湖北省政府鉴于连年灾荒，遵照内政部颁布的《各地方仓储管理规则》及蒋介石多次颁发的有关举办仓储积谷的命令，湖北省民政厅拟定了《湖北省各县办理仓储奖惩章则》《各县仓储管理细则草案》暨《各县分期举办仓储进度表》，经政府会议议决通过。[①] 决议要求，各县县长必须参照各县具体情形，分期成立积谷仓。武昌等 34 县为第一期，限于 1933 年 3 月底完成；麻城等 16 县为第二期，限于 6 月底完成；阳新等 20 县为第三期，限于 9 月底完成，然而能够按期完成者不多。经过整顿，湖北积谷数量有了明显的增长。1932 年时全省积谷只有12939 石，至 1934 年时增至 11 万余石，增长了 10 余倍。具体详见表7-6。

表 7-6　湖北省历年积谷数量

单位：石

年　　度	1932	1933	1934
积谷数量	12939	82054	110039

资料来源：熊鸿昭：《湖北历年仓储积谷概述》，《新鄂月刊》第 2 卷第 3 期，第 20 页。

为避免谷贱伤农，除了兴办传统仓储外，湖北省政府开始创办新式农仓，办理积谷储押。1934 年，湖北省决定试办各县农仓。与豫鄂皖赣四省农民银行合作，选择黄安、罗田、英山、通山、通城、沔阳、

①　湖北省政府委员会第 12 次会议议事录，湖北省档案馆馆藏档案：LS1-1-36。

监利、阳新、潜江等 9 县先行设立农仓，办理储押贷款。同时并制定《农仓暂行模范章程》和《农仓管理委员会组织暂行章程》，令发各县遵照执行。并令黄安等九县，第一步先办农仓一处，由省库拨款开办，一旦取得相当成效就进行扩充。① 1936 年湖北农产大丰收。市面米谷价格连日一跌再跌，谷价在 2 元至 2 元 3、4 角之间，比前跌了 6～7 角不等；米价在 4 元 8 角至 5 元 1～2 角，较前跌了 1 元以上。因此，国民政府行政院 10 月 16 日电令各有关省市遵照实业部所拟办法，调剂盈虚，救济物价，湖北省政府拟定《救济物贱伤农办法》，由湖北省农村合作委员会向中国农民银行申请贷款 100 万元，由农民银行向各县合作社及联合会办理储押贷款。在合作社及联合会尚未设立新式农仓时，应采取分别保管，将合作社及社员所押产品封存保管，不准私自变卖；可以根据市场行情及社员和合作社需要，举办联合运销业务。②

四　农村合作运动——生产和经营的组织干预

1. 困境中的选择：合作社制度的推行

从制度变迁的方式来看，合作运动是一种以政府为主导的强制性制度安排，由政府制定并实施合作社法规和由政府设置合作社各级行政管理机构。强制性制度变迁方式的特点就在于，作为制度变迁行动主体的国家政权可以按自己的意愿和政治目的选择制度安排的形式、速度和规模。

---

① 湖北省民政厅：《湖北县政概况》第六册，汉口国华印务公司，1934，结论第 42～43 页。
② 《鄂省拟定物贱伤农办法》，《实业部月刊》第 1 卷第 7 期（1936 年 10 月），第 203～204 页。

关于合作运动启动的原因，近年来学术界论述颇多，主要有以下几种代表性观点：一种认为是纯政治学的观点，国民党出于军事目的和巩固政权的需要[①]；一种是政治和经济兼融的观点，既是解决农村经济危机，又是化解其政治危机，既具经济意义又具政治意义的[②]；一种是较为中性的观点，20 世纪初期的中国社会尤其是农村社会面临的诸种困境为合作运动的兴起提供了社会土壤和经济生态，西方合作经济理念的东渐、合作主义的本土化以及 20 年代前后在世界范围内掀起的全球性合作运动浪潮为之做了思想上的准备，华洋义赈会的农村合作经济实践和国民党人对合作主义的接受和认同提供了经验和制度保障。[③] 有关湖北农村合作启动的原因，笔者认为，主要是源于国民政府重建农村，稳定社会秩序，巩固政权。因而当时正在世界流行的合作事业成为国民政府的一个时髦而合心的政治工具。

1927 年国共两党合作分裂后，国民政府逐步取得了国家政权。然而共产党在革命根据地开展的土地革命，诸如在湖北省建立的鄂豫皖、湘鄂西、鄂东南根据地所实行的"将土豪劣绅、大中地主的土地及一切公地分配给贫苦农民，实行耕者有其田"的政策[④]，令国民政府坐立不安。所以，如何做到一方面在军事上"围剿"共产党政权，另一方面又能"与匪争民"，就成为当时国民党政府面临的一个紧迫的政治问题。[⑤]

对中共的土地革命，国民党上下一致认为，共产党活动"猖獗"，主要是农村经济的困窘为其提供了"客观条件"，因此，他们提出

① 詹玉荣：《旧中国农村合作运动简史及其社会效用分析》，《农业经济问题》1986 年第 10 期，第 48 页。
② 张士杰：《国民政府推行农村合作的原因及理论阐释》，《民国档案》2000 年第 1 期。
③ 赵泉民：《政府·合作社·乡村社会——国民政府农村合作运动研究》，上海社会科学院出版社，2007，第 68 页。
④ 田子渝、黄华文：《湖北通史》民国卷，华中师大出版社，1999，第 366 页。
⑤ 梅德平：《中国农村微观经济组织变迁研究》，中国社会科学出版社，2004，第 29～30 页。

"本党除了努力治标清除共匪之外，还须努力治本"，这个"本"就是指农村经济危机。[①] 同时，蒋介石调集重兵对中共根据地进行几次大规模的军事围剿屡遭失败后，使得南京政府认识到单纯的军事进攻不能击溃中共，于是在 1932 年为确定第四次"围剿"红军计划而召开的庐山军事会议上，蒋介石发表了"七分政治，三分军事"的谈话，确定了以"政治治本，军事治标，标本兼施"的指导方针。会后，农村合作被定为对"赤化过"的农村主要的善后工作之一，以推行农村合作的方法对"剿匪"区进行经济上的安抚，便于抵制共产党的活动。[②]

为什么国民政府会那么热衷于合作制度呢？当局认为"匪区"善后工作当以"复兴农村发展农业"为要图，因此"合作制度"与"土地处理"如辅车相依，缺一不可，为复兴农村的"良方"。[③] 他们认为，合作制度有以下优越性：第一，发展现代生产必需的条件如生产资本的融通、生产技术的改良和指导，合作社都能通过政府提供，从经济上说有利于农业生产；同时从社会上来说，合作社是新型社会组织，可"打破已往的家族观念和封建余孽从而树立现代国家和民族意识"。第二，信用合作社可"活动农村金融，使需要资金者有周转之可恃"，供给合作社可"节省农民之消费，使日常需要咸得低廉之供给"，运销合作社可"保持农民劳力所获的产品使善价而沽增加其应得之收入"，可防止"高利贷之盘剥""奸商之居奇"等一切资本主义之弊端，从而铲除"我国农村经济枯竭和农民生活困苦"之根源。第三，利用合作社可"合业主、佃户、自耕农为一炉，农村土地由合作社共同管理，由社员分别经营，凡耕作器具、耕作技术及一切防灾防虫之设备，农家独力所不能举办者由合作社购置，农村中一切交通、

---

① 荣孟源：《中国国民党历次代表大会及中央全会资料》（下），光明日报出版社，1985，第 218 页。

② 薛暮桥、冯和法：《中国农村》论文选下册，人民出版社，1983，第 616 页。

③ 《豫鄂皖三省剿"匪"总司令部农村金融救济处工作报告》，1933，第 10 页。

教育、卫生、守望、育婴、娱乐等有利于增加生产效率者，也由合作社为之供给，因此可根治我国小农生产经营不得法、耕作设备简陋、生产效率低下"的弊病。[①]

总之，信用合作社以活动农村之金融，使需要资金者有周转之可恃，供给合作社则以节省农民之消费，使日常需要咸得低廉之供给，运销合作社则保持农民劳力所获之产品使可得善价而沽，增加其应得之收入，合此三种方法不啻农民自设银行、自开商店、自营转运公司。利用合作社之组织实避土地革命之惨祸，而收集体农场之实效。[②]

合作运动的兴起还有其特殊的使命——解决农村土地问题。

土地政策，一是解决土地分配问题（公平问题），一是解决土地经营与整理问题（土地生产效率问题）。中国农村土地，对于国民政府来说，分配上自然应该遵守孙中山总理"平均地权"遗教，特辟和平途径，以渐进于"耕者有其田"，由承认业主地权，保持目前农村秩序，附以两种条件，一是集合耕作者的土地加以适当交换与分配，使农业经营减少劳力，增进地利；再则重新订定合理的租额，使地租减轻。土地经营及整理上则应倡导集团耕作，使收益扩大。因此豫鄂皖赣四省农村合作特别注重于利用合作社的推行，由同村的业主——自耕农、佃农共同组织利用合作社，管理本村土地，调和业佃关系，耕作者由合作社承佃，所有租额概由业主、自耕农、佃户三方选举相等人数重新评定，并由合作社购置单个农户无力购买的耕作设备，以供社员分别利用或共同使用。因此，农村合作"实避免土地革命之惨祸，而克收集体农场之实效"[③]。也就是用农村合作的办法来解决农村的土地分配和经营问题。

---

① 《豫鄂皖三省剿"匪"总司令部农村金融救济处工作报告》，1933，第 11 页。
② 《剿"匪"总部通令豫鄂皖三省推行农村合作》，《工商半月刊》第 4 卷第 23 期，国内经济第 11 页。
③ 《蒋委员长颁发剿"匪"区内农村合作社条例及四种合作社模范章程训令》，《豫鄂皖赣四省农村合作运动的回顾与前瞻》，《农村合作月报》第 1 卷第 1 期（1935 年 8 月），第 42～43 页。

正如赖建诚所说：国民政府推动合作运动，基本上有两条主轴，其中一条就是在华中华南"剿共"时基于农村重建与控制而积极推进的。[1] 正是在此背景下，湖北合作运动开始启动了。

2. 湖北农村合作运动进程

抗战前的湖北农村合作运动以湖北省农村合作委员会成立为标志，大体可分为前后两个阶段。

1931～1933 年是湖北省农村合作事业的起步阶段。主要源于救济。此时期湖北省合作社的数量少，农村合作事业处于宣传、准备、试验阶段，合作事业的推进与指导机关主要有：中国华洋义赈会、豫鄂皖三省农村金融救济处、豫鄂皖赣四省农民银行、湖北省建设厅、全国经济委员会驻鄂办事处。下面拟将各指导机关指导组织合作社的概况陈述如下：

第一，湖北省合作事业指导委员会指导的合作运动。

湖北省农村合作事业始于 1931 年大水灾。鉴于水灾后救济农村刻不容缓，湖北省政府成立了"合作事业指导委员会"，开展农情调查、培训合作人员、进行合作宣传、设计等工作。但因省政府财政赤字，并且此时豫鄂皖赣四省合作事业由豫鄂皖三省"剿匪"总司令部统筹办理，所以合作事业指导委员会仅存在两个月便结束指导工作。

第二，农村金融救济处指导的合作运动。

1931 年 9 月，豫鄂皖三省"剿匪"总司令部在汉口成立。司令部全权策划、督导"剿匪"区内党政军一切事宜，决定在豫鄂皖赣四省农村大力推行合作，以此来遏制共产党的土地革命和安定农村。1932年 6 月后，"剿匪"总司令部相继颁行了一系列条例：《各省农村土地处理条例》《各省农村金融救济条例》《各省农村金融救济处组织规程》《各省农村合作社预备社章程》。1932 年 10 月，三省"剿匪"总

---

① 赖建诚：《近代中国的合作经济运动：1912–1949》，台北正中书局，1990，第 84 页。

司令部参照实业部1931年颁布的《农村合作社暂行规程》，制定《各省农村合作社条例》。此后又先后颁布了《各省农村信用合作社模范章程》《各省农村利用合作社模范章程》《各省农村供给合作社模范章程》《各省农村运销合作社模范章程》。这一系列法规的颁布为合作提供了指南。

1932年11月，总司令部从财政拨款100万元并劝募赈款委托中央银行或其他殷实银行代理农村贷放事宜，同时设立农村金融救济总处及分处负责指导监督设立合作社预备社以便接受贷款并转贷于农民。[①]1932年11月，豫鄂皖三省农村金融救济处在汉口成立。救济处在湖北英山、黄安、沔阳、潜江、阳新、通城、罗田、通山、监利、大冶、鄂城等11县设立救济分处。分处设处长1人，由该县县长兼任，下设处员3人，事务员、书记员各若干人，均由县长指派各该县政府原有职员兼任。救济处从指导农民组织合作预备社着手，设有农村善后佐导员。佐导员由救济处选派曾在豫鄂皖赣四省合作指导员训练所附设的善后佐导员、讲习会会员担任。每县派遣3~4名佐导员，由救济处指定1人兼主任，佐导员受该县县长指挥监督，主要负责指导农民办理关于土地处理条例规定各事项，督促地方民众编组保甲，佐助各县救济分处办理事务。1935年初，农村金融救济处及分处奉命裁撤，所有办理的合作事宜全部移交当地合作委员会办理。[②]

第三，豫鄂赣皖四省农民银行指导的合作运动。

1933年4月，豫鄂赣皖四省农民银行总行在汉口成立。成立后，四省农民银行指派合作指导员在湖北黄陂、江陵、宜昌、汉川、黄梅、武昌、汉阳及汉口近郊指导农民组织合作社。所组合作社多是信用合作社。[③]

---

① 《豫鄂皖三省"剿匪"总司令部金融救济处工作报告》（1933年11月），法令第1~2页。
② 寿勉成、郑厚博：《中国合作运动史》，正中书局，1937，第193~196页。
③ 湖北省政府秘书处：《湖北省年鉴》第一回，（1937年），第467页。

第四，华洋义赈会湖北分会指导的合作运动。

为救济 1931 年水灾，1932 年春季华洋义赈会湖北分会成立。最初在汉阳、武昌、襄阳等县指导农民组织合作社，后又扩充至天门、蕲春、宜城、汉川、广济、黄梅、枝江、松滋、汉口近郊等。所组合作社多是信用合作社。①

从第一阶段来看，合作社的指导机构较多，既有民间的救灾机构，也有官方的政府机关；既有办理贷放的金融机构，也有主管合作的行政机关；既有全国性的合作指导机关，也有地方合作指导机关，指导合作机关繁杂。从成立的合作社来看，正式合作社较少，而预备合作社较多。从组建合作社的目的来看，主要以救济为主，大多是贷给农民资金恢复生产，因此信用合作社较多。

第二阶段，1934～1937 年是湖北农村合作社的迅速扩张时期。

1934 年 3 月，国民政府颁布了《剿匪区内各省农村合作社条例》暨《各省农村合作委员会组织规程》，随即任命湖北财政厅长贾士毅兼任湖北省合作委员会委员长，马伯援为总干事，开始着手组设湖北省农村合作委员会，迅速推进湖北合作事业。

农村合作委员会鉴于有限的政府财力、人力，根据交通便利、地方安定、物产富裕和未组织合作社等标准，在全省 71 个县市中首先选定黄冈、浠水、孝感、安陆、应城、随县、枣阳 7 个县作为第一批合作试办区域。同年 5 月，湖北省农村合作委员会在上述各县设立驻县指导员办事处。每个办事处根据需要派遣 5～7 名指导人员。为加强对合作事业的监督检查，合作委员会每三个月对各县的合作工作检查一次。1934 年夏天，湖北省旱灾严重，合作委员会受命办理蒲圻、咸宁、浠水、黄冈、孝感五县旱灾救济工作，抽调人员分赴五县指导组织预备社，发放救济贷款。1935 年 4 月，豫鄂皖三省"剿匪"总司令部农村金融救济处奉命结束，其所办理的沔阳、监利、鄂城、潜江、

---

① 湖北省政府秘书处：《湖北省年鉴》第一回，1937，第 467 页。

通山、通城、罗田、黄安、礼山、英山、阳新、大冶、麻城、崇阳、恩施、鹤峰等 16 个县合作事业都移交给湖北省合作委员会办理。同年，合作委员会又接办中国农民银行举办的武昌等 8 县市的合作事务，从此，全省的合作指导事务几乎全由湖北省合作委员会负责。合作指导工作趋于统一。①

1935 年 8 月，湖北省农村合作委员会改组，省建设厅长刘寿朋兼任该会委员长，对全省合作事业锐意整顿，对各县的合作工作从"质"和"量"两个方面进行着重整顿，并颁发了合作社整理纲要，对合作社的内部管理及业务经营方针都作了详细而严格的规定。尤其是对利用、信用、运销、供给四种合作社作了具体的指导规定。此后，湖北省农村合作事业进入了一个新的发展时期。截止到 1937 年，湖北省共组织合作社 2717 个，社员数达 144942 人。各年度湖北合作社的发展情形，详见表 7-7。

表 7-7　1931～1937 年湖北合作社发展概况

年　　度	社　　数		社员数	
	李树基的统计	王奎的统计	李树基的统计	王奎的统计
1931	1	1		
1932	3	3	272	
1933	13	117	15014	
1934	566	530	24343	19429
1935	1228	1900	60122	92535
1936	1932	2507	—	138763
1937	2717	2777	—	144942

资料来源：1931～1935 年数据来自李树基《中国之合作运动》，1937，第 76 页。

1936～1937 年数据来自赖建诚《近代中国的合作经济运动》（1912～1949），第 65～66 页。

王奎数据来自《民国二十九年湖北省合作通讯》第 5～8 期，湖北省档案馆藏，LS31-16-1017-2；《湖北省合作事业概况》，LS2-1-67；转引自王奎《合作社组织与乡村社会变迁——以 1931-1945 年湖北省农村合作运动为个案》，华中师范大学 2004 年硕士论文（未刊稿）。

---

①　湖北省政府秘书处：《湖北省年鉴》第一回，1937，第 467 页。

从表 7-7 可知，自 1934 年始农村合作社组织的数量开始急剧上升，入社人数也大幅度上涨，1934 年湖北省合作社总数由全国的第 17 位跃至第 7 位，合作社人数由全国的第 15 位跃至第 9 位。[①] 从 1934 年的 530 社到 1937 年的 2777 社，增加了 2247 社，是 1934 年的 5.2 倍；社员人数从 1934 年 19429 人上升到 1937 年 144942 人，净增 125513 人，是 1934 年的 7.5 倍。4 年中发展速度相当之快。

相对于第一阶段来说，此一时期，合作社的指导机关开始统一，各机关分工协作，湖北省合作委员会专门负责全省合作社的指导工作，中国农民银行等金融机构负责贷款业务，实业部合作司湖北办事处主要负责协调监督工作。合作社的目标开始转换，由"救济"开始转向"建设"，由单纯的数量扩张转向质量监控，注重合作社业务的监管及其实效。

3. 合作社对生产和经营的干预

国民政府在湖北等省推行合作运动的直接目的十分明确，信用合作的目的是"贷放生产上必要资金于社员及办理储蓄"，利用合作社的目的是"代社员管理土地并置办农业及生活上公共设备，供社员分别或共同利用"；供给合作社的目的是"供给农业及生活上必需之物品加工或不加工卖于社员"；运销合作社的目的是"运销社员所生产之物品，加工或不加工而售卖"[②]。下面拟就其制度绩效进行评估。

湖北合作运动对于恢复湖北农业生产，发展农村经济起了一定的积极作用。

第一，合作社进行灾难救济，融通农村金融，帮助进行灾后重建，以恢复生产。

---

① 中央统计局：《全国合作社统计》，正中书局，1934，第 20～21 页。

② 李奇流：《中国农村经济组织之改进与农村合作》，《农村合作月报》第 1 卷第 2 期（1935 年 9 月），第 31 页。

　　为恢复国共战后生产，农村金融救济处湖北分处在英山等 16 县发放贷款 50 余万元。1934 年为救济蒲圻、咸宁、孝感、黄冈、浠水等五县旱灾，湖北省合作委员会向四省农民银行申请贷款，向各县预备合作社发放贷款达 73311 元，帮助恢复生产；1936 年豫鄂皖三省边区湖北部分救济放款 17.5 万元，具体分配如下，英山 4 万元，罗田 7 万元、黄安、礼山、麻城各 1 万元，蕲春、浠水、黄梅、广济、黄冈各 6000 元、黄陂 5000 元。截至 1936 年底向各合作社及预备社实际贷放 129856 元。中国农民银行直接办理鄂湘川边区救济贷款湖北省 14.8 万元，分别贷放宣恩、咸丰、来凤、建始、巴东、五峰六县 156 个预备社，截至 1937 年底实际发放 10.8 万元。[①]

　　1936 年，湖北棉产改进所向中国农民银行申请贷款 80 万元，实际发放贷款 5.7 万余元。当时正值 1935 年大水之后，月息只有 8 厘半，对于正值青黄不接的农民来说，无异于久旱逢甘霖。但是贷款普及率较低，对于推广区域 43 万余亩棉田来说，仅及应贷额的 1/5。[②]

　　为救济水、旱、兵灾，政府通过现金和实物贷款直接通过预备合作社的形式进行救济，一定程度上有利于融通农村金融，帮助灾民恢复生产，进行灾后自救。从制度设计上看，灾民只要 9 人以上的独立法人就可以组织预备社，预备社负连带担保责任，一方面降低了金融机构和政府的风险，另一方面通过组织提高信用水平便于获得贷款。政府获得了其维护农村稳定和发展农业生产的政治绩效，金融机构降低了金融风险确保其资金运行安全获得了一定的经济绩效，灾民通过贷款提高了生产自救能力。

　　第二，进行公共基础设施和公益事业投资，帮助解决政府和农民自身还无力解决的难题。

---

　　① 林嵘：《七年来中国农民银行之农贷》，《中农月刊》第 1 卷第 1 期（1940 年 1 月），第 81～84 页。

　　② 湖北省棉产改进所：《湖北省棉产改进所报告书》，1937，第 84、87 页。

政府在经济上应该提供现代公共产品，在农业上主要应从事公共
基础设施建设，然而对于财政状况困窘的国民政府和湖北地方政府来
说，在当时都无力为农业提供更多的农业基础设施。而对于耕地面积
极其狭小的小农而言，依靠单个力量从事农业基础设施建设是不经济
的。从制度设计上来说，通过合作社的方式有利于帮助农民从事基础
设施建设。截止到1936年6月底，湖北省通过利用合作社形式开沟
425里，挖塘33220立方米，修堤达487里，筑路717里。详情如表7-
8所示。

表7-8　湖北省部分县合作社兴建公共基础设施统计

县　名	开　沟	挖　塘	修　堤	筑　路
应　城	25	1230	32	82
安　陆	50	3100	42	65
孝　感	55	4510	58	86
云　梦	25	2560	40	38
嘉　鱼	20	—	45	58
咸　宁	45	2420	50	62
黄　冈	50	4520	152	115
浠　水	50	6580	68	92
随　县	60	4580	—	65
枣　阳	45	3620	—	54
合　计	425里	33220方	487里	717里

资料来源：刘寿朋：《湖北省农村合作委员会工作概况》，《农村合作月刊》第2卷第1号
（1936年8月），第146页。

湖北省农村合作委员会，为使合作社区域内所有荒山旷野，普遍
植树，以使地尽其利，与湖北省农业推广处商洽，由武昌、京山、襄
阳等处各苗圃场拨给松、槐、巨柳等共170万株树苗分发应城、云梦、
安陆、枣阳、随县、黄冈、浠水、孝感、咸宁、嘉鱼各县合作社栽种。
要求各县合作指导员办事处及区联合会督促各合作社栽种并加强种后

管理，由合委会检查评比，成绩优良者给予褒奖，成绩拙劣者将扣发合作社职员应得报酬、核减或停止该社社员贷款等。[①]

云梦县袁家庙合作社计划抽附近泉水用来灌溉社员的稻田，云台山合作社司库也请合作社指导员设法导水。[②]

第三，进行农业改良，发展副业生产，帮助农民增进效益。

湖北省合作委员会要求各产棉区域内各合作社及联合会，应设法与棉产改进处推广棉种；每社应根据实际情况至少选择一种副业（榨油、纺织、饲养）由社员个人经营或集体经营。[③] 详见湖北省部分县合作社发展副业一览表（表7-9）。

表 7-9　湖北省部分县合作社发展副业一览

县　名	轧　花	榨　油	畜　牧	养　鱼
应　城	2560	2350	520 只羊	250000
安　陆	4680	2450	1200 只羊	286000
孝　感	8750	2680	—	120000
云　梦	4150	1240	—	135000
嘉　鱼	2510	1520	156 头牛	—
咸　宁	—	1540	120 头牛	512000
黄　冈	2840	1680	—	5131000
浠　水	—	1450	165 头牛	286000
随　县	—	1480	—	155000
枣　阳	4830	1420	125 头牛	135000
合　计	30380 担	16810 担	1720 只羊 566 头牛	8901000 尾

资料来源：刘寿朋：《湖北省农村合作委员会工作概况》，《农村合作月刊》第 2 卷第 1 号（1936 年 8 月），第 146 页。

---

① 《鄂农合会督令各县合作社植树》，《农村合作月报》第 1 卷第 9 期（1936 年 4 月），第 132 页。

② 倪德修：《云梦县一般合作情形》，《中国农民银行月刊》第 1 卷第 6 期（1936 年 6 月），第 59 页。

③ 《鄂农合会制颁本期工作纲要》，《农村合作月报》第 1 卷第 9 期（1936 年 4 月），第 128 页。

　　1937 年棉产改进所与农本局和中国农民银行又签订了 72 万元的贷款合同，月利 8 厘，截至 6 月底，已向襄阳、宜城、谷城、天门、光化、枣阳 6 县的 136 社发放贷款 91000 余元。[①]

　　第四，组织运销，避免中间商的榨取，增加农民收益。

　　为发展供给和运销业务，湖北省农村合作委员会在汉口成立供运代办处。凡各县合作社或合作联合会买卖各种货物，都由代办处代为买卖。代办处与汉口各大批发商接洽，确保价格低，质量优，以避免各合作社单独买卖所导致的价格与品质上的损失。[②]

表 7-10　湖北省部分县合作社供给业务一览

县　名	食　盐	火　油	杂　货	布　匹	粮　食	肥　料
应　城	—	—	261	—	1840	2400
安　陆	320	—	—	145900	3650	6800
孝　感	148	120	289	4000	1580	4850
云　梦	—	—	1875	—	2860	260
嘉　鱼	125	85	—	—	820	—
咸　宁	208	150	—	—	1280	—
黄　冈	62	140	—	2500	4280	4500
浠　水	—	—	—	4540	1850	480
随　县	—	—	—	—	860	—
枣　阳	—	—	—	—	2240	—
合　计	593 引	495 箱	2496 元	156940 元	23960 担	17784 担

资料来源：刘寿朋：《湖北省农村合作委员会工作概况》，《农村合作月刊》第 2 卷第 1 号（1936 年 8 月），第 147 页。

---

①　湖北省棉产改进所：《湖北省棉产改进所报告书》，1937，第 84、87 页。
②　《鄂农会订定供运代办处代办手续》，《农村合作月报》第 1 卷第 9 期（1936 年 4 月），第 105 页。

表 7-11　湖北省部分县合作社运销业务一览

县　名	谷　米	小　麦	棉　花	苎　麻	茶　叶	蔬　菜
应　城	—	4250	1250	—	—	—
安　陆	—	5400	1050	—	—	250
孝　感	5180	6480	4280	—	—	680
云　梦	—	4820	1660	—	—	450
嘉　鱼	4800	—	2450	1250	—	3500
咸　宁	—	—	—	1450	650 斤	—
黄　冈	5120	8480	2450	400	—	8500
浠　水	—	—	850	330	—	—
随　县	—	—	860	—	—	—
枣　阳	—	—	3240	—	—	—
合　计	17590 担	29440 担	20090 担	3430 捆	650 斤	13380 担

资料来源：刘寿朋：《湖北省农村合作委员会工作概况》，《农村合作月刊》第 2 卷第 1 号（1936 年 8 月），第 147 页。

4. 湖北农村合作运动的特点

第一，从合作社的类别来看，与江浙的信用合作社占绝对优势不同，湖北的合作社除了信用合作社占优势外，利用合作社也发展迅速。据湖北省农村合作委员会报告，统计三期工作结束时，核准登记社数达 180 余所，预备社数达 120 余所，合作组社数在 300 所以上，其中 180 所之正式合作社，利用合作社即占 150 余所。[1] 截止到 1935 年 6 月底，湖北省正式利用合作社 3 个，社员数 140 人，贷款数 1240 元；利用合作预备社 1241 个，社员数 72717 人，贷款金额 546526 元。[2] 至 1936 年 2 月底，利用合作社发展到 571 个，社员 47259 人，贷款额达 349928 元。利用合作社占全部合作社的 29.3%，社员数占社员总数

---

[1]　袁济华：《今后各县合作事业之展望》，《湖北农村合作》第 5 号（1935 年 2 月），第 1 页。

[2]　《农村合作月报》第 1 卷第 1 期（1935 年 8 月），第 121～124 页。

的 56.2%。①

利用合作社，社员除自耕农外，尽量吸收佃农加入，以改良业佃关系；每一利用合作社或利用兼营合作社，至少经营一种副业（如畜牧、造林、养鱼、育蚕等）；利用地方公款或银行贷款共同购买土地，试行集体经营；确定佃农正租，取消杂项供应。②

利用合作社之所以发展迅速，这与当时蒋介石对利用合作社的认识很有关系。他认为，利用合作社主要有两大作用：第一是可以管理土地。将农村整个土地"由合作社共同管理，由社员分别经营，复为之整理其耕，以谋耕作之便利"；第二，置办农耕设备。"凡耕作器具、耕作技术，及一切防灾、防虫之设备，非农家独立所能举办者，均由合作社统顾兼筹，代其购置。"蒋介石还认为这种合作形式可以推广到农村的一切领域，如交通、教育、卫生、育婴、娱乐等，从而造成一个合作的社会。

第二，从合作社的地理分布来看，与江浙地区合作社主要分布在经济发达和交通便利的地方不同，湖北的合作社则是贫困边区和交通方便地区分布并重。湖北合作运动第一阶段主要集中在共产党政权占领过的边区：鄂豫皖、洪湖、鄂东南等地区，主要从事救济工作以便重建农村，消除共产党的影响，政治目的极其明显。第二阶段随着豫鄂皖三省"剿匪"总司令部及农村金融救济处的裁撤及湖北开始进入国民经济建设时期，合作社及其业务开始扩展，侧重建设工作，因此合作社向交通方便、经济发达地区推进。

第三，从合作运动发展的目的来看，湖北农村合作运动具有非常浓厚的救济和抚恤的意味。主要表现在有关合作的法规和金融多数是在这种意义上颁布和执行的。例如，《"剿匪"区内各省农村合作社条例》及其《施行细则》就是 1932 年江西"剿匪"总司令部制定和颁

---

① 《农村合作月报》第 1 卷第 9 期（1936 年 4 月），第 175 页。
② 《驻县指导员第一年度第四期工作实施纲要》，《湖北农村合作》第五号（1935 年 2 月），第 30 页。

布的；《"剿匪"区内各省农村合作委员会组织规程》，要求豫鄂皖赣四省即刻提倡合作的组织，先从合作预备社入手，并颁布有关各种章则、办事细则等，通令各省遵照办理。至于合作经费来源，则是 1933 年 4 月在汉口专门成立豫鄂皖赣四省农民银行，以扶助各省合作事业的发展。[①] 在农民银行成立以前，由政府拨款 100 万元，并劝募赈款由农村金融救济处委托中央银行或其他银行代为发放。[②] 湖北省的合作社主要有前农村金融救济处办理的阳新、通城等 16 县的"匪灾"善后救济，截止到 1937 年，累计贷款达 58 万余元。湖北省农村合作委员会办理的蒲圻等 5 县的旱灾救济及豫鄂皖边区的罗田、黄陂等 11 县的"匪灾"善后救济，截止到 1937 年，直接贷放蒲圻等 5 县达 4.3 万余元，对罗田等 11 县贷款达 12.9 万余元。此外，由中国农民银行直接发放湘鄂川黔边区宣恩、鹤峰等 7 县贷款 20 万元。[③]

五　林业的推进

湖北林业，在清末属于劝业道下的劝业所管理，各县则由工房负责。民国初年，由民政长定公署实业司主管。1913 年，农林部改为农商部，是全国林业最高行政机关。农商部在各省设立林务专员，负责林业行政事务。1926 年，湖北省政府成立，林业在省由建设厅、在县由建设科管理，1929 年时改归农矿厅管理，1930 年农矿厅裁撤，林业又归建设厅管辖。湖北省建设厅设立了林业试验场，将全省划分为七大林区，各区设一个造林场，管理全省的林业行政及林业科学研究，为湖北林业的发展创造了有利条件。[④] 现将湖北全省的林业推进工作分述如下：

---

① 陈仲明：《民元以来我国之合作运动》，载朱斯煌《民国经济史》，第 349 页。
② 《豫鄂皖三省"剿匪"总司令部农村金融救济处工作报告》，1933，法令第 1 页。
③ 《鄂省合作事业概况》，《合作行政》第 16 集（1937 年 4 月），第 21～22 页。
④ 冯祖祥等：《湖北林业史》，中国林业出版社，1995，第 185～186 页。

1. 苗圃的推广

1928 年，湖北省建设厅刚成立，就在其工作计划里将苗圃工作列入其议事日程，通令各县设立森林苗圃，以作为发展森林事业的基础。要求原来设有苗圃者，继续办理；如果没有设立苗圃者，立即选择合适场所重新办理。所有经费从各县地方税项目下支付。为监督指导苗圃的推广工作，1928 年湖北省政府颁布《湖北省各县市森林苗圃暂行条例》[①]。1929 年又颁布了《湖北建设厅推广林业办法》[②]。1933 年 3 月 16 日，又颁发了《县苗圃规则》，要求各县必须设立 1 所苗圃。[③]

1933 年，湖北武昌、孝感、襄阳、郧县、宜昌等 8 个省立林场共有苗圃面积达 900 亩，育有苗木 2744759 株。其中引入国内他地种 109254 株、外国种 1480 株。本年度共造林 5641 亩，448282 株。[④] 1934 年、1935 年苗圃面积分别为 741 亩和 598 亩；两年度分别育苗 456.6 万株又 2416 床和 733 万株又 216 床。详情参见 1934、1935 年湖北省各苗圃育苗成绩表。

表 7-12　1934、1935 年湖北省各苗圃育苗成绩

苗圃面积单位：亩　株数单位：万株　床数单位：床

机构名称	苗圃面积		苗木种类		株数或床数	
	1934 年	1935 年	1934 年	1935 年	1934 年	1935 年
洪山农业推广区	20	30	马尾松	侧柏	729 床	4.1
卓刀泉农业推广区	20	40	马尾松	侧柏	9.5	12.4
九峰农业推广区	37.5	32	青松	女贞	19.7	20.8
襄阳农业推广区	59	31.8	侧柏	大叶柳	213.3	175.8　18 床
南湖农业推广区	100	—	麻栎	女贞	57.7	—

---

① 《湖北建设月刊》第 1 卷第 1 号（1928 年 6 月），计划第 1~2 页、报告第 5 页。
② 《湖北建设月刊》第 1 卷第 7 号（1928 年 12 月），法令第 21~22 页。
③ 冯祖祥等：《湖北林业史》，第 190 页。
④ 国民政府主计处统计局：《中华民国统计提要》，商务印书馆，1936，第 550 页。

续表

机构名称	苗圃面积		苗木种类		株数或床数	
	1934 年	1935 年	1934 年	1935 年	1934 年	1935 年
京山农业推广区	40	40	洋槐	油桐	280 床	93.0
宜城县苗圃	23	—	柳	榆	855 床	—
钟祥县苗圃	57.1	—	马尾松	侧柏	171 床	—
武昌县苗圃	28.7	28.7	油桐	乌柏	12.6	7.6
大冶县苗圃	39	39	榆	扁柏	13.1	8.1
襄阳县苗圃	21	—	扁柏	巨柳	15.6	
天门县苗圃	19.2	20	扁柏	洋槐	5.2	14.8
荆门县苗圃	32	32	松	油桐	115 床	3.1　118 床
浠水县苗圃	36.5	—	榆	栎	22.4	
光化县苗圃	12	16	青桐	扁柏	227 床	25.6
当阳县苗圃	25	—	油桐	榆	27 床	
南漳县苗圃	29	—	白杨	苦栎	0.2	
公安县苗圃	53	69	扁柏	乌柏	1.0	3.5
谷城县苗圃	30	30	麻栎	油桐	14.7	4.4
京山县苗圃	33	33	麻栎		12 床	3.1
应城县苗圃	26	20	马尾松	扁柏	79.8	92.7
宜昌县苗圃	—	39	—		—	12.6
黄陂县苗圃	—	8	—		0.8	50 床
均郧农业推广区	—	84.5	—		—	251.4
鄂　城	—	5	—		—	30 床
合　计	741 亩	598 亩			456.6 万株 2416 床	733 万株 216 床

资料来源:《湖北省政府公报》第 239 期（1936 年 10 月 1 日）。

2. 造林活动的开展

1928 年 4 月，国民政府规定，将"旧历清明植树节"改为"总理逝世纪念植树式"，每年的 3 月 12 日全国举行植树活动，每一县市至少植树 500 株或造林 10 亩。1930 年 2 月又规定每年的 3 月 11～16 日为造林运动宣传周。1932 年重新颁布《森林法》，1933 年颁发《各省堤防造林计划大纲》并命令各省市筹划实行。

为推广造林，1929 年湖北省建设厅颁布了《推广林业办法》，《办法》规定，只要是荒山，不论产权属于谁，都必须造林。所需的种苗暂由湖北省建设厅供给。凡向建设厅领取种苗愿缴现金者，一律廉价售予；无力缴纳现金者，可以在造林满 8 年后照原定价格稍加利息缴还，也可以等采伐木材时将纯收入的 3/10 上缴建设厅。如有大面积荒山，如地方公私团体及个人不能造林者，由建设厅直接造林，将来采伐木材时，将其纯收入的 2/10 分配给山地所有者。① 鉴于湖北各县对于造林事业大都漠不关心，童山秃岭随处可见。每当雨水冲积泥沙，河床淤塞，各处堤防因之溃决。1929 年 7 月，湖北省农矿厅会同建设厅命令各县督促地方绅董劝导民众多植树木。在各县建设局未成立以前，由江汉流域各县长令地方绅董劝导民众，各就所宜树木广为栽植，如各县长年荒弃的官民山地，由各该县长就地筹款多购树苗栽种。② 1933 年 10 月，湖北省政府遵照国民政府修订的《森林法》，相应颁布了《湖北省森林保护单行条例》和《湖北省森林保护规则》，要求各县县长，应在所管辖的范围内有森林的地方，每 20 户编为 1 保，每 3 保编为 1 董，每保设林保 1 人，每董设林董 1 人，负责办理所辖境内的森林保护事务。1936 年，湖北省建设厅要求各县将宜林荒地从本年秋季起一律造林，每年至少完成全县 1/3，三年内必须完成。③

为解决造林所需苗木的来源问题，1928 年 8 月，湖北省建设厅通令各县，所有以前设有苗圃者，应继续进行工作；还未设立者，应立即选择合适地点开办苗圃场。所需经费由各县地方税项下划拨。后来湖北省建设厅遵照国民政府每县至少应设 5 亩面积的苗圃的要求，颁

---

① 《湖北建设概况》（1928 年 4 月～1929 年 5 月），第 91～111 页；《湖北建设月刊》第 1 卷第 7 期（1928 年 12 月），法规第 21 页。
② 《湖北农矿月刊》第 3 期（1929 年 10 月），命令第 41～42 页。
③ 《湖北建设厅 23-25 年度行政计划》，湖北省档案馆：LS31-1-150。

布了《湖北省立苗圃章程》，要求各县从公有土地划拨 5 亩或租借民地作为苗圃基地，所需开办费及每月经常及临时费均由各县地方税项下开支，每个苗圃设技术员 1 人，专门负责培养造林树苗；技术员必须毕业于中等以上林业学校或服务于林业机构满 3 年以上者。[①] 1928年 10 月，为防止人民不明了植树造林的意义，发生损害植树造林的行为，湖北省建设厅和民政厅联合颁发《保护森林简明方法》，要求各县县长广为劝谕，随时派员视察指导，并将其工作办理的成绩，作为县长考核的一项重要内容。[②]

　　湖北省 1933 年将原有 10 余处农林、棉、茶、蚕桑、畜牧各试验场，改组为农业推广处，先后在洪山、卓刀泉、九峰、南湖赫山、京山、均县、郧县、谷城、襄阳等地设立了 10 个推广区。[③] 湖北省农业推广处主要从事以下造林活动：一是荒山造林。1933 年以来，湖北省建设厅在九峰、卓刀泉、洪山、龟山、淮山以及襄阳、均县、谷城各县荒山，分别造林，共达 600 万株。二是堤防造林。湖北省长江及汉水沿岸堤防达 2200 公里，急切需要造林的堤防有 200 公里，主要分布于蕲春、黄梅、沔阳、京山、钟祥、潜江、江陵、公安、监利、石首等县。农业推广处指派技术人员，分别负责办理，共植杨柳 12 万余株。三是公路造林。湖北省公路已完成 3000 余公里，1934～1935 年，先后在襄花路河石段，汉宜路长皂段及武阳路武大段，分别栽植行道树达 54000 余株。[④] 1934 年度造林面积达 4703.9 亩又 30 里，造林246.2 万株；1935 年度造林面积达 5075.5 亩，造林 336.6 万株。具体详见 1934～1935 年湖北省各苗圃造林成绩表（表 7-13）。

---

① 湖北省政府秘书处编《湖北建设最近概况》（1933 年），农政第 24～25 页。
② 《湖北建设月刊》第 1 卷第 7 号（1928 年 12 月），命令第 10 页。
③ 刘寿朋：《湖北省近年来之建设概况》，《实业部月刊》第 2 卷第 2 期（1937 年 2 月），第64 页。
④ 刘寿朋：《湖北建设近况述略》，《中国建设》第 13 卷第 1 期（1936 年 1 月），第 117～118 页。

表7-13 1934~1935年湖北省各苗圃造林成绩

面积单位：亩 造林数量单位：万株

机构名称	造林面积		造林树种		造林数量	
	1934年	1935年	1934年	1935年	1934年	1935年
洪山农业推广区	500	518	麻栎	侧柏	26.4	16.3
卓刀泉农业推广区	500	972	青松		37.9	72.7
九峰农业推广区	1437.7	—	青松	麻栎	98.0	205.4
襄阳农业推广区	256	939.7	侧柏	洋槐	18.9	27.7
京山农业推广区	423	2500	麻栎		14.1	1.3
宜城县苗圃	52.1	—	女贞	梧桐	1.3	—
钟祥县苗圃	约30里	—	柳	榆	1.4	
大冶县苗圃	3.4	25	刺槐	乌桕	0.2	4.6
天门县苗圃	—	20	刺槐	巨柳	1.2	
荆门县苗圃	608	35	扁柏	白杨	18.0	1.5
浠水县苗圃	371	—	松	油桐	10.3	
光化县苗圃	13.2	—	榆	柳	0.2	4.9
南漳县苗圃	11		油桐	桑	0.1	
公安县苗圃	34		榆	苦栎	0.7	0.8
谷城县苗圃	15		榆	香椿	1.1	
京山县苗圃	5		侧柏	刺槐	0.1	1.3
应城县苗圃	4.5	38	麻栎	油桐	10	0.1
宜昌县苗圃	500	—	侧柏	洋槐	2.1	
黄陂县苗圃	—	27.8	—		—	—
均郧农业推广区			洋槐	苦栎	4.2	
分　计	4703.9亩又30里	5075.5	—		246.2	336.6
合　计	9779.4亩又30里		—		588.2	

资料来源：《湖北省政府公报》第239期（1936年10月1日）。

我们还可从武昌林场的造林情况窥见湖北造林运动的一斑。武昌林场包括洪山、卓刀泉、九峰、南湖等4处，以洪山为总场，合称武昌林场。自1929年改组以来，业务积极进行，各场育苗面积约共300余亩，职工60余人，林警10余人，每年经费约1万余元，主要业务为培养苗木及荒山造林，树种以青松、侧柏、麻栎为最多，臭椿、槐树、苦栎、油桐、白杨等次之。此外洋槐、黄金树、法国梧桐等亦试验栽植，现在各场荒山树木均已生长成林矣。现将各场作业情况列表如下（表7-14）[①]。

表7-14　武昌林场育苗推广造林一览

单位：公亩（1936年）

场　别	主要作业	职工数	育苗推广面积	育苗推广株数
洪　山	培养林苗，推广造林	19	1917	203500
卓刀泉	培养林苗，推广造林	17	13341	1041545
九　峰	培养林苗，推广造林	10	2539	1900200
南　湖	培养林苗	23	7250	30000

资料来源：湖北省农村调查委员会：《湖北省农村调查报告》第一册武昌县（1937年），第62页。

此外，政府开始提倡发展乡村副业。由于湖北农产品不能完全自给，农民除从事农业外，大都从事副业生产。副业主要有武昌、黄州等处的育蚕与织布；汉阳、沔阳等处的渔业、船业与育蚕缫丝；此外，还有榨油、制漆、负贩、畜牧、碾米、磨面、制茶、烧窑等其他小工业。[②]

阳新手工造纸业，历史悠久。造纸业主要分布在木石港、堰下、黄沙铺三处。木石港所产纸用途极为广泛，如制扇、糊灯笼、做信封、染印花布制花板及其他零细包装，而后两处生产之纸主要用于迷信即农村所谓的火纸。阳新每年造纸产值达数百万元。1927～1928年最旺盛时期，造纸农家达1000余户，产纸约40万捆，产值达300多万元。木石港所产的改连纸在天门、随州、德安一带销路极畅。与之竞争者有沔阳、宜昌、汉阳等县的造纸业。造纸虽为当

---

① 湖北省农村调查委员会：《湖北省农村调查报告》第一册武昌县（1937年），第62页。
② 刘大钧：《我国佃农经济状况》，上海太平洋书店，1929，第85页。

地农民的一种副业，但从收入看来，由于种田收入低微，农民造纸所得收入已成为家庭收入的主要来源。以每家年产 200 捆计，毛收入可达 1000 余元。除去成本，也可得相当收入。① 阳新木石港附近数十里内农民，如果不从事造纸业，也可从事砍柴及挑工为生。

1932 年 9 月，湖北省建设厅决定筹办手工造纸传习所并附设手工造纸厂以增加农民副业收入。② 1934 年 5 月，湖北省设立救济阳新县手工造纸业事务所，派员指导纸农组织纸业产销合作社，承借贷款以恢复纸业。至 1935 年 5 月，累计获准成立及还在筹备的合作社组织达 43 社，社员 16608 人，发放贷款 9050 元。③

总之，从上述生产和经营的干预活动来看，本期的国民政府与湖北地方政府，恢复和创办农业试验机构，进行农业品种改良和技术改良活动，为推动农业发展提供技术支持；举行棉花掺水掺杂取缔活动，创办商品检验，提高农产品质和市场竞争能力，开创性地为农业生产提供质量保障体系；发展农田水利事业，为农业生产提供公共基础设施；恢复和发展仓储事业，创办新式农仓，调整农业关税政策，调节粮价，试图建立农产品价格支持体系及救济灾荒；提倡发展乡村副业，解决农民的季节性闲暇问题和提高农民创收水平；尤其是合作运动的开展，在农村试图通过合作社新型农业组织的创办，建立农业生产、运销、金融体系，对农业生产进行强力的组织干预，合作运动取得了一定的绩效，融通了农村金融，进行公共基础设施建设，部分解决了单个农民无力解决的问题，推动农业技术改良和进行农产运销改革，提高农民收益。但是仍然存在诸多问题。

---

① 夏得仁：《阳新造纸手工业调查》，《中国农民银行月刊》第 1 卷第 1 期（1936 年），第 49～60 页。

② 湖北省政府委员会第四次谈话会会议议事录，LS1-1-38，湖北省档案馆馆藏档案。

③ 《救济阳新仍应推进合作》，《中国农民银行月刊》第 1 卷第 2 期（1936 年 2 月），第 151～153 页。

第八章　湖北农业政策评析

政府对经济发展的作用至为关键。正如诺思指出："国家的存在是经济增长的关键，然而国家又是人为经济衰退的根源；这一悖论使国家成为经济史研究的核心。在任何关于长期变迁的分析中，国家模型都要占据显要的一席。"① 本章将综合考察南京国民政府初期湖北农业政策的绩效，回答的主要问题有：湖北省农业经济政策取得了哪些绩效？存在哪些问题？其原因何在？

一　政策效果评估

政策效果是政策执行后对客体及环境所产生的影响和效果。它与政策输出不同，政策输出泛指政策从事的工作或已经做过的那些事情及与此相关联的一系列统计或经济数字。它只是向人们描述政府做过了什么，而不能告诉人们政府的政策行为产生什么结果或影响；而政策效果所要回答的正是人们关注的问题，它描述既定的政策行为之于相关的各种环境或客体所引起的变化，包括政策预定目标的完成程度、对目标团体的影响、对目前和未来的影响等。② 由于农业经济政策不是单独的一个政策，而是由诸多政策组成的系统工程，所以对本

---

① 〔美〕诺思：《经济史中的结构变迁》，上海三联书店，1994，第20页。
② 陈振明：《政策科学——公共政策分析导论》，中国人民大学出版社，2003，第469页。

期湖北农业政策，我们只能做一个比较宏观的评估。我们认为，本期农业政策推动了湖北农业的近代转型；农业生产获得了一定的恢复和发展；但是政策效果还很有限，农村依旧贫穷，农民的生存环境较为艰辛。

1. 推动了湖北农业的近代转型

本期湖北，建立和初步健全了农业管理体系；成立农业金融机构，调剂农村金融；进行农业改良，推动农业技术的进步。总而言之推动了湖北农业的近代转型。

第一，建立和初步健全了农业管理体系。

根据本书第三章的考察，本期湖北，建立和初步健全了农业管理体系。首先，对农业行政机构进行了调整，建立了省县两级农业行政管理体系——省建设厅管理全省的农林事业，省以下由县政府第三科负责管理。其次，加强了对农业技术机构的管理。除了设置农、林、茶叶、蚕丝、畜牧等各种专业试验场外，还加强了对各试验场的管理，1936 年时成立湖北农业改进所，负责全省的农业改进事务。再次，成立了新式的农业金融机关。本期湖北，建立了由银行—农民贷款所—合作社组成的新式农村金融体系。此外，还成立或加强了对农业税收、农田水利机构、农业教育机构、农产品质量检验机构等等的管理。各种农业机构的设立和加强，在全省范围内初步形成了农业行政、技术、金融体系，为政府干预农业提供了组织保障。

第二，成立农业金融机构，调剂农村金融。

1927 年前，湖北省内没有专业性的农业银行，因钱庄、银行大都集中于都市、城镇，农村中资金融通极为困难，贫苦农民有时即使出高利也无法借到现款。[①] 农民主要通过左钱、借钱、请会三种方式融通资金。左钱是借钱的一种方法，主要发生在彼此有相当信用和感情

---

① 陈钧等：《湖北农业开发史》，中国文史出版社，1992，第 229 页。

的借贷双方。不需书面契约，完全由双方口头约定；也不需要担保人，不收利息，但借贷时间很短，一般为 1～4 个月；借钱则需担保人，年利 3 分至 4 分；请会即合会，是由若干人组成一会，每人缴纳一定数额的资金给会员当中的某一人，如此轮流若干次，至会员中的每个人都取得后即解散，是整借零还，且利息较轻。① 国民政府成立后，不仅成立了专业的农业银行——中国农民银行，以"供给农民资金、复兴农村经济、促进农业生产之改进"②。而且各商业银行也纷纷发放农业贷款。1927～1937 年，湖北省的农业金融机构主要有中国农民银行、湖北省农民借贷所、实业部合作事业湖北办事处、全国经济委员会合作事业委员会驻鄂办事处、豫鄂皖三省农村金融救济处湖北分处等，从而建立了新式农村借贷网络。该网络分为三个层次，第一层次为银行，处于该网络的最上层，包括专业农民银行、商业银行及省地方银行；第二层次在银行之下为农民借贷所；第三层次，在银行、农民借贷所之下，为合作社。③ 据我们的初步估算，本期湖北省的农贷资金，累计达 449.8 万元（数据详见本书第四章）。过去我们过多地出于各种义愤，谴责农贷资金被地主豪绅所垄断，乃至成为他们剥削农民的工具。但是作为一种新生的制度设计，毕竟给金融枯竭的农村注入了一笔资金，对于调剂农村金融，抑制农村的高利贷，恢复农村经济发展，还是具有一定积极作用的。

第三，进行农业改良，推动农业技术的进步。

1898 年张之洞在武昌宝积庵创设农务学堂和徐家棚棉场，为湖北农业科技事业之发端。1915 年北京政府农商部在武昌设立了第三棉业试验场，从事品种、栽培、肥料方面的改良试验，是全国最早的棉作

---

① 《湖北农民通融资金之方法》，《中外经济周刊》第 114 期。
② 《中国农民银行条例》，中国农民银行经济研究处：《农村金融法规汇编》，1942，第 290 页。
③ 李金铮：《民国乡村借贷关系研究》，人民出版社，2003，第 318 页。该著将农村借贷网络分为四个层次，因本期湖北的合作金库和农业仓库建设工作刚起步，所以笔者根据湖北实情将其更改为三个层次。

专业试验场所之一。1928～1933 年，湖北棉业试验场得到了巨大发展，除将第三棉业试验场改由湖北省政府主办外，分别在徐家棚、江陵、钟祥设立棉业试验场，还设立了武丰分场。此外茶叶、蚕丝、畜牧等都分别设立了专门的试验场。1933 年上述试验场裁并改组为农业推广处。1935 年，棉业试验场与棉花统制委员会合作另设棉产改进所。1937 年农业推广处与棉产改进所合并，改名为湖北省农业改进所。改进所下设农艺、森林、畜牧兽医、作物病虫、推广等 5 个技术组及若干试验场。全所职工 56 人，其中技术人员 43 人，从事稻、麦、棉、玉米、大豆、花生等作物品种比较和引种试验。[①] 上述机构为推动湖北农业改良作出了相应的贡献。下面拟以南湖农业试验场和湖北省棉业试验总场的农业改良工作为例，以窥湖北农业技术改良之一斑。

湖北省南湖农业试验场，最初只有作物、园艺、化验、经济、病虫害五系，1931 年扩充为稻作、麦作、豆作、育苗、园艺、化验、病虫害、推广 8 系，作物系主要从事水稻、小麦育种试验，也进行其他作物的栽培试验；园艺系主要从事果树、蔬菜、花卉、养蜂育种试验及庭园布置；病虫害系主要从事昆虫采集、饲养、陈列展览以及防治病虫害工作；经济系则以改良土地、肥料、人工及栽培有利作物并测算经济效益。作物系育成的良种有 622 纯系、1102 纯系、1122 纯系、1074 纯系、3457 纯系小麦五种，园艺系育成果苗计有黄陂桃，蔬菜有北平早生黄瓜、线茄、日本黑皮南瓜、德国红皮南瓜、武昌龙瓜、武昌大椒 6 种。[②]

湖北武昌徐家棚棉业试验场，主要宗旨在于改良华棉和驯化美棉。1929 年在场驯化者有阿克来品种和屈力司品种，改良华棉有从各棉产区采集的 444 种。此外还从事了 30 种棉的肥料试验、株距试验、

---

① 湖北省地方志编纂委员会：《湖北省志·科学》中卷，湖北人民出版社，1998，第 643～644 页。
② 《湖北建设月刊》第 3 卷第 4 号，调查第 4 页。

行距试验、浸种试验等。后来，湖北省棉业改良委员会进行了育种、栽培试验和研究三个方面的工作。

一是进行良种的繁殖工作。1936 年度共计在 556 亩棉地上进行美棉中的脱字棉、德字棉、斯字棉、中长丰、俄国纯系棉 114 和 1306 等品种繁殖工作，详见表 8-1。

表 8-1　湖北省棉业改良委员会 1936 年繁殖良种情形一览

种植亩数	种　　别	品种名称
552	美　棉	脱字棉
1	美　棉	德字棉
1	美　棉	斯字棉
0.5	美　棉	俄国纯系棉 114
0.5	美　棉	俄国纯系棉 1306
1	美　棉	中长丰
556	—	合　计

资料来源：《湖北棉业改良委员会试验总场概况》，《农业建设》第 1 卷第 2 期（1937 年 4 月），第 185 页。

除了进行良种的繁殖工作外，棉业试验总场还举行各种育种试验，以期育成更适合于本地需要的优良新品种。对爱字棉等 49 种美棉和中渡县等 9 种中棉进行了品种观察；对爱字棉等 34 种美棉、襄阳棉等 38 种湖北各地中棉和美棉品种进行品种比较试验；对海岛棉与埃及棉等 18 种，合肥黑籽、常德紫茎、孝感长绒、百万等中棉进行杂交育种试验。

二是举行栽培试验。举行栽培试验，以期获得各项最适当的栽培方法以供推广。1936 年度棉业试验总场进行脱字棉播种期、摘心、株距、应用耕作制度、平作、畦作和垄作制试验。

三是进行各项棉作研究。试验总场还对与棉作育种和栽培试验有关的各项棉作进行研究。1936 年的研究项目如下：

表 8-2　湖北棉业试验总场 1936 年度棉作研究一览

研究事项	研究目的	供试品种
杂交势观察	观察杂交种第一代之形态与生理是否发生杂交优势	海岛棉、脱字棉等
光期试验	观察光照时间与棉作成熟迟早及生长之关系	百万棉、常德棉等
自然脱落测验	测定各种重要品种之脱落百分率	本场各重要品种
摘果试验	决定摘果与产量及成熟之关系	脱字棉、西河棉
移植试验	观察棉作移植与其成活及生长之关系	脱字棉、西河棉
立枯病防治试验	试验硫酸铜、碳酸铜等对于本病的防治效力	脱字棉
土壤改良试验	谋改良黏性土壤适于棉作生长	脱字棉

资料来源：《湖北棉业改良委员会试验总场概况》，《农业建设》第 1 卷第 2 期（1937 年 4月），第 187～188 页。

总之，农林试验场的农业试验和研究工作，推动了湖北农业技术的进步。

2. 农业的恢复和发展

本期湖北，除武汉三镇外，完全以农业生产为主，农业的兴衰关系着湖北经济发展的水平。从当时全国农业的发展状况来看，在世界经济危机和自然灾害影响下，中国农作物的产量时高时低，发展不稳定。据巫宝三的估计，以 1933 年作为基期，全国 1931～1936 年稻麦等作物净产值指数分别为 112、122、100、84、107、120。农业净产值分别为 13759301 千元、14931222 千元、12270917 千元、10304406 千元、16926458 千元。[①] 从上述指数变化来看，20 世纪 30 年代中国农业经济发展呈现曲折发展状态。1932 年后开始衰退，1934 年沉到谷底，1935 年开始复苏，1936 年开始超过往年，到达 30 年代的高峰。也就是说，中国的农业生产在抗战前十年总的趋势还在发展，只是这种发展既曲折又缓慢。[②] 湖北农业发展情形基本与全国情况相似。陈钧等

---

① 巫宝三：《中国国民所得》，中华书局，1933，第 48 页。
② 朱英、石柏林：《近代中国经济政策演变史稿》，湖北人民出版社，1998，第 463 页。

认为，30年代初，湖北全省水旱迭乘，灾情惨重，社会元气大伤，恰逢世界性经济大危机波及中国，农村经济凋敝。通过国民政府及湖北地方政府采取一系列的经济政策的调整，适逢1936～1937两年全省农业丰收，湖北农业得到了短暂的恢复。[1]《湖北省志》对本期湖北农业的认识为：自民国以来，农业生产虽有较大起伏，但除大灾之外，总的趋势是在缓慢增长，1936～1937年，全省风调雨顺，农业丰收。从主要农作物的产量来看，1936年与1934年相比，稻谷增长52.3%，棉花增长39.6%，其他作物的产量都有较大的增长。[2] 我们也基本认同前面的观点，认为，本期湖北农业获得了一定程度的增长，但增长曲折而缓慢。下面就此问题展开论述。我们先看看当时湖北的总体发展水平。据时人研究，湖北省经过30年代的建设，至抗战爆发时止，其在全国的总体水平如下：

表8-3　湖北农业发展的总体水平

项目指标	数　量	在全国的位次
土地面积	182110平方公里	14
耕地面积	56226750亩	8
人口	25042654人	8
农户平均耕地	14.25亩	20
中等自耕农收入	1034元	2
中等地主收入	506元	5
中等自耕农田地费用	177元	8
农民副业总值	1406752元	8

资料来源：余景陶：《湖北农村困苦原因之探讨》，《建设评论》第3卷第1期（1936年10月）。

原文耕地面积、农户平均耕地面积都是公亩，现换算成市亩。

从表8-3可以看出，湖北面积18.2万平方公里，位居全国的第14位，耕地面积5600多万亩，人口2500多万，处于全国的中等水平。

---

[1]　陈钧等：《湖北农业开发史》，中国文史出版社，1992，第249～260页。

[2]　湖北省地方志编纂委员会：《湖北省志·经济综述》，湖北人民出版社，1992，第64页。

户均耕地 14.25 亩，位居全国后列，为第 20 位，但是农民年收入水平却处于全国前列，中等自耕农收入为 1034 元，位居全国第 2 位，中等地主收入 506 元，位居全国的第 5 位。副业收入水平居全国中等水平，位列第 8 位。而农民的农业投入水平也是居于全国中等水平，位列第 8 位。可见当时湖北的农业发展水平较高，位居全国先进水平。

我们也可从湖北省主要作物在全国 20 个省中的排名和分量中看出湖北农业发展的总体水平。据统计，1931～1934 年湖北作物收成水平，除小麦和大麦稍高外，均低于全国的平均水平，这意味着湖北的农业发展环境劣于全国平均水平。但是从收成状况来看，除甘薯的播种面积和总产量位居 20 个省当中的第 11 位和第 10 位，稍微处于后列外，其余各种主要作物的播种面积、总产量、亩产量均位于全国前列。从播种面积来看，位于全国前 5 位的有大麦、籼粳稻、棉花；从总产量而言，位于全国前五位的有大麦、油菜、棉花；从亩产量来说，位于全国前五位的有小麦、大麦、高粱、棉花、甘薯。具体详见表 8-4。

表 8-4　1931～1934 年四年间湖北主要作物在全国 20 省中的排名和分量

作　物	面积（千亩）	排名	%	产量（千市担）	排名	%	亩产量（市斤）	排名	平均产量（市斤）	作物收成（%）	
										湖北	全国
小　麦	14573	8	4.9	26259	7	5.9	180	4	150	69	65
大　麦	13905	2	14.1	21948	3	13.9	158	5	159	67	67
油　菜	3781	6	6.8	2791	4	6.1	74	7	85	62	65
高　粱	2536	8	3.2	4961	8	3.6	179	5	178	61	62
籼粳稻	24203	4	9.8	70586	7	8.5	291	9	340	61	68
棉　花	5888	4	10.8	1652	5	10.6	28	5	29	48	57
大　豆	2818	8	3.6	4346	8	3.5	154	9	159	55	61
甘　薯	1070	11	3.3	8718	10	2.6	810	1	1062	62	69
小　米	1963	8	2.4	2674	7	2.0	165	8	136	57	63

资料来源：实业部中央农业实验所：《农情报告》第 3 卷第 8 期（1935 年 8 月），农产估计修正专号。

据时人穆严估计，本期湖北省米、麦、豆、棉的产量均高于全国的平均产量，湖北农地的生产力已超过全国的平均水平。具体详见湖北重要农作物每亩产量比较表（表8-5）。

表8-5　湖北重要农作物每亩产量比较

品　名	全国平均产量（石）	湖北产量（石）
米	1.009	1.607
麦	0.785	1.166
豆	0.747	1.222
棉	61 斤	94 斤

资料来源：穆严：《湖北农村经济概观》，《政治月刊》第 1 卷第 1 期，第 37 页。

本期湖北农业发展还表现为农产品商品化的增长。至抗战前，近代中国农村经济出现了一定程度的增长，其中一个重要因素就是商品化的增长。[①] 本期湖北的商品化程度增长主要表现在：

一是水稻、棉花等主要商品量、商品值的增长。1929～1932 年，湖北省内的稻米供给，非常缺乏。1929 年，输入湖北境内的洋米，只有 4000 担左右，输入的本国其他地区的大米，有 60 万担左右，湖北输出大米仅有 3000 担，入超 60 余万担；至 1932 年，输入湖北的洋米，增至 84 万担，而输入的本国米，有 9 万担左右，而输出大米，仅有 2 万担左右，入超达 92 万担。[②] 洋米进口，1927～1929 年还不到 10 万两，而 1932 年竟达到了 2100 万两。[③] 由此可见湖北稻米的商品化程度获得了一定程度的发展。

棉花是湖北重要的特产，商品化程度也较高。据孙晓村先生对民国时期主要产棉各省的棉花用途研究，湖北 61% 的棉花供出售，商品率仅低于山东（72%）、河北（63%）、山西（62%），位居全国第四位。清

---

① 丁长清、慈鸿飞：《中国农业现代化之路——近代中国农业结构、商品经济与农村市场》，商务印书馆，2000，第 290 页。
② 鲍幼申：《湖北经济之病态及其救济》，《汉口商业月刊》第 2 卷第 2 期（1935 年 2 月），第 28 页。
③ 《汉口历年来进出口贸易之分析》，《汉口商业月刊》第 2 卷第 2 期，第 28 页。

末民国年间，汉口的棉花交易仅次于上海，是全国的第二大棉花市场，集中了湖北、湖南、河南及陕西一部棉花，其中湖北棉花占一大半，除省内纱厂耗用外，其余销往国内外市场，成为湖北重要的输出品之一。湖北纱厂1918年最盛时纺锤数占全国7.8%，仅次于江苏位居全国第二，到1930年时跌至全国的7.33%，落后于江苏和山东，仍位居全国第三位。每年所用机纺棉花最多时达七八十万担，其中绝大部分都由湖北本地棉花供给。① 据梅莉研究，棉花的商品率高，在保证本省手工棉纺织业基础上原棉大量外销。②

二是经济作物挤占粮食生产，经济作物的对外贸易有了巨大的发展。据穆严研究，湖北农产品的商品化程度大大提高了。农民的生产观念大大改变了，他们生产不再是为食粮而生产，而是为买卖而生产，为市场而生产。具体表现为普遍于田亩间的是棉花、大豆、鸦片等经济作物的种植面积一天比一天扩大出口，而稻麦等粮食作物的种植面积却缩小了。③

由于种植花生比种稻米利大，施肥少，能够更合理地分配人工，而且能利用高地，轮种产量多，在黄陂，出现了花生排挤稻米、棉花的现象。④

此外，本期经济作物的对外贸易有了较大的发展。第一，出口的商品种类较前增加了。从湖北省汉口、沙市、宜昌三大贸易中心来看，汉口出口的大宗商品有茶、棉、桐油、豆、麻、烟草、生丝、牛皮、漆、蛋品、猪鬃等；宜昌出口的大宗商品有棉、麦、烟草、漆、皮毛、木耳、柏油、药材；沙市出口的大宗商品有棉、麻、漆、烟草、皮毛、花生等。第二，出口数量也大为增加了。在1923年以前，汉口出口的棉花每年还不到100万担。1923年后，逐渐增加。1923~1929年，每

① 梁之军：《湖北之棉业》，《中国经济评论》第2卷第8期，第13页。
② 梅莉：《历史时期的湖北植棉业》，《农业考古》1991年第1期，第342页。
③ 穆严：《湖北农村经济概观》，《政治月刊》第1卷第1期（1934年4月）。
④ 章有义：《中国近代农业史资料》第二辑，三联书店，1957，第212页。

年均超过 100 万担。1926 年达到了 190 万担，1928 年更是达到了 240 万担。[①]

三是商品化程度还可以从湖北省购买粮食、衣着、日用品、肥料、农业机械及嗜好品的农家百分率表现出来。

表 8-6　湖北粮食类商品率与全国平均水平比较

商　品	湖北（%）	全国（%）
米	26.6	29.0
小　麦	8.2	16.6
面　粉	24.8	9.6
玉　米	18.6	8.9
小　米	6.3	6.5
高　粱	2.7	5.4
大　麦	2.8	4.1
杂　粮	10	17.2
购买粮食的农家	34.8	36

表 8-7　湖北衣着类商品率与全国平均水平比较

商　品	湖北（%）	全国（%）
洋布	42.8	29.9
纱	8.9	7.2
人造纺织品	13.9	8.5
毛织品	13.1	9.6
洋袜	72.2	48.0
纺织棉布的农家	35.4	24.4

表 8-8　湖北日用品类商品率与全国平均水平比较

商　品	湖北（%）	全国（%）
煤　油	73.8	54.2
肥　皂	53.1	34.1

① 鲍幼申：《湖北省经济概况》，《汉口商业月刊》第 1 卷第 7 号，第 37 页。

表 8-9 湖北肥料及农业机械类商品率与全国平均水平比较

商 品	湖北（%）	全国（%）
油 饼	46.1	22.1
肥田粉	2.5	3.9
戽水机	2.1	12.5
碾米机	8.3	25.8
轧花机	77.1	54
其 他	12.5	5.6

表 8-10 湖北嗜好类商品率与全国平均水平比较

商 品	湖北（%）	全国（%）
酒	62.4	48.8
香 烟	22.2	19.3
喝酒的农民	51.5	42.3
吸烟的农民	35.7	27.7

资料来源：《农情报告》第 4 卷第 8 期（1936 年 8 月），第 197～208 页。

从上述各表可以看出，湖北衣着类、日用品类、嗜好类的商品率全部高于全国的平均水平；粮食类，商品率除面粉和玉米的商品率略高于全国平均水平外，其他均低于全国的平均水平，说明湖北粮食类商品的自给率较高，大部分用于农民自家消费，只有少量用于交换。而肥料及农业机械类的商品率，除油饼和轧花机高于全国平均水平外，肥田粉、戽水机、碾米机的商品率均低于全国平均水平。

此外，我们还可以从平均每一中等农家需用数量中可以看出商品化程度。本期湖北农民日常消费的洋糖、盐、油、煤油、肥皂等均超过全国平均水平。

表 8-11 湖北每一中等农家需用数量

	洋糖（斤）	盐（斤）	油（斤）	煤油（斤）	火柴（匣）	肥皂（块）
湖北	7.4	61.8	63.1	37.0	39.0	18.7
全国	6.8	60.1	47.2	27.3	70.2	14.2

资料来源：《农情报告》第 4 卷第 8 期（1936 年 8 月），第 201 页。

3. 农民生存状况的艰辛

本期的湖北农民，饱受天灾人祸的摧残。1931 年大水灾，湖北省内所辖 69 县受灾者共计 52 县，受灾人口达 900 万。1934 年遭受水灾的有天门等 10 县，旱灾者有武昌等 20 余县，同时遭遇水旱灾者有广济等 4 县。1935 年的大水灾和旱灾也毫不逊色。全省 66 县受灾，受灾农田达 1448 万亩，比 1931 年增加 1100 万亩以上。水旱灾害造成农村劳动力大量流失、农业收获量锐减、耕畜农具大量散失和土地荒芜，农业屡受重创。[①] 人祸方面，湖北省兵灾匪患更是长年不断。1926 年前，湖北为一般军阀所盘踞，战争连年不断；1926 年后，战火连绵。自 1914～1934 年，除去 1925、1927、1929 三年的军事费用较少外，其余每年都在 300 万元以上。1923 年的费用竟达到了省库支出的 90%以上。费用直接来自税收，间接仍是出自湖北省内的农民及消费者身上。例如食盐税捐的持续增长、公债的募集、契税等的征收，加重了湖北人民的负担。此外，战时的勒索、拉夫、勒派粮草等，均足以妨碍农业生产。鄂城驻军和过境队伍，拉夫很多，人民应征而往，有的数十天也不放回；有的直接由过往军队带往其他地方以致杳无音信。因此，鄂城人民谈兵色变，以致县政府奉令征兵时，无一应征者，只得摊派于各地。各地只好招募人员以图应付。[②] 阳新为了防卫的需要，建筑碉堡、城圩达 300 余座，军队过境，拉夫运送粮草和弹药，以致"力役之征，民亦劳止"[③]。

在天灾人祸的摧残下，向称"物华天宝"的湖北，实已陷入了民穷财尽的苦境，农村生活日益艰窘。从衣着看来，十分之三的农民，每至冬季常有无力购置衣物者，至于鹑衣百结的现象，更是所在皆有。从饮

---

① 徐凯希：《三十年代湖北的水灾与农村经济》，《江汉论坛》1999 年第 7 期，第 73 页。
② 湖北省民政厅：《湖北县政概况》第一册，汉口国华印务公司，1934，第 250 页。
③ 湖北省民政厅：《湖北县政概况》第一册，第 206 页。

食来看，小康之家，还可以日食两餐，其余则是每天一粥一饭；鄂西鄂北一带，将大小麦、高粱、黍米作为日常生活的主要粮食；鄂东鄂南一带生活稍为富裕，则以大米、洋芋、豆类作为主食，至于酒肉等消费，除极少数的富户和小康之家外，实不多见。尤其是鄂西一带，食盐缺乏，农家无力购买，只得常常淡食。从住来看，农家大都茅屋土墙，房屋既极矮小，且光线不足，尤其是人畜杂居，极其龌龊。① 湖北西北部的农民生活状况更加艰苦。通常布鞋布袜一双，可度一年，棉衣一套，至少可以穿五六年之久。日常所食，除丰收之外，平时多用去皮的大麦和豆类同煮，即为家常便饭。除逢年过节，没有鱼肉可食。家中喂养的鸡和猪等家畜，在市场上出卖以换取日常生活用品和应付社交所需。所住的房屋，多是土墙瓦屋或茅房。② 郧西县的农民生活极其艰苦，大多将玉蜀黍掺拌红薯调成羹作为日常主食，食米者很少。其住宅倚山盖屋，筑土为墙，砌石为瓦，外面没有窗户，内部用桐油点灯，一点也不卫生。③ 本期湖北农民的生存状况，与当时湖南省的农民极为相似。湖南农民，"衣只求蔽体，粗布衣履，绝少华饰，鹑衣百结；食只求充饥，粗茶淡饭，绝无甘肥，除富庶之地富有余裕外，其他则均粮食缺乏。青黄不接之际，用杂粮代食者甚多，每年常是糠菜半年粮。遇上灾歉，则出现十室九空，男女老幼漂泊他乡，乞食度日的惨相。"④

我们再来看看各层次农民的生存状况。地主，农民当中的土地所有者，生存状况也日益艰辛。一名有 100 亩地纯粹靠地租收入为生的黄冈地主，其收入状况大致为，平均每亩可得粮食 110 斤左右，以每百斤 3 元的市价计算，共计收入 330 元。田的正附税达 0.65 元，再如其他各乡村抽收的保甲经费、壮丁费、教育捐、修堤圳捐等各种其他

---

① 程理锟：《湖北之农业金融与地权异动之关系》，载萧铮主编《民国二十年代中国大陆土地问题资料》，台湾成文出版社，1977，第 45544～45545 页。
② 鲍幼申：《湖北省经济概况》，《汉口商业月刊》第 1 卷第 5 期，第 21 页。
③ 湖北省民政厅：《湖北县政概况》第六册，汉口国华印务公司，1934，第 1692 页。
④ 李振：《湖南土地利用与田赋》，载萧铮主编《民国二十年代中国大陆土地问题资料》。

摊派，每亩每年在 1 元至数元之间。地主的生存状况由此可见一斑。[①]
实际上当时全国地主生存状况大体相同，都日趋艰难。察哈尔地主每
年有盈余者只占 31%，收支相抵者占 37%，生活困难者占 32%。地主
如能凭借势力，保有巨大产业，而又可免除捐税负担，则其收入还算
可观。如果是乡居地主，既无权势，又须缴纳赋税，则与普通农民虽
有劳逸之分，然生活实无差别。[②]

　　佃农的生存状况更为糟糕。黄冈的佃农一生经营，仅仅只能糊口
而已。他们衣无所好衣，麻纱粗布，可以蔽体；食无所谓好食，粗食
菜羹，聊以充饥；居亦无所谓好居，茅屋草庐，足以蔽风雨避霜雪。[③]
大冶的佃农境况更惨。他们春耕夏耘秋收冬藏，伐薪樵治官府，给徭
役，春不得避风尘，夏不得避暑热，秋不得避阴雨，冬不得避寒冻。
平均每户的负债额远远高于自耕农，以致只有"卖田地，鬻子女"以
偿还债务。[④]

　　我们还可以从本期湖北农家收支状况来看湖北农民的生存状况。
农家收入的主要来源，是其全年勤劳所得的各种农产品和利用农闲时
间从事副业所得的报酬。据全国土地委员会举行的全国土地调查，本
期全国农家年收入在 1000 元以上者，不足 0.5%；年收入在 50～200
元约占 60%；年收入不到 50 元者约占 16.7%。此前，实业部中央农
业实验所 1933 年对全国 22 个省 850 个县的调查，全国农家现金借贷
率各省大都在 50% 以上，粮食借贷也在 50% 左右。[⑤] 由此可见我国大
多数农家收入很少，农家的普遍贫穷，是当时全国的普遍现象。本期

---

① 潘佃：《黄冈县之租佃制度》，载萧铮主编《民国二十年代中国大陆土地问题资料》，第
　31173 页。
② 何台苏：《察哈尔农村经济研究》，载萧铮主编《民国二十年代中国大陆土地问题资料》，
　第 28454 页。
③ 潘佃：《黄冈县之租佃制度》，载萧铮主编《民国二十年代中国大陆土地问题资料》，第
　31180 页。
④ 李若虚：《大冶农村经济研究》，载萧铮主编《民国二十年代中国大陆土地问题资料》，
　第 21108～21110 页。
⑤ 《各省农村经济概况，各省农民借贷竟达半数》，《中央日报》1934 年 4 月 24 日。

湖北，据当时 11 县 113547 户农家调查，年度收支有余者不足全省的 1/3；入不敷出者超过 1/3；收支相等者虽占 1/3，但据实地调查一般农家的生活水平很低，名为收支相等，实则勉强维持生计而已。另据宜昌后坪王家沟等村调查，年度收支有余户数不到 1/10，收支相等户数仅占 3/10，入不敷出者达 6/10。[①] 在大冶，农家负债是普遍的现象，负债农家占到了全县的 2/3，其幸而不负债者，也非将生活费用降低至极少的程度不可。[②] 在黄安成庄村，20 户农家有 12 户负债，平均每户负债达 43.75 元。[③] 据武昌南湖某村一个由教会主持的民众学校的调查，1936 年该校有学生 72 人，他们的家庭年收入状况大体如下：600 元者 1 人，300 元者 5 人，180～240 元者 5 人，120～180 元者 7 人，60～120 元者 21 人，30～60 元者 32 人，30 元以下者 1 人。而当时一家 4 口人每年的普通消费最低需要 137.75 元，至如教育、医药、婚丧、房屋修缮等费用还不计算在内。[④] 从上述调查我们可以看出，72 人当中，只有 18 人的家庭年收入在 120 元以上，基本能够维持一家 4 口人的基本生活需要。

时人郑槐的总结，大体也能概括湖北农民生活水平的一斑：我国农民的生活水平，尚为一不能保持完全生存之生活程度也。[⑤] 食不得饱，或食无甘味；衣不得暖，或鹑衣百结；居不得安，或茅茨秋隘；教育不能普及，卫生不能讲求，社交无适常之结合，娱乐无合理之意

---

① 程理锟：《湖北之农业金融与地权异动之关系》，载萧铮主编《民国二十年代中国大陆土地问题资料》，第 45548～45550 页。

② 李若虚：《大冶农村经济研究》，载萧铮主编《民国二十年代中国大陆土地问题资料》，第 21079 页。

③ 张培刚：《成家村的农家经济调查》，《经济评论》第 2 卷第 10 号（1935 年 10 月），章有义：《中国近代农业史资料》第三辑，生活·读书·新知三联书店，1957，第 765 页。

④ 《武昌近郊的农村南湖狮子山一带访问记》，《中国农民银行月刊》第 1 卷第 4 期（1936 年 4 月），第 132 页。

⑤ 其将农民的生活水平分为三个层次，第一层次是自存阶段（for subsistence），即除了满足衣食需求外没有其他任何享乐仅仅只能维持生存而已；第二层次为安适阶段（for comfortableness），即完全解决了衣食住各方面生存必需外，已有余力从事其他享受；第三层次为奢靡阶段（for luxury），即完全解决生活必需之外，不仅追求享受，而且追求更为舒适的享受。

志……皆农人不能保持适当之生存，自不能令其享受他项之快乐也。①
又如陈祥云所描绘的四川农民生活情形时所说："近代四川农民的生
活，其生活所需费用相对地增加，但是实际农家的生活亦不致尽如账
面数字收支不相抵，入不敷出的严重。如农场的支出，恐怕其实际支
出不如统计数字之高，就支出项目而言，因为一般农家除农忙时期雇
人帮忙外，一般多动员所谓不给值人工，此外农家多使用人粪或草料，
购买肥料的支出不多，另外农家生活多尚简朴，家居陈设亦甚简陋，
如衣着支出、燃料支出不多，至于农家的收入，当然以农场的收入较
为固定，而副业所得对于贫农生计不无小补。因此一般说来，四川农
家其负担或生活所需虽形增加，只要未逢大战乱或是连年的灾害，佃
农的生活固属贫困，亦不至于饿死他乡。"②

　　当然，对于农民的生活不能苛求太高，正如何炳棣所言："近代
中国，对相当大量的人来说，米麦还是比较奢侈的食品。直到工业革
命开始时，英国的工人阶级还不能吃到白的小麦做的面包；直到 19 世
纪中叶，法国还提醒农民小麦面包是对老人的款待，而不是日常主食。
如果刚开始工业化的中华民族完全依赖大米、小麦这两种谷物中的贵
族，当然会出现粮食不足，但事实是，中国人，尤其是华北和东北的
农民，习惯于工业化前的低水准生活和各种粗粮。"③

二　政策的困境

1. 政策自身的问题

　　政策自身的问题是造成政策困境的原因之一。政策自身的原因包

---

① 郑槐：《我国农民生活程度之研究》，《实业统计》第 2 卷第 5 号（1934 年 10 月），第 102
　页。
② 陈祥云：《近代四川农村经济》，台湾政治大学历史研究所 1990 年硕士论文（未刊稿），
　第 179～180 页。
③ 何炳棣：《明初以降人口及其相关问题》，三联书店，2000，第 226 页。

括：政策自身的设计问题；政策在目标、内容、管理上的彼此冲突；有些政策问题纷繁复杂，解决难度大。

1930 年 6 月国民政府公布的《土地法》，一直到 1935 年才实行，其中未能实行的主要原因在于"土地法本身存在不少问题"。中国地政学会在《拟请修改土地法意见书》中明确指出了 1930 年《土地法》在有关估定地价、土地税、地租额、地籍测量、土地使用、土地法施行程序、土地登记、地政机关等 8 个方面存在严重问题，并提出了相应的修改意见。①

为了解决谷贱伤农的问题，国民政府于 1934 年实行征收洋米麦进口税。这一政策本意为保护本国农业为目的。要发挥其充分的效果，必须尽最大努力杜绝外国产品的输入，至少应力求其减少，使国民从对于外国产品的需求，趋向对本国产品的需求。然而国民政府的谷物类关税政策的设计却将当时进口数量最多的粤、闽、桂三省排除在外，暂缓执行。

田赋改革是一项纷繁复杂、解决难度相当大的问题，首先必须对土地进行科学的测量，编辑征税清册，才能真正解决田地隐瞒、平衡税负的问题。然而土地测量需要花费巨大的人力、物力、财力，在当时的条件下，是一项长期工程，然而国民政府却强制启动了田赋改革，最终使广大民众受伤最深，而国民政府政策目标不能实现。如 1934 年 7 月，湖北省政府奉豫鄂皖三省"剿匪"总司令部令，由财政厅、民政厅会同办理全省土地清丈事宜。据估算，每年每月的土地清丈费约 6000 元，每年大约需 21.6 万元，全省 70 个县共需 1512 万余元。那么经费从何而来，只得每亩征收 5 分的清丈费，连续征收三年。当时又担心清丈费不能全部收齐，另在宅地上每亩改征 2 角，耕地改征 1 角，矿地及林地每亩改征 4 分。②

---

① 《地政月刊》第 3 卷第 1 期，第 11 ~ 29 页。
② 湖北省财政厅：《湖北财政法规汇编》，1935，附录第 64 页。

2. 政策执行的问题

政策执行是将政策目标转化为政策现实的唯一途径。政策执行的有效与否事关政策的成败。政策执行是政策执行者通过建立组织机构，运用各种政策资源，采取解释、宣传、实验、实施、协调与监控等各种活动，将政策观念形态的内容转化为实际效果，从而实现政策目标的活动过程。[①]

显然，政策制定和政策执行并不是同一件事，虽然政策主要是由中央政府负责制定，但在很大程度上却是由地方政府具体执行。国民政府土地政策的实施不仅要有政策法律的指导，更要有实际的行政推动力。土地改革牵涉到从中央到基层的很多人，特别是把持乡村政权的地主豪绅的利益，因而遭到他们激烈的反对。1927 年大革命失败后，农村中地主豪绅政治势力得到恢复与加强。旧式的土豪劣绅，摇身一变，当上了新式的区长、乡长、镇长，乡村政权几乎被他们所操纵，"中国的农村行政，为地主的广大势力所渗透，税收、警务、司法、教育，统统建立在地主权力之上"，正是由于这些兼任军政官吏、高利贷者、商人等新式豪绅地主盘踞在乡村政权中，使得政府在农村土地问题上所采取的许多改革措施，不是收效甚微，便是归于失败。"中央政府所制定的改良政策，往往传到省政府时打了一个折扣，传到县政府时再打一个折扣，落到区乡长的手里的时候，便已所余无几"。如中国食货会的曾资生所评价的："中国土地问题迄今不能获得合理解决，原因固多，但尤可注意的是政府的本质问题。我们党和政府的土地政策，一到乡村中去，就被少数人操纵，不顾农民的利益，甚且成了妨害农民利益的东西。下层执行与上层决策完全脱节。若干党人只知道升官发财，发了财便兼并土地，变成新兴的地主阶级，因之，一个进步的革命政策拿出来，转了两个弯便没有了。"到 1946 年，

---

① 陈振明:《政策科学——公共政策分析导论》,中国人民大学出版社, 2003, 第 260 页。

蒋介石也不得不承认，当年因为"没有足够的行政推动力"致土地改革未能实行。①

合作社的设立，本意是国民政府调剂农村金融，改造农村社会的一项重要举措。然而我们看看下面的一则电文即可……国民政府汉口行营训令鄂豫皖赣四省政府，严令查禁各银行借合作社之名，行高利贷之实的行为。电文如下：

查近来各银行，常有以贷款为由，自行派员，分赴各地，劝诱农民组织合作社情事。其中以转运都市游资，救济农村为目的者，固居多数，而利用放款关系，以贱价预约，收产品，掠取农民利润者，亦在所难免。甚或为避免行政机关之监督起见，不用合作名义，巧立他种名目，滥行放款，以图操纵良弱之农民。苟不亟予取缔，则农村合作之前途，必难为健全地发展，仰各该省政府，迅予布告禁止。②

由此可见，在鄂豫皖赣四省之内，各银行借合作社之名，行高利贷之实，其严重程度达到官府都已知晓，并且非下令禁止不可的程度。

我们再看看农业推广事业的执行情形。1929 年 8 月，实业部颁布《农业推广章程》。湖北省政府一方面命令各县遵照执行，一方面按照《规程》的规定，并参照本省情形，拟订《湖北省农业推广暂行办法》，将全省划分为 7 个区域，每区每县各派一名农林专门人员分赴各地进行农业推广工作。为加强对农林指导员工作的指导与监督，湖北省政府颁布了《省县农林指导员服务规则》。省农林指导员每人每月工资、差旅费和办公费共计 310 元，均由省政府开支。县农林指导员每人每月工资、差旅费和办公费共计 145 元，前三个月工资由省政府开支，至于差旅费及三个月后的工资，则由各县按月筹给。1930 年

---

① 何莉萍：《南京国民政府的土地政策和土地立法之评析》，《法史学刊》2006 年卷。
② 《申报》1935 年 4 月 13 日，转引自陈振笃、陈邦政《中国农村经济问题》，大学书店，1935，第 228～229 页。

2 月，全省共计有省农林指导员 4 人，县农林指导员 16 人。1934 年，因省政府财政拮据，省指导员经费无着，于该年 7 月，将省县农林指导员裁撤。[1] 中央欲实施农业推广工作，而地方只是相应地颁布了几个章程，设置了相应的机构。由于经费毫无着落，中央只得任由地方政府运用税费附加的方法进行筹集。这也为地方政府胡乱征收提供了方便之门。而实际上，在具体实施时，常常因各种原因，经费不能专款专用，常被挪作他用。

3. 政策效果与预期的差距

从福利经济学的角度来看，一项新制度安排的评价标准有两个，即帕累托改进和卡尔多-希克斯改进。帕累托标准是指制度安排为其覆盖下的人们提供利益时，没有一个人因此会受到损失；卡尔多-希克斯标准是指，尽管新制度安排损害了其覆盖下的一部分人的利益，但另一部分人因此而获得的收益大于受损人的损失，总体上还是合算的。[2]

关于优良棉种的推广问题，以前我们过多地指责农民愚昧无知，不知改良甚或不愿改良。实际上并非完全如此。据时人调查，农民知道，美棉比中棉产量高，一般美棉每亩能收一担棉花，而中棉只能收五六斗。美棉的销售状况也比中棉好，市场价格也高。但是因为美棉种子价格昂贵，原来每担种子还只有 1.2 元左右，1935 年时涨至 3 元多，至 1936 年时更是涨至 4 元多，以致农民无力购买。[3] 良种推广固然有利于农业生产，但部分推广机构或人员为了小集体或个人的利益，而提高销售价格，致使老百姓因买不起种子而作罢。

至于灾年的减租问题，如果是租借官产田地，可由地方政府呈请

---

① 《农业推广》第 4 期（1933 年 6 月）。
② 卢现祥：《西方新制度经济学》，中国发展出版社，2003，第 93 页。
③ 《武昌近郊的农村南湖狮子山一带访问记》，《中国农民银行月刊》第 1 卷第 4 期（1936 年 4 月），第 129~130 页。

减免。如是私产，有一部分县规定如遇灾荒，可延期一年交租，但是延期至两年以上者，则将取消租佃权，有一部分县则规定荒歉之年减半缴租。而至于政府的救济问题，武昌附近南湖的农民对此毫无印象，都像是没有这回事似的，政府的救济效果由此可见一斑。因为每次赈品发放到各村各户的，实在是微乎其微。据说1935年武昌县政府发放赈济面粉，面粉由村联保主任、保甲长发放，有几个村子，因为分配不均，以致无法分配。①

国民政府及各省办理农业改进的机构总计达572个，其中行政及设计46个，试验及研究161个，推广307个，农业金融58个，但所办各种机构大多经费拮据，规模小，力量有限，进行迟缓。②

从农业贷款来看，本来政府、银行等金融机构向农民发放贷款，从一定程度上来说有利于调剂农村金融，缓解农民的资金需求，从而避免农民受高利贷的盘剥。然而，从当时的实际情形来看，由于中国当时农业的利润很低，普通作物不到5～6厘的利润，因此即使平均1分的贷款利息，对于农民来说，仍然是高利贷，是无利可图的。对于农民来说，拿工资来偿付利息，也是常事，③ 以致不能按时偿还贷款成了一种民间疾苦。嘉鱼县遭受水旱等各项灾害后，农村经济破产，1933年时全县农产丰收，但适逢谷贱伤农，棉花和苎麻价格低落，以致人民无法偿还受灾时期接受的政府贷麦，并且一再延期也无法偿还。④ 蕲春县的第一、二、三区，1931年水灾时曾向华洋义赈会湖北分会申请了2500石的贷麦，本应于1933年秋后归还，但因农村经济凋敝，人民无法偿还，义赈会也曾派员前来亲自督促收缴贷麦，虽经县政府的严厉催缴，仍然只偿还不到半数。⑤ 黄冈县1931年时也曾接

---

① 《武昌近郊的农村南湖狮子山一带访问记》，《中国农民银行月刊》第1卷第4期（1936年4月），第131页。

② 《中国银行报告》（1933年），第24页。

③ 冯静远：《中国农业金融的趋势及其问题》，《农村合作》，第25页。

④ 湖北省民政厅：《湖北县政概况》第一册，汉口国华印务公司，1934，第91页。

⑤ 湖北省民政厅：《湖北县政概况》第二册，汉口国华印务公司，1934，第303页。

受华洋义赈会的贷款 3 万余元，贷款到期后仍然无法偿还，以致华洋义赈会派员前来催收贷款时县政府无法应付。[①]

农贷活动并没有给贫苦农民带来多少实际好处，因为豪绅地主控制了大部分经转农贷资金的信用合作社，对农民的高利贷剥削更加有恃无恐。对此，近代学者也有评论："农贷的作用，并未能供给农民低利资金。乡村中的地主豪绅，往往借信用合作社之名，向银行借得低利借款，再用以转借于农民。一转手间，利息便提高。这种合作社非特无益于农民，反造成剥削农民的新式工具。有人称之曰：'集团高利贷'，确是很适当的。"[②]

三　影响因素

1. 目标团体的影响——政府与目标团体间的博弈

每项政策都有其固定的指向对象，即目标团体（或称为政策对象或政策相对人）。任何一项政策的出台，它总要表现为对一部分人的利益进行分配和调整，表现为对一部分人的行为进行制约或改变，因此目标团体的态度对政策的有效执行也起着至关重要的作用。如果目标团体积极配合，政策就会被顺利执行，并体现出一种优质高效的趋势，而如果目标团体不配合，即使政策执行者投入了足够的人力、物力、财力，倾注了很多精力，政策也很难有效执行。[③] 强制性制度变迁尽管在强制运作，但它可能违背了一些组织或个人的利益，那么这些组织或个人并不按这些制度规范自己的行为，因此这类制度可能就很难有效率。

---

① 湖北省民政厅：《湖北县政概况》第二册，第 474 页。
② 孙晓村、张锡昌：《民元以来我国之农村经济》，《银行周报》第 31 卷第 2 ~ 3 期。
③ 陈振明：《政策科学——公共政策分析导论》，中国人民大学出版社，2003，第 326 页。

　　新制度经济理论认为，在国家的预期效用函数中除了经济因素以外，还有非经济因素。如果制度变迁会降低统治者可获得的效用或威胁到统治者的生存，那么国家可能仍然会维持某种无效率的不均衡。[①]就本期的土地改革而言，国民政府主要的追求目标是政治目标——稳定农村秩序，因此主张在维护原有的土地制度前提下进行适度改革，具体表现为限制土地的最高数量，保障佃农的租佃权，实施"二五减租"，废除租佃制度中的一切陋规，等等。然而由于其在制度执行当中主要依靠地方各级政府，因而只能与其政策目标背道而驰。湖北"剿匪"区的土地改革任务的主要执行者是各级农村兴复委员会。县农村兴复委员会由县政府各长官及各区代表组成；区委会由区行政长官及各乡镇代表组成；乡镇委员会由县政府选聘该乡镇有正当职业、素有众望的 5~7 人组成。这些政策的执行权在由各乡绅组成的农村兴复委员会，正如成圣昌所批评的，"欲求其牺牲其本身利益，保障佃农利益，事实上恐少实现性和可能性。"[②]

2. 执行机构的沟通与协调问题——执行机构层级的漏斗效应

　　经济政策是一种人为的方法，即是以政治的力量，实现经济思想，或解决某种经济问题，以适合于人的要求。经济政策能不能发生效果，就要看政治力量是否健全，没有政治力量就没有经济力量，没有政治力量就无所谓经济政策。[③]

　　在中国政治体制中，上级政府对下级政府的行政权力体现为，具备决定下级晋升的政治权力、收入分配和支出责任的经济权力，于是下级就不可避免地扮演着"代理人"角色，形成一种多重委托

---

① 卢现祥：《西方新制度经济学》，中国发展出版社，2003，第 112 页。

② 成圣昌：《中国土地问题诸主流之解决方策及批判》，《农村合作月报》第 1 卷第 7 期，第 25 页。

③ 高叔康：《十年来之经济政策》，载谭熙鸿主编《十年来之中国经济》，中华书局，1948，第 51 页。

—代理关系。从最一般关系来看，中央决定对省的财政体制，形成第一重委托—代理关系。中央是最高的委托人，拥有自己的利益和施政目标。接着形成省对县、县对县以下各级的二、三、四重委托—代理关系。在多重委托—代理关系下，政策执行容易造成"漏斗效应"。实际上，委托—代理层次越多，代理成本越高，自上而下的信息传递就可能延滞和失真，从而加剧信息的不对称。委托代理链条越长，委托代理关系越复杂，代理人能力差异越大，其间信息传递的噪音以及偶然事件发生的概率不断增大，不能完成代理任务的可能性越大，因为某一级政府没有有效执行政策将会影响其所有的下级政府执行政策的效果。

以田赋改革而言，1928 年，国民政府强制启动了田赋改革，其主要目标侧重于政治目标——稳定社会巩固政权。然而由于受到执政能力的限制及国内外各种环境的影响，地方政府对其政令或者阳奉阴违，或者听而不闻，以致其政策无法得以执行，缺乏执行力。据全国土地调查委员会调查，各省田赋附加税基本能够统一，各县的附加税全省一致者极少，各自为政者多，擅自征收之风日炽。[1] 1934 年 12 月，湖北省政府委员会会议公然通过决议：各县应该裁撤废除的教育附加及杂捐在没有其他款项抵补前仍照旧征收。[2]

正如时人宋序英所言："当局明知其弊，且反复申令，将有所限制整理，而不立见施行者，盖深虞附捐除后，各项建设、教育、水利等经费，因无款而停顿，其牵累必极巨大也。今日各省当局，劳心焦思于附税之存废者，在筹谋抵补方策，至中央命令，固视若疣疠赘大鸟腹背之毛而已。"[3] 可谓一针见血，道出其中的实质。

---

① 土地委员会编《全国土地调查报告纲要》，1937，第 66 页。

② 《湖北省政府第 121 次委员会会议议事录》（1935 年 1 月 1 日），湖北省档案馆藏：LS1－1－43。

③ 宋序英：《限增田赋附税之治标与正本》，《地政月刊》第 1 卷第 5 期，第 682 页；《农业周报》第 2 卷第 13 期，第 156 页（1933 年 3 月）。

县级及以下政权机构对中央及省级政府的政令也是如此。1933 年湖北省政府遵照财政部废石废两通令颁布《湖北省赋率等级标准六项》。在推行过程中，各县政府以各种理由搪塞，执行不力。诚如广济县县长傅长民所言，遵照等则标准办理者固属不少，但迄未遵办或办理未能彻底者仍属多数。他在陈述广济县未能办理的理由时说，一是亩无标准，各地大小不一；二是没有田赋清册档案；三是如果确实按照标准推行，那么全县的正附税捐势必锐减，全县财政无法维持。① 土地陈报工作需要技术和行政机关协同办理。土地陈报处由技术人员专任绘图、登记等工作；然而欲求土地陈报的准确，必须要求县政府运用行政权力，指挥保甲人员协同努力。湖北省各县县长与陈报处指导员大多不能通力合作，因此陈报工作进行极其迟缓。② 各县土地陈报时假名极多。因为保甲长为了不得罪四邻，不愿意报告业主真实姓名。③

1933 年 10 月，国民政府改组全国经济委员会，其下设立棉业统制委员会，进行棉产的改良与推广工作。1934 年中央棉产改进所在南京成立，成为棉业统制委员会的主要实施机构。棉产改进所与中央农业实验所及各大学农学院或农业专校、各省县农事试验场合作，推动改良棉种工作；与中央研究院合作，成立棉纺织染实验馆；与中央农业推广委员会及各地农业推广机构合作，推广植棉；与金融界合作，推广棉产合作社；与上海商品检验局合作，推行取缔棉花掺水掺杂工作。然而冯和法在参观湖北襄阳当地一个棉花推广机构时发现，这个机构的经费是由政府公费支持的，其工作是以 3 元一担向山东购来美棉种，然后以 6 元一担的价格卖给农民种植，并且附加条件：只有接

① 《各县关于田赋废石废两改亩改元订定赋率标准的报告及本府的批复》，湖北省档案馆藏：LS1-5-4359，第 40 页。
② 贾品一：《湖北办理土地陈报之经过》，载萧铮主编《民国二十年代中国大陆土地问题资料》，台北成文出版社，1977，第 20169 ~ 20170 页。
③ 贾品一：《湖北办理土地陈报之经过》，载萧铮主编《民国二十年代中国大陆土地问题资料》，第 20167 ~ 20168 页。

收他们种子的农民，才有向合作社借款的资格。合作社也由他们主持，银行借款利息是 8 厘，合作社放给农民是 1 分 6 厘，不知是否还收手续费。[①] 由此可知在实施政策时，下级机构为追求自身利益，变相歪曲执行上级政策，其结果必然导致政策绩效的大打折扣。

3. 政策的软肋——财力制约

财力是影响经济政策的重要因素。财力的充裕是经济政策制定阶段所设定的政策目标之一，财力的运用是政策实施阶段的必要条件和必备手段。因财力的极度匮乏而采用不顾一切的聚敛和攫取的权力行为，更会使财力变异为压倒一切的目标。1931 年实行裁厘后，湖北省财政千疮百孔，濒临绝境。由于 1931 年大水灾田赋不能征收，营业税征收不力，加之"剿匪"经费开支巨大，为维持政府开支，只能依靠借债维持。从 1930 年 2 月张贯时上任至 1931 年 5 月吴国桢接任，财政厅所欠政、教、警各费已达 600 余万元。吴国桢已经手借款 200 万元，挪借堤工经费及积欠建设经费、"剿匪"经费还不在内。各机关职员达到了断炊的地步。[②] 尤其是 1932 年度湖北省积欠各机关的行政经费少者 3 个月，多者达 9 个月，所以一切建设事业大都陷于停顿的状态。[③]

政策的推行视地方政府的财力状况而变化。以农业实验场的兴衰而论，基本上随着湖北省的财政状况而起伏。1928 ~ 1937 年，湖北省农业可分为三个阶段，1928 ~ 1933 年，农、棉、林、畜牧、蚕桑、茶业等各种试验场普遍设置，各项业务全面开展，呈现一派欣欣向荣之象。1933 ~ 1935 年，随着财政的日益拮据，将原有的各试验场或改

---

① 王树槐：《棉业统制委员会的工作成效（1933-1937）》，"中研院"近代史研究所编《抗战前十年国家建设史研讨会》，台北，1984，第 715 页。

② 《申报年鉴》1933，第 82 页。

③ 周春崖：《二十二年湖北经济的回顾》，《中国经济评论》第 1 卷第 3 期（1934 年 3 月），第 49 页。

组，或停办，各项业务日趋收缩，主要侧重于造林。1936～1937 年，各项试验场恢复原有业务，并在各农业中心区设立试验分场，进行农业改进工作，各项事业呈现出复兴状态。①

农林试验经费不能按时足额发放，给各试验场实验工作带来困难。据调查，湖北南湖蚕桑试验场、徐家棚棉业试验场、钟祥棉业试验场的经费等均按预算八五折发放。1929 年钟祥棉业试验场因 5～7 月三个月经常费既未发给，各该月事业费也未领取分文，场务维持只能依靠挪借，经济困难情形实达极点。②

省级农林试验机关的经费状况如此，县级农林经费状况更是堪忧。通山县农林经费全年达 3030 元，原来是由茶、契税与麻纸竹木四项附捐征收而筹集的。在实行废除附加税改革后，除茶叶契税两项前蒙请准照办外，麻纸竹木四项被勒令取消，以致农林经费只依靠茶叶附捐和契税两项不敷甚巨。经湖北省政府通盘筹划，该项农林经费拟在前经批准的契税项下照产价 1 元附征 1 分 4 厘外，酌加 8 分 6 厘，即照产价附征十分之一，约计每年收入可达八九百元；又在屠宰税项下每屠店月收附捐 6 角，约计每年可收四五百元；在竹木商、麻纸商、榨厂等营业税项下酌加十分之三以作农林费，约计每年收 500 余元，至前经请准之茶叶附捐照正税 1 元附征 1 角 5 分，现在厘金撤仍拟附营业税带征以资补助，总计上列各项每年可征 2000 余元，与农林指导员及苗圃经费常年开支之数相差不远。③

政策执行缺乏相应的财政保证。经费开支过大，效果不太明显。湖北省土地陈报工作耗资 20 万元，而完成者仅 3 县。其清查出的田赋数额最多的县亦仅 1 万余元。④

1933 年湖北省政府在推行废两废石改元改亩时，各县政府必须重

① 湖北省政府建设厅：《湖北省建设概况》（1948 年），第 102 页。
② 《湖北农矿月刊》第 2 期（1929 年 9 月），调查，无页码。
③ 《湖北建设月刊》第 3 卷第 4 号，公牍第 37 页。
④ 贾品一：《湖北办理土地陈报之经过》，第 20169～20170 页。

新造册。然而财政厅只按民国元年市价给予造册经费，石首县造册经费不足达 3/4。[①] 江陵县田赋征收经费，每月定额为 608 元，平均分配于 7 个征收分柜，每柜仅 87 元弱，其中征收主任每月工资 24 元，剩下仅 62 元。即使在征收淡月，每柜也须 5 名征收生，其中管券 1 人、核对 1 人、管钱 1 人、征收 2 人。如果在征收旺月，则需要 15 名征收生。除去灯油、纸张、笔墨等日常开支，每名征收生每月仅能得工资 5 元。征收生如果仅凭工资养家糊口，岂非饿死不可。此外，全县每年的造券费共计 720 元。每次须造券 64 万张，造册 320 本。这种费用是依据 1918 年的物价和人工计算，至今已上涨一倍左右，也即每年造券费需要 1300 元不可，收支两抵，已亏欠 600 元。再者，田赋征收完毕需运往县政府等一系列开支政府一概不管。此外，征收生通过贿赂所买职务的花费，如不通过浮收、敲诈、勒索等手段，无法维持基本运营。更何况此辈胥役皆为营利而来耶？[②]

4. 政策环境影响——政治、经济环境

1928~1937 年，中国政治经济环境的总体状况，杨格做出了较为切实的评价：从传统经济过渡到现代经济，并努力建立一个强大的中央政权，以取代区域或地方权力中心，从来不是一帆风顺的。中国在战前十年争取统一和进步时，不得不面对大量持续存在的顽固问题，如人口众多、人口对资源的比例不利、文盲过多、语言繁杂、地方主义强烈、交通运输不良、对外关系中的重重危难。建设国家的努力不得不在多年以来，内战连绵、外患频仍所造成的民穷财尽、分崩离析环境中进行。而且这些困难又由于存在很重的经济剥削和政治压迫而成倍地加深。除去这些因素之外，还要加上世界规模的经济大萧条，

① 《各县关于田赋废石废两改亩改元订定赋率标准的报告及本府的批复》，湖北省档案馆藏：LS1-5-4359，第 85 页。
② 《江陵、黄冈、来凤县钱粮柜浮收积弊重出粮票苛虐人民情形及处理经过文件》，湖北省档案馆藏：LS1-5-4366，第 3 页。

和外部力量所引起的汇兑波动，就使中国的建国事业更加难办。[1] 而本期湖北的总体政治环境可分为两个时期，一是桂系鄂籍军人集团秉政时期，一是南京国民政府的确立和巩固时期。第一时期，由于南京国民政府和中央党部派系矛盾的衍生、激化，直接影响着湖北的政局。因此这一时期湖北地方政府始终带着一切军阀所共有的特性，实施残暴的军人统治。其主要活动之一就是着力扩充军队，乃至最后导致1929 年 2 月至 4 月的蒋桂战争，从此进入蒋系国民政府时期。[2] 此一时期的湖北地方政局，由于中国共产党先后在湖北建立起了豫鄂皖、湘鄂西等红色革命根据地，极大程度上影响了湖北省的执政方略及政策的效果。在南京国民政府"攘外必先安内"的政策指引下，何成浚执政期间提出了"先剿匪清乡后实施建设"，夏斗寅任职时也以"剿共"和"整理财政"为其施政重点。而张群主鄂期间，由于中共主力先后撤出了湖北，开往陕甘宁革命根据地，湖北省政府才开始把经济建设摆在比较重要的位置，将"培养经济力，复兴农村经济"作为施政三原则之一。杨永泰和黄绍竑也将经济建设作为政府的一项重要工作，为后来湖北经济建设奠定了一定的基础。[3] 然而即便是湖北省将建设作为中心工作之后，南京国民政府仍派有驻军和湖北地方政府组织保安团以维持地方治安。每年湖北地方政府的军费开支大约在 400万元，这成了压在人民头上的一项沉重负担。不仅如此，部分驻鄂军队纪律松弛，严重影响了人民生活。如蒲圻驻有第一军独立 35 旅李宗鉴部、崇阳驻有第 40 师刘培绪部[4]、驻蒲圻第一军独立 35 旅李宗鉴部纪律之差，为全国各军之冠。任意将李奇生等四人枪决，并强奸妇女，以致军民关系甚糟。[5]

---

① 杨格：《1927–1937 年中国财政经济情况》，中国社会科学出版社，1981，第 453 页。
② 田子渝、黄华文：《湖北通史·民国卷》，华中师范大学出版社，1999，第 249 页。
③ 田子渝、黄华文：《湖北通史·民国卷》，第 255～260 页。
④ 成浚：《湖北农村杂写》，《申报》1936 年 3 月 25 日、3 月 29 日。
⑤ 成浚：《湖北农村杂写（一）汉宜道中》，《申报》1936 年 3 月 25 日，第 9 版。

　　一遇时局变迁，政府财政紧张，裁减人员，收缩事业时，农业则首当其冲。1927 年，湖北省各项事业百废待兴，9 月 14 日省建设厅通令各农业试验场在可能程度内，从速裁汰冗员，缩小事业范围。[①]

　　我们也可从政治环境的变迁来对湖北茶业试验场的兴衰的影响。该场是清宣统元年由湖北劝业道所创办，实为湖北茶园讲习所，当时招收学生共 40 名。辛亥革命时停办。民国元年奉农商部实业司令改名为湖北茶业讲习所，先后招收学生 40 余名。1915 年因经费困难撤销，茶场交地方保管。1919 年实业厅派员恢复，改名为湖北茶业试验场。1921 年又停办。1923 年再度恢复。1926 年停顿，1927 年第三次恢复，1929 年又停顿。1930 年第四次恢复，1932 年因水灾后经费缺乏奉建设厅令停办，并令交蒲圻县政府保管。[②]

　　本期的田赋改革也深受政治环境的影响。正如庄树华所言："民国以后的田赋附加税，可视为政治环境的产物。政治的不安导致财政的紊乱，旧有的田赋制度无法满足财政需求时，即由附加税扮演着调整赋额功能的角色。但也因附加税是一种非正式且具有弹性的课税方法，征收名目可多可少，税率可高可低，容易产生许多人为的弊端，导致滥征。民国以后的政治环境使得财政制度无法上轨道，田赋附加成为各省取财的方便之门。"[③]

---

① 《湖北建设月刊》第 1 卷第 1 期（1928 年 6 月）。
② 《湖北羊楼峒之茶业》，《中国实业杂志》第 2 卷第 1 期，第 2480 页。
③ 庄树华：《民国以来田赋附加税之研究》，台湾政治大学历史研究所 1985 年硕士论文（未刊稿），第 152 ~ 153 页。

结　语

　　进入近代以后，中国传统农业面临转型。本书以 1927～1937 年湖北省为例，试图回答政府在面对正处于社会转型——由农业社会向工业社会变迁时，如何解决农业的现代化问题。作为一个新生的政权，在面对来自地方势力和外来侵略势力挑战的时候，在史无前例的巨大经济危机侵袭的时候，在财力、控制力极其有限的状况下，南京国民政府及湖北地方政府试图解决前人无法也无力解决的农业问题，也试图交上一份比较满意的答卷。但由于国家积贫积弱，也由于南京国民政府和湖北地方政府试图完成自身的转型——由前现代政府向现代政府转型，他们未能如愿以偿。

　　本书选取湖北省作为个案，试图回答政府行为与近代农业发展的关系问题。

　　近代农业发展，首先需要一个稳定的发展环境——自然环境和社会环境。进入近代以后，农业生产面临两种风险——自然风险和市场风险。克服自然风险，需要政府加强农田水利建设；克服市场风险就需要政府不仅实行农产品价格支持制度，而且需要政府实施相应的关税政策保护国内农业的发展。一个稳定的社会环境，是农业生产发展的又一个前提条件，至少能保证农民不误农时。其次，农业发展有自身的发展规律。近代农业发展离不开土地、劳力、资本。政府在进行农业干预时必须遵循农业发展的客观规律。农业经济运行自身出现问题时，当然需要政府干预，这就需要政府制定适当的土地、劳力、资本政策。

经济学家刘易斯说得好：政府可以对经济的增长产生明显的影响。如果政府处事正确，就会促进增长。如果它们做得太少或太多，或处事错误，就会妨碍增长。在以下情况下政府可能会使经济停滞或下降，这就是：维持不了秩序，对公民进行掠夺，鼓动一个阶级剥削另一个阶级，阻碍对外交流，忽视公共服务，过分放任自流，控制过严，花钱过多和进行劳民伤财的战争。①

本期（1927～1937）的湖北，是近代中国农业发展的一个极为艰难的时期，农业自然风险极其严重，天灾连年不断，几乎无年不有，尤其是1931年和1935年的大水灾、1934年的大旱灾，对湖北农业造成了摧残性的破坏。市场风险也毫不示弱，资本主义凭借不平等条约的保护，加强了对中国农业的控制，尤其是1929～1933年的世界经济危机，国外农产品的倾销，农产品出口的衰落，农产品价格的低落，严重影响了农业的发展。

本期的湖北农业衰败，为振兴农业，国民政府和湖北地方政府实施了土地改革，创建农业金融制度，进行农业改良，推行田赋及附加税整理等一系列改革。在维护农村基本秩序的前提下，保护农民的土地私有权，实施"二五减租"，保护佃农，试图调整农村利益关系，促进农业发展；引进集团农场，实行大农经营的试验，力图提高土地利用程度；建立了国家农业银行——中国农民银行，通过合作化运动，试图建立以合作社为核心的农业金融支持体系；设立了中央农业实验所、全国稻麦改进所、棉产改进所和地方各级农业实验机关，进行农业科学研究；成立中央农业推广委员会和地方各级农业推广机构，进行农业技术推广工作；推行土地清丈，整理田赋及其附加税，试图减轻农民负担和增加政府税收；统一水利行政，划分水利区域，明确各级政府的水利职能，兴修水利工程以克服自然风险；开始收回关税主

---

① 〔英〕阿瑟·刘易斯著《经济增长理论》，周师铭等译，上海三联书店，1990，第476页。

权，实行关税自主，征收洋米麦进口税，同时复兴仓储事业，试图调剂粮价，避免谷贱伤农。然而土地政策因为政策本身的不完善、启动的迟缓及执行不力而流产；农业金融改革因政策设计徒以"救济"乃至救济乏力，收效甚微；农业改良因受到财政的制约及自身限制而成效不著；田赋改革更因涉及中央、地方利益的调整，执行乏力，部分实现了地方政府增加税收的意图，但是中央意图未能实现，广大农民利益受损；农田水利建设过程中的官员腐败、水利专款不能专用，极大地影响了农田水利建设的成效，影响了近代农业抗自然风险的能力；关税政策本身的制定问题及实施不力，也影响中国农业抗市场风险的能力。

我们认为，在本期中，政府在试图振兴农业上是想有所作为的，具体表现为一系列计划的制订、法律法规的颁布、各种农业机构的设置以及一系列政策的实施等。然而对于当时的政府来说，稳定农村秩序，维持农业的正常发展，是其必须解决的燃眉之急。也就是说，它基本完成了"救济农业"的任务，而未能完成建设农业的任务。一个原本还未具备建设能力的政府，试图完成艰巨的建设任务，注定了其失败的必然命运。然而，历史是无情的，以成败论英雄，作为执政的国民政府及地方政权，一方面无法应对外来势力——日本的挑战，另一方面却又无法解决最基本的农业问题，使老百姓的日子能过得安稳些，稍微舒适些，这些最基本的要求都未能达到，这也是新生的国民政府只能被广大民众最后抛弃的根本原因所在。

通过本书的研究，我们得到以下几点启示：

第一，传统农业的改造是一项系统工程，需要各方面改革的齐头并进。

传统农业，按照舒尔茨的说法，是"完全以农民世代使用的各种生产要素为基础的农业"，其特点主要表现为：技术状况长期内大致保持不变；人们没有增加传统使用的生产要素的动力；生产要素的供给和需求也处于长期均衡的状态。也即是一种生产方式长期没有发生变动，基本维持简单再生产的、长期停滞的小农经济。①按照张培刚的定义，传统农业具有三个重要的经济特征，其一，以人力和畜力为主要动力的耕作方式，具有千年不变的高度稳定性；其二，在以粗放耕作为特征的生产方式中，农业劳动人口的边际生产率很低；其三，保持着以自给自足为目的的传统自然经济状态，因而其农产品商品率也很低。②因此，按照舒尔茨的主张，可从三个方面进行农业改造，一是建立一套适于农业改造的制度；二是从供给和需求两方面为引进现代生产要素创造条件；三是对农民进行人力资本投资。而按照张培刚的设计，则认为，改造传统农业，既包括技术创新（农业生产技术变革），也包括制度创新（农业组织方式的变革）。因此，传统农业的改造是一项系统工程，需要各方面改革的齐头并进。尤为值得注意的是，农业改造还得遵循农业自身的规律。正如斯科特所言："大型官僚制度所必须带来的简单抽象无法充分地表示出自然或社会过程的复杂性，他们所使用的范畴过于简单、静态和公式化，因此无法公正地代表他们所要描述的世界。"③从本期湖北农业改造的实践来看，国民政府及湖北地方政府实施了一系列的农业经济政策，既有农业组织方式的变革，也有农业技术的变革。然而由于社会环境的制约及当时技术水平的低下，尤其缺乏工业革命的支持，即使当时湖北，步履蹒跚地开启了工业化的步伐，但还不能为传统农业的改造提供强力的技术支持。

第二，一个稳定的社会环境是一个国家农业的发展乃至产业发展的前提条件。

① 〔美〕西奥多·W. 舒尔茨著《改造传统农业》，梁小民译，商务印书馆，1987，译者前言第 3 页。
② 张培刚：《新发展经济学》，河南人民出版社，1999，第 282～283 页。
③ 詹姆斯·C. 斯科特：《国家的视角——那些试图改善人类状况的项目是如何失败的》，社会科学文献出版社，2004，第 357 页。

　　能够提供一个稳定的社会环境是一个强大的政府和强大的国家能力表现之一。亨廷顿说，世界各国之间的最重大差别不是它们政府的形式，而是它们各自政府实行有效统治的程度。只有实行有效的统治，维护社会稳定，才能在政策执行中减少压力、紧张和冲突，取得预期效果。本期的湖北，刚上台的国民政府，遇到了来自桂系军阀和中国共产党的强力挑战。一直到1929年4月，经过蒋桂战争后，才打破近两年之久的宁汉对峙的局面，确立了蒋系南京国民政府对湖北的统治。1930～1932年，蒋介石先后对湘鄂赣、洪湖、湘鄂边区及鄂豫皖苏区发动进攻，严重破坏了湖北农业经济。

　　第三，政府的政策必须尽可能地提高其执行力，这是确保政策能够取得成效的关键。

　　经济决策和政治决策都是以人的成本—收益计算为基础的，经济决策的制定和执行都是由人实施的，所以，政府的利益包括政府组织的利益和政府官员的利益。公共选择理论认为，市场经济下私人选择活动中适用的理性原则，也同样适用于政治领域的公共选择活动。也就是说，政府以及政府官员在社会活动和市场交易过程中同样也反映出"经济人"理性的特征，政府也并不是我们所想象的那样，总是一心一意地追求社会总体福利的最大化目标。政府及其公务人员也具有自身的利益目标，或者说政府自身利益本身也是一个复杂的目标函数，其中不但包括政府本身应当追求的公共利益，也包括政府内部工作人员的个人利益，此外还有以地方利益和部门利益为代表的小集团利益等。各级地方政府作为中央权力中心的代理机构，有着自身独立的目标，包括地方财政收入最大化、减少财政负担、扩大地方政府对资源的配置权力、保护在原有体制下的既得利益，以及争取本地人民的政治支持等。因此政府在推行一项政策时，除了考虑维系全局的、整体的利益，还必须考虑政策执行者的局部利益，必须对有关政策可能引起各个利益主体的不同反应做到统筹兼顾，合理而明确地界定其损益关系和补偿关系，否则就会不可避免地发生政策执行的偏差，比如，政策象征性执行、政策选择性执行、政策替换性执行和政策附加性执行等现象。[①] 1927～1937 年湖北的农业经济政策，由于对各利益主体的利益不能统筹兼顾，诸如土地改革、田赋改革等变革，其执行力可想而知，因此直接影响了政策的执行力。

[①] 李成贵：《中国农业政策：理论框架与应用分析》，社会科学文献出版社，1999，第 193～194 页。

参考文献

（一）档案类

湖北省政府委员会会议记录 （1928年4月至1945年） LS1-1-31—50 758-772。

宦治平条陈湖北省售运粮食各种积弊及省政府处理的训令 LS1-3-2409。

内政部编民国20年各省市仓储积谷报告 LS1-3-2410。

湖北省11县仓储概况表说明书及有关往来文书 （1934~1937年） LS1-3-2410。

关于调查处理湖北鄂城县粮站站长曹阴云勾结王松亭等盗卖粮麦的有关材料 （1932~1933年） LS1-3-2572。

关于调查处理湖北省石首县农村复兴委员会委员李西坤、二区区长张促平滥权封闭陈家典房屋的经过情形 （1933年） LS1-3-2783。

关于办理湖北襄阳粮食分配所副主任汤纬强占米款的情形及刑事判决书 （1929~1934年） LS1-3-2812。

关于办理湖北枣阳县田赋征收员张祺宗公安县长高季浦违法陷害的经过情形、李文茹贪污不法的材料 （1933~1934年） LS1-3-2829。

湖北各县关于田赋废石废两改亩改元订定赋率等级标准的报告及省府的批复 （1934年） LS1-5-4359。

关于武昌、随县请暂缓办理估计田亩的报告与省府的批复（1934年） LS1-5-4360。

湖北浠水、随县等 27 县民国 22 年至 27 年田赋表（1933～1934年） LS1-5-4361。

湖北鄂城、礼山、兴田、宜昌、松滋等县绅民请求豁免田赋、亩捐的报告及省府的批复（1334～1938年） LS1-5-4362。

湖北江陵、黄冈、来凤县钱粮柜浮收积弊重出粮票苛虐人民的情形及处理经过（1933～1934年） LS1-5-4366。

湖北松滋、公安县田赋委员会张继华、李云飞等贪污情形及处理经过（1933～1934年） LS1-5-4367。

湖北省政府发表振兴实业告民众书（1931年1月） LS1-5-4724。

湖北省建设厅拟具裁并整理各农场、林场办法（1932年） LS1-5-4784。

湖北建设厅拟定各场圃组织系统表、职员等级表及关于宝积庵农场拨还教育厅后请待办稻作试验场报告（1930～1931年） LS1-5-4785。

湖北省建设厅关于农蚕、林牧场改组为农业推广处和停办外县各农林各场分别拨借各省立乡村师范的提案（1933年） LS1-5-4786。

湖北省政府关于棉业改良委员会借用徐家棚、武丰空地作试验场的训令器具清册（1933～1934年） LS1-5-4788。

湖北省建设厅筹办集体农场意见及创办襄阳集团农场筹设京山县观音岩农场的报告函（1931～1933年） LS1-5-4789。

关于湖北省政府与豫鄂赣皖四省农民银行共同委托金陵大学代办徐家棚农事试验总场的合同、训令与来往文书（1933～1934年） LS1-5-4790。

湖北省政府关于筹办国营金水流域农场的训令、函及农场组织规则（1934～1936年） LS1-5-4791。

南昌行营关于在赣召开粮食仓储会议的通知及省派贾士毅参加的报告、函及提案（1933年） LS1-5-4792。

湖北省第十区专员袁济安呈拟订农政实施计划（1934～1935年）LS1-5-4794。

鄂豫皖三省"剿匪"总司令部湖北省政府关于各区筹设农场、农校问题的报告、训令（1934年） LS1-5-4795。

湖北第一、四专署筹设农场、林场、农林学校的报告及省政府的批复（1934年） LS1-5-4796。

湖北第二专署拟办农林学校和农林渔场的报告及省政府的批复（1934年） LS1-5-4797。

湖北省第五、七专署筹设农林场、农林学校计划、报告及省府的批复（1934～1935年） LS1-5-4798。

湖北省第九、十专署筹设农林场、农林学校计划、报告及省府的批复（1933～1934年） LS1-5-4799。

扬子江水道整理委员会调查沿江各县农村经济状况的函及湖北各县调查表（1933年） LS1-5-4800。

行政院、湖北省政府关于中山文化教育馆派员调查农村经济问题的训令、函（1933年） LS1-5-4801。

南昌行营关于豫、鄂、皖赣四省农民银行请饬各县填报农村初步调查的函及随县政府报送的调查表（1933年） LS1-5-4802。

内政部调查原料出产的通知及湖北省各县报送的调查表（1932～1933年） LS1-5-4803。

内政部湖北省政府饬各县调查荒地情形的训令、函（1929～1931年） LS1-5-4804。

国防设计委员会调查粮食运销的公函及湖北省各县的调查表（一）、（二）（1934～1936） LS1-5-4805-4806。

行政院农矿部颁发堤防造林及限制倾斜地垦殖办法、林业行政系统表与湖北省林业行政系统办法（1928～1933年） LS1-5-4809。

实业部关于筹设森林公园、育苗造林的函及湖北省民国21、22年育苗造林情形表（1931～1934年）　LS1-5-4810。

湖北省政府委员会关于设立均县、郧县、谷县农业推广区苗圃的决议（1934年）　LS1-5-4811。

湖北省政府委员会关于设立随县果园的决议及张泽民等控诉技师张一农舞弊退租违法强占的报告（1933～1934年）　LS1-5-4812。

湖北省建设厅关于保护江水森林的训令、报告、函　1934年LS1-5-4816。

湖北省沿江各县堤防及农村经济概况调查表（1933年）　LS1-5-4879。

湖北地方政务研究会函送调查乡村建设概要（1935年）　LS1-7-6397。

湖北广济县党部呈请缓征陈欠田赋及取缔加增额外催租表（1933年）　LS1-7-6529。

湖北宜昌县保长郑孺宗等呈该县营业税局侵征农人棉花捐税案（1933年）　LS1-7-6534。

湖北通城大沙坪商会抽收谷米过境捐情形（1933年）　LS1-7-6542。

湖北黄安县征收亩捐情形（1934年）　LS1-7-6547。

湖北鄂城、通山、京山等县清理整顿新旧赋税暂行办法及奖惩办法及湖北省政府的批示训令（1934）年　LS1-7-6796。

湖北省建设厅民国26年-27年各月施政成绩报告　LS31-1-256—257。

中国国第二历史档案馆：《中华民国史档案资料汇编》（第一至第五辑），江苏古籍出版社。

（二）调查报告类

《豫鄂皖三省"剿匪"总司令部农村金融救济处工作报告》，1933

年 11 月。

《鄂豫皖三省"剿匪"总司令部湖北水利堤工事务清理报告书》，1933 年 11 月。

湖北省政府秘书处：《鄂西视察记》，汉口白鹤印刷公司，1934 年 10 月。

东北大学编辑部编《东北大学鄂豫皖赣收复"匪区"经济考察团报告》，1934 年 12 月。

《全国各省市减轻田赋附加废除苛捐杂税报告书》，1934 年。

陈赓雅：《赣皖湘鄂视察记》，申报月刊社发行，1935 年 3 月。

国立武汉大学刊行《民国 24 年湖北江河流域灾情调查报告书》，1935。

王倘、薛建吾：《湖北省武昌县青山实验区户口与农村经济调查报告》，1936 年 1 月。

崔毓俊、路易士等：《豫鄂皖赣四省农村经济调查报告之二：豫鄂皖赣四省农村土地分类之研究》，金陵大学农业经济系印行，1936 年 6 月。

中国农民银行委托金陵大学农业经济系调查编纂《豫鄂皖赣四省农村经济调查报告之四：豫鄂皖赣四省之典当业》，金陵大学农业经济系印行，1936 年 6 月。

中国农民银行委托金陵大学农业经济系调查编纂《豫鄂皖赣四省农村经济调查报告之五：豫鄂皖赣四省之租佃制度》，金陵大学农业经济系印行，1936 年 6 月。

实业部中央农业实验所农业经济科编《民国 23 年农情报告汇编》，1936 年 8 月。

平汉铁路经济调查组编《老河口支线经济调查》，1937 年 2 月。

薛慧子：《鄂赣实地视察记》，中央电讯社发行，1940 年 8 月。

湖北省农村调查委员会调查、湖北省政府秘书处统计室编印：《湖北省农村调查报告》第 1～10 册，1937 年 10 月。

程理锟：《湖北省之农业金融与地权异动之关系》，载萧铮主编《民国二十年代中国大陆土地问题资料》，台北成文出版社，1977。

缪启愉：《武昌田赋之研究》，载萧铮主编《民国二十年代中国大陆土地问题资料》，台北成文出版社，1977。

贾品一：《湖北省办理土地陈报之经过》，载萧铮主编《民国二十年代中国大陆土地问题资料》，台北成文出版社，1977。

李若虚：《大冶农村经济研究》，载萧铮主编《国民二十年代中国大陆土地问题资料》，台北成文出版社，1977。

范守荣：《湖北省之土地利用与粮食问题》，载萧铮主编《民国二十年代中国大陆土地问题资料》，台北成文出版社，1977。

潘洰：《黄冈县之租佃制度》，载萧铮主编《民国二十年代中国大陆土地问题资料》，台北成文出版社，1977。

周世彦：《咸宁土地分配之研究》，载萧铮主编《民国二十年代中国大陆土地问题资料》，台北成文出版社，1977。

陈家鼎：《宜昌沙市之地价研究》，载萧铮主编《民国二十年代中国大陆土地问题资料》，台北成文出版社，1977。

李若虚：《湖北省大冶县实习调查日记》，载萧铮主编《民国二十年代中国大陆土地问题资料》，台北成文出版社，1977。

张维光：《汉口武昌实习调查日记》，载萧铮主编《民国二十年代中国大陆土地问题资料》，台北成文出版社，1977。

赵巨恩：《湖北财政厅实习报告》，载萧铮主编《民国二十年代中国大陆土地问题资料》，台北成文出版社，1977。

缪启愉：《武昌鄂城等县调查日记》，载萧铮主编《民国二十年代中国大陆土地问题资料》，台北成文出版社，1977。

（三）年鉴、统计资料、工作报告类

农商部部务厅统计科编纂《中华民国元年第一次农商统计表》，中华书局，1914。

农商部部务厅统计科编纂《中华民国五年第五次农商统计表》,中华书局,1919。

胡焕宗:《湖北全省实业志》,1920。

熊道瑞:《湖北田赋概要》,1932。

湖北省财政厅编辑股:《湖北财政概要》,1932。

湖北省民政厅:《湖北民政法规汇编》,1932年9月。

湖北省合作指导委员会:《湖北省合作事业指导委员会工作概况》,1932年11月。

湖北省财政厅:《湖北省各县21年度县地方岁入岁出预算表》,1932年12月。

湖北省政府建设厅:《湖北建设最近概况》,1933年2月。

湖北财政厅:《湖北省各县田赋一览表》,1933年8月。

湖北省民政厅财政厅:《湖北省土地清查各项规则》,1933年6月。

湖北省政府秘书处:《湖北省政府行政报告书》,1933年9月至1934年8月。

《湖北财政报告》,1933年7~12月、1934年1~6月、1934年7~12月、1935年1~6月。

湖北省民政厅:《湖北省县政概况》1~6册,1934年7月。

湖北民政厅:《湖北民政统计》,1934。

湖北民政厅:《湖北民政厅23年施政纲要实施情形报告》,1934。

湖北省民政厅:《湖北省民政厅政令辑要》,1934年7月。

《湖北省清查土地法令汇编》,1934年9月。

湖北省政府秘书处统计室:《湖北概况十种》,1935。

湖北省政府秘书处统计室:《湖北人口统计》,1935。

《湖北第一次全省行政会议汇编》,省政府秘书处编辑发行,1935年4月。

《湖北省民国25年省地方总概算书》,湖北省财政厅印。

《湖北省民国 24 年省地方总概算书》，湖北省财政厅印。

湖北省政府秘书处统计室：《湖北省年鉴》第一回，1937 年 6 月。

《湖北省统计提要》，1937 年 3 月。

实业部商品检验局沙市检验分处：《沙市棉检》，1937 年 6 月。

湖北省政府：《中华民国 32 年统计年鉴》。

胡哲民：《湖北省概况》，中国文化学会总会。

湖北省银行：《湖北省银行二十周年纪念特刊》，1948 年。

童璋：《湖北之金融》，湖北省银行经济研究室印行，1948 年。

（四）地方志类

卢龙、白眉初：《鄂湘赣三省志》，1927 年 6 月初版。

吕调元、刘承恩修，张仲昕、杨承禧等纂《湖北通志》，上海古籍出版社，1990 年。《湖北通志》初刊于 1921 年，本书以商务印书馆 1934 年影印本为底本。本书收辑自上古至清末（1911 年）湖北地区包括天文、地理、人文、物产等方面的史料。

林传甲：《大中华湖北地理志》，京师中国地学会发行，1919 年 10 月。

湖北省地方志编纂委员会：《湖北省志·经济综述》，湖北人民出版社，1992。

湖北省地方志编纂委员会：《湖北省志·贸易志》，湖北人民出版社，1992。

湖北省地方志编纂委员会：《湖北省志·农业志》，湖北人民出版社，1994。

湖北省地方志编纂委员会：《湖北省志·民政志》，湖北人民出版社，1994。

湖北省地方志编纂委员会：《湖北省志·财政志》，湖北人民出版社，1995。

湖北省地方志编纂委员会：《湖北省志·水利志》，湖北人民出版社，1995。

湖北省地方志编纂委员会：《湖北省志·政权志》，湖北人民出版社，1996。

湖北省地方志编纂委员会：《湖北省志·城乡建设志》，湖北人民出版社，1999。

湖北省地方志编纂委员会：《湖北省志·人物志》，湖北人民出版社，2000。

湖北省地方志编纂委员会：《湖北省志·附录》，湖北人民出版社，2002。

（五）报刊

国民政府公报	立法院公报	实业公报
中央日报	农村复兴委员会会报	申报
中国经济评论	建设评论	工商半月刊
国际贸易导报	中国农村	中国经济
地政月刊	东方杂志	中行月刊
湖北省政府公报	湖北建设月刊	湖北农矿月刊
湖北农声	汉口商业月刊	鄂棉
武汉日报		

（六）专著

张受均：《农业政策》，泰东图书局，1924。

刘光华：《农业政策》，南京书店，1932。

田中忠夫著《中国农业经济资料》，汪馥泉译，大东书局，1934。

陈登元：《中国土地制度》，商务印书馆，1934。

冯柳堂：《中国历代民食政策史》，商务印书馆，1935。

冯和法：《中国农村经济资料》，《中国农村经济资料续编》，黎明书局，1935。

卜凯著《中国农家经济》，张履鸾译，商务印书馆，1936。

中央党部国民经济计划委员会：《十年来之中国经济建设（1927–1936）》，南京扶轮日报社，1937。

朱子爽：《中国国民党农业政策》，国民图书出版社，1940。

董时进：《中国农业政策》，中华书局，1940。

朱子爽：《中国国民党土地政策》，国民图书出版社，1943。

谭熙鸿著《十年来之中国经济》，中华书局，1948。

严中平：《中国近代经济史统计资料选辑》，科学出版社，1955。

李文治编《中国近代农业史资料》（第一辑），三联书店，1957。

章有义编《中国近代农业史资料》（第二辑）（1912～1927），三联书店，1957。

章有义编《中国近代农业史资料》第三辑（1927～1937），三联书店，1957。

薛暮桥：《旧中国的农村经济》，农业出版社，1980。

张玉法：《中国现代史论集第八辑：十年建国》，联经事业出版公司，1982。

张玉法：《中国现代史论集》，联经出版事业公司，1982～1985。

张玉法：《中国现代化的区域研究：山东省（1860–1916）》，中研院近代史研究所，1982。

赵冈、陈钟毅：《中国土地制度史》，联经出版事业公司，1982。

王树槐：《中国现代化的区域研究：江苏省（1860–1916）》，中研院近代史所，1983。

秦孝仪：《中华民国经济发展史》，近代中国出版社，1983。

许道夫：《中国近代农业生产及贸易统计资料》，上海人民出版社，1983。

秦孝仪：《革命文献》第84、85、86辑，台湾文物供应社，1980、1981、1986。

陈翰笙：《解放前的地主与农民——华南农村危机研究》，中国社会科学出版社，1984。

中研院近代史研究所：《抗战前十年国家建设史研讨会论文集》，中研院近代史研究所，1984。

秦孝仪：《中华民国政治发展史》，文物供应社，1985。

吴慧：《中国历代粮食亩产研究》，农业出版社，1985。

罗仑、景甦：《清代山东经营地主经济研究》，齐鲁书社，1985。

严中平：《科学研究方法十讲——中国近代经济史专业硕士研究生参考讲义》，人民出版社，1986。

朱汇森：《粮政史料》（1~6册），台湾"国史馆"印行，1988。

何炳棣：《中国古今土地数字的考释与评价》，中国社会科学出版社，1988。

岳琛：《中国农业经济史》，中国人民大学出版社，1989。

何炳棣：《1368—1953年中国人口研究》，上海古籍出版社，1989。

中研院近代史研究所：《近代中国农村经济史论文集》，1989。

财政部《中国农民负担史》编辑委员会：《中国农民负担史》卷1~4，中国财政经济出版社，1990、1991、1993、1994。

章开沅、朱英：《对外经济关系与中国近代化》，华中师大出版社，1990。

中研院近代史研究所：《中国现代化论文集》，1991。

赵冈、陈钟毅：《中国经济制度史》，中国经济出版社，1991。

林毅夫：《制度、技术与中国农收发展》，上海三联书店，1992。

陈钧：《湖北农业开发史》，中国文史出版社，1992。

姜义华：《百年蹒跚——小农中国的现代觉醒》，三联书店香港有限公司，1992。

谭文熙：《中国物价史》，湖北人民出版社，1993。

马敏、朱英：《传统与近代的二重变奏 晚清苏州商会个案研究》，巴蜀书社，1993。

章开沅、罗福惠：《比较中的审视：中国早期现代化研究》，浙江人民出版社，1993。

马敏：《过渡形态：中国早期资产阶级构成之谜》，中国社会科学出版社，1994。

成汉昌：《中国土地制度与土地改革——20世纪前半期》，中国档案出版社，1994。

中国农业百科全书编辑部：《中国农业百科全书（农业历史卷）》，中国农业出版社，1995。

魏杰、杜朝晖：《政府应该干什么——西方政府经济职能考察》，人民出版社，1995。

刘军宁：《市场逻辑与国家观念》，三联书店，1995。

赵冈：《清代粮食亩产量研究》，中国农业出版社，1995。

吴量恺：《清代湖北农业经济研究》，华中理工大学出版社，1995。

高王凌：《十八世纪中国的经济发展和政府政策》，中国社会科学出版社，1995。

宋亚平：《湖北地方政府与社会经济建设（1890–1911）》，华中师范大学出版社，1995。

马敏：《官商之间：社会剧变中的近代绅商》，天津人民出版社，1995。

冯祖祥：《湖北林业史》，中国林业出版社，1995。

秦晖：《田园诗与狂想曲：关中模式与前近代社会的再认识》，中央编译出版社，1996。

孙达人：《中国农民变迁论——试探我国历史发展周期》，中央编译出版社，1996。

吴承明：《市场·近代化·经济史论》，云南大学出版社，1996。

朱英：《晚清经济政策和改革措施》，华中师范大学出版社，1996。

曹幸穗：《旧中国苏南农户经济研究》，中央编译出版社，1996。

葛剑雄：《中国移民史》，福建人民出版社，1997。

朱英：《转型时期的社会与国家——以近代中国商会为主体的历史透视》，华中师范大学出版社，1997。

林向立：《国内政府间关系》，浙江人民出版社，1998。

施雪华：《政府权能理论》，浙江人民出版社，1998。

常宗虎：《南通现代化 1895—1938》，中国社会科学出版社，1998。

朱英、石柏林：《近代中国经济政策演变史稿》，湖北人民出版社，1998 版。

何平：《清代赋税政策研究 1644—1840》，中国社会科学出版社，1998。

章开沅、张正明、罗福惠：《湖北通史》，华中师范大学出版社，1999。

戴鞍钢、黄苇：《中国地方志经济资料汇编》，汉语大词典出版社，1999。

张培刚：《新发展经济学》，河南人民出版社，1999。

中研院近代史研究所：《财政与近代历史论文集》，1999。

章开沅：《中国近代史上的官绅商学》，湖北人民出版社，2000。

林毅夫：《再论制度、技术与中国农业发展》，北京大学出版社，2000。

张五常：《佃农理论：应用于亚洲的农业和台湾的土地改革》，商务印书馆，2000。

孙健：《中国经济通史》，中国人民大学出版社，2000。

胡鞍钢、王绍光：《政府与市场》，中国计划出版社，2000。

郑大华：《民国乡村建设运动》，社会科学文献出版社，2000。

王玉茹：《制度变迁与中国近代工业化——以政府的行为分析为中心》，陕西人民出版社，2000。

李金铮:《借贷关系与乡村变动——民国时期华北乡村借贷关系之研究》,河北大学出版社,2000。

吴承明:《中国的现代化——市场与社会》,三联书店,2001。

苑书义、董丛林:《近代中国小农经济的变迁》,人民出版社,2001。

徐建生、徐卫国:《清末民初经济政策研究》,广西师范大学出版社,2001。

严中平:《中国近代经济史(1840—1894)》,人民出版社,2001。

汪敬虞:《中国近代经济史(1895—1927)》,人民出版社,2001。

葛剑雄主编《中国人口史》(1—6),复旦大学出版社,2002。

张培刚:《农业与工业化(上):农业国工业化问题初探》,华中科技大学出版社,2002。

张培刚:《农业与工业化(中下):农业国工业化问题再论》,华中科技大学出版社,2002。

赵德馨:《中国经济通史》,湖南人民出版社,2002。

张朋园:《湖南现代化的早期进展1860—1916》,岳麓书社,2002。

徐浩:《农民经济的历史变迁——中英乡村社会区域发展比较》,社会科学文献出版社,2002。

侯建新:《农民、市场与社会变迁——冀中11村透视并与英国乡村比较》,社会科学文献出版社,2002。

李伯重:《理论、方法、发展趋势:中国经济史研究新探》,清华大学出版社,2002。

彭南生:《中间经济:传统与现代之间的中国近代手工业(1840—1936年)》,高等教育出版社,2002。

许涤新、吴承明:《中国资本主义发展史》(1—3卷),人民出版社,2003。

黄宗智:《中国研究的范式问题讨论》,社会科学文献出版社，2003。

陈振明：《政策科学——公共政策分析导论》，中国人民大学出版社，2003。

彭南生：《行会制度的近代命运》，人民出版社，2003。

赵冈：《历史上的土地制度与地权分配》，中国农业出版社，2003。

李金铮：《民国时期乡村借贷关系研究——以长江中下游地区为中心》，人民出版社，2003。

李金铮：《近代中国乡村社会经济探微》，人民出版社，2004。

王印焕：《1911—1937 年冀鲁豫农民离村问题研究》，中国社会科学出版社，2004。

周明炎：《湖北棉花》，农业出版社，2004。

李文治、江太新：《中国地主制经济论——封建土地关系发展与变化》，中国社会科学出版社，2005。

徐建生：《民国时期经济政策的沿袭与变异（1912—1937)》，福建人民出版社，2006。

吴承明：《经济史：历史观与方法论》，上海财经大学出版社，2006。

严昌洪：《20 世纪中国社会生活史》，人民出版社，2007。

彭南生：《半工业化：近代中国乡村手工业的发展与社会变迁》，中华书局，2007。

李新：《中华民国史》（多卷），中华书局。

曾兆祥：《湖北近代贸易史资料选辑（1840—1949)》，湖北贸易志编辑室内部资料。

（七）外文译著及原著

〔加〕陈志让：《军绅政权——近代中国的军绅政权》，三联书店，1980。

〔美〕阿瑟·恩·杨格：《中国财政经济情况（1927—1937）》，中国社会科学出版社，1981。

〔美〕德·希·帕金斯：《中国农业的发展（1368—1968）》，上海译文出版社，1984。

〔美〕费正清：《剑桥中国晚清史》，中国社会科学出版社，1985。

〔美〕黄宗智：《华北的小农经济与社会变迁》，中华书局，1986。

〔英〕约翰·希克斯著《经济史理论》，厉以平译，商务印书馆，1987。

〔美〕西奥多·舒尔茨：《改造传统农业》，商务印书馆，1987。

〔印〕贾塔克：《农业与经济发展》，华夏出版社，1987。

〔美〕保罗·肯尼迪：《大国的兴衰——1500—2000年的经济变迁与军事冲突》，求实出版社，1988。

〔美〕约瑟夫·斯蒂格里兹：《政府经济学》，春秋出版社，1988。

〔美〕库兹涅茨：《现代经济增长》，北京经济学院出版社，1989。

〔美〕道格拉斯·C.诺思、罗伯特·托马斯著《西方世界的兴起》，厉以平、蔡磊译，华夏出版社，1989。

〔美〕布莱克著《现代化的动力——一个比较史的研究》，景跃进，张静译，浙江人民出版社，1989。

〔法〕勒高夫、诺拉、夏蒂埃、勒韦尔：《新史学》，上海译文出版社，1989。

〔美〕阿瑟·刘易斯：《经济增长理论》，上海三联书店，1990。

〔美〕道格拉斯·C.诺思著《经济史中的结构与变迁》，陈郁等译，上海三联书店，1991。

〔美〕熊彼特：《经济分析史》1~3卷，商务印书馆，1991。

〔美〕斯塔夫理阿诺斯著《全球通史》，吴象婴、梁赤民译，上海社会科学院出版社，1992。

〔美〕黄宗智：《长江三角洲小农家庭与乡村发展》，中华书局，1992。

〔美〕黄宗智:《中国农村的过密化与现代化：规范认识危机及出路》，上海社会科学院出版社，1992。

〔美〕费正清、费维恺:《剑桥中华民国史》，中国社会科学出版社，1993。

〔法〕费尔南·布罗代尔:《15—18世纪的物质文明、经济与资本主义》1～3卷，三联书店，1993。

〔法〕白吉尔:《中国资产阶级的黄金时代（1911—1937)》，上海人民出版社，1994。

〔美〕魏斐德（Wakeman，Frederic):《中国现代化问题 一个多方位的历史探索》，复旦大学出版社，1994。

〔美〕查尔斯·沃尔夫著《市场或政府：权衡两种不完善的选择》，谢旭译，中国发展出版社，1994。

〔美〕杜赞奇:《文化、权力与国家——1900—1942年的华北农村》，江苏人民出版社，1994。

〔美〕吉尔伯特·罗兹曼:《中国的现代化》，江苏人民出版社，1995。

〔俄〕恰亚诺夫:《农民经济组织》，中央编译出版社，1996。

〔美〕康芒斯:《制度经济学》，商务印书馆，1997。

〔法〕托克维尔:《旧制度与大革命》，商务印书馆，1997。

〔美〕施坚雅:《中国农村的市场与结构》，中国社会科学出版社，1998。

〔美〕王国斌:《转变的中国：历史变迁与欧洲经验的局限》，江苏人民出版社，1998。

〔美〕马若孟:《中国农民经济：河北、山东的农业发展》，江苏人民出版社，1999。

〔德〕弗兰克著《白银资本——重视经济全球化中的东方》，刘北成译，中央编译出版社，2000。

〔德〕柯武刚、史漫飞:《制度经济学：社会秩序与公共秩序》，商务印书馆，2000。

〔日〕速水佑次郎、〔美〕拉坦：《农业发展的国际分析》，中国社会科学出版社，2000。

〔美〕罗斯托：《经济增长的阶段：非共产党宣言》，中国社会科学出版社，2001。

〔美〕詹姆斯·C. 斯科特：《农民的道义经济学：东南亚的反叛与生存》，译林出版社，2001。

〔美〕杨懋春：《一个中国村庄：山东台头》，江苏人民出版社，2001。

〔法〕H. 孟德拉斯：《农民的终结》，中国社会科学出版社，2001。

〔日〕内山雅生：《20 世纪华北农村社会经济研究》，中国社会科学出版社，2001。

〔美〕黄宗智：《中国研究的范式问题讨论》，社会科学文献出版社，2003。

〔日〕长野朗：《中国土地制度的研究》，中国政法大学出版社，2004。

〔美〕白凯：《长江下游地区的地租、赋税与农民的反抗斗争（1840-1949）》，上海书店出版社，2005。

〔美〕曾小萍：《州县官的银两——18 世纪中国的合理化财政改革》，中国人民大学出版社，2005。

Rawski, Thomas G：China' transition to Industrialism . Michigan：The University of Michigan. 1980.

Economic Growth in Prewar China. Berkely：University of Califorlia Prcss. 1989.

Brandt, Lore：Commercialization and Agricultural Development in East-Central China, 1870 – 1937, Cambridge：Cambridge University Press. 1989。

Mycrs，Ramon H. "How did the Modern China Economy Develop—A Review Article . Journal of Asian Studies，50.3：601–28. 1991.

Popkin，Samuel L. （1979） The Rational Peasant：The Political Economy of Rural Society in Vietnam. University of California Press.

Kang Chao，Man and Land in Chinese History：An Economy Analysis. Stanford：Stanford University Press.

（八）论文

主要来源于《近代史研究》《中国经济史研究》《中国农史》《中国社会经济史研究》《人大复印报刊资料·经济史》等刊物，由于论文篇数太多，在此只列主要参考文献，不再一一罗列。

王业键：《近代中国农业的成长及其危机》，《中央研究院近代史研究所集刊》1978 年第 7 期。

杨振亚：《论析国民政府十年内战时期的土地法》，《南京大学学报》1984 年第 3 期。

郑庆平：《中国近代的农业危机》，《中国农史》1985 年第 4 期。

朱英：《19 世纪中日两国工业化进程中国家政权作用之比较》《湖北社会科学》1988 年第 6 期。

卢锋：《近代农业的困境及其根源》，《中国农史》1989 年第 3 期。

吴承明：《中国近代农业生产力的考察》，《中国经济史研究》1989 年第 2 期。

王方中：《1931 年江淮大水灾及其后果》，《近代史研究》1990 年第 1 期。

章有义：《近代东北地区农田单位面积产量下降的一个实证》，《中国经济史研究》1990 年第 3 期。

章有义：《近代中国人口与耕地的再估计》，《中国经济史研究》1991 年第 1 期。

章有义：《海关报告中的近代中国农业生产力状况》，《中国农史》

1991 年第 2 期。

王天奖：《从单产看近代河南农业生产》，《史学月刊》1991 年第 1 期。

陈梅芳：《试论十年内战时期国民党政府的农村经济政策》，《中国经济史研究》1991 年第 4 期。

吴柏均：《无锡区域农村经济结构的实证分析》，《中国经济史研究》1991 年第 1 期。

王玉茹：《在近代化过程中日本和中国农业发展的比较研究》，《南开经济研究》1992 年第 2 期。

邓亦兵：《民国时期北京农业述略》，《北京社会科学》1993 年第 2 期。

庄维民：《近代山东农业科技的推广及其评价》，《近代史研究》1993 年第 2 期。

唐文起：《江苏地区农业近代化述略》，《学海》1993 年第 5 期。

符长泉：《30 年代中国农业危机及其影响》《中国社会经济史研究》1993 年第 2 期。

万振凡：《江西近代农业的生产关系与生产力》《江西社会科学》1993 年第 6 期。

吴存浩：《中国近代农业危机表现》，《中国农史》1994 年第 3 期。

张东刚：《论中国近代化过程中的制度安排与变迁》，《南开经济研究》1994 年第 5 期。

郑庆平：《对中国近代农业生产力的基本估计》，《晋阳学刊》1994 年第 6 期。

刘克祥：《清末和北洋时期东北地区的土地开垦和农业发展》，《中国经济史研究》1995 年第 4 期。

朱英：《甲午战后清政府经济政策的变化及其影响》，《甲午百年祭：多元视野下的中日战争》，知识出版社，1995。

朱英：《论甲午战后清政府的农业政策》，《华中师范大学学报》

1996 年专辑。

史建云：《论近代中国农村手工业的兴衰问题》，《近代史研究》1996 年第 3 期。

张东刚：《近代中国农业投资的估算与分析》，《南开经济研究》1996 年第 5 期。

彭南生：《晚清手工业经济中的政府行为》，《华中师范大学学报》1998 年第 6 期。

徐建生：《论民国初年经济政策的扶植与奖励导向》，《近代史研究》1999 年第 1 期。

邱松庆：《简评南京国民政府初建时期的农业政策》，《中国社会经济史研究》1999 年第 4 期。

朱英：《清政府推行新经济政策的缺陷及其产生原因》，《中国经济史研究》1999 年第 1 期。

朱英：《论南京临时政府的经济政策》，《华中师范大学学报》1999 年第 1 期。

彭南生：《也论近代农民离村原因——兼与王文昌同志商榷》，《历史研究》1999 年第 6 期。

彭南生：《近代农民离村与城市社会问题》，《史学月刊》1999 年第 6 期。

彭南生：《评民初至抗战前手工业经济中的政府行为》，《华中师范大学学报》2000 年第 1 期。

李金铮：《近代长江中下游地区农家的收支对比及其相关因素——以 20 世纪 20—40 年代为中心》，《学海》2000 年第 4 期。

刘克祥：《1927—1937 年农业生产与收成、产量研究》，《近代史研究》2001 年第 5 期。

郑磊：《1928—1930 年旱灾后关中地区种植结构之变迁》，《中国农史》2001 年第 1 期。

李金铮：《绩效与不足：民国时期现代农业金融与农村社会之关

系》，《中国农史》2003 年第 1 期。

赵泉民：《论清末农业政策的近代化趋向》，《文史哲》2003 年第 4 期。

夏如冰：《北洋政府时期的农政机构与农业政策（1912—1928 年）》，《南京农业大学学报》2003 年第 3 期。

张杰：《农户、国家与中国农贷制度：一个长期视角》，《金融研究》2005 年第 2 期。

秦晖：《关于传统租佃制若干问题的商榷》，《中国农村观察》2007 年第 3 期。

赵泉民：《政府的强制性制度供给与农村金融制度变迁——以 20 世纪前半期中国农村合作金融建设为中心》，《江苏社会科学》2009 年第 3 期。

陈钧：《近代湖北农村经济危机述评》，《湖北大学学报》1988 年第 2 期。

梅莉：《明清湖北农业区域特征分析》，《中国历史地理论丛》1993 年第 4 期。

徐凯希：《近代湖北植棉业初探》，《中国农史》1991 年第 2 期。

陈钧：《论近代湖北经济的崛起》，《湖北大学学报》1992 年第 4 期。

官互进：《湖北中等农业学校史略 1890－1992》，《古今农业》1995 年第 1 期。

苏云峰：《政局与财政的互动关系：以抗战前湖北为例》，台湾中研院近代史研究所社会经济史组编《财政与近代历史》（上册），台北中研院近代史研究所印行，1999，第 109～148 页。

李铁强：《1927–1937 年湖北田赋问题述论》，《江汉论坛》2004 年第 1 期。

黄长义、徐凯希：《20 世纪 30 年代湖北汉江流域的农业改良》，《湖北大学学报》2004 年第 3 期。

刘成武等：《湖北省历史时期洪、旱灾害统计特征分析》，《自然灾害学报》2004 年第 3 期。

徐凯希：《近代湖北茶叶改良述略》，《农业考古》2005 年第 4 期。

张家炎：《环境、市场与农民选择—清代及民国江汉平原的生态关系》，黄宗智：《中国乡村研究》第三辑，社会科学文献出版社，2005，第 1～37 页。

田炯权：《清末民国时期湖广地区的农业生产力及生产关系》，《清史研究》2006 年第 1 期。

张泰山：《民国时期田赋征收人员的结构及其素质考察——以 1927-1937 年的湖北省为例》，《民国档案》2006 年第 2 期。

魏文享：《乡村控制与农业建设—试论南京政府时期湖北省的农会组织》，《中国农史》2006 年第 4 期。

张泰山：《1927—1937 年湖北田赋赋额状况考察——南京国民政府时期湖北田赋研究之三》，《湖北教育学院学报》2006 年第 7 期。

附录1 国民政府及湖北省政府
颁布的法规

名　　称	颁布及修订时间	颁布机构	备　　注
农业机构			
中央农业推广委员会组织章程	1932.1.27	实业部	民国法规大全第六册3251
省农业推广委员会组织纲要	1930.12.20	行政院	民国法规大全第六册3251–3252
省农政主管机关农业推广处组织纲要	1930.12.20	行政院	民国法规大全第六册3252–3253
建设委员会振兴农村实验区组织章程	1934.2.7	建设委员会	民国法规大全第六册3256
建设委员会振兴农村实验区办事细则	1934.8.4	建设委员会	民国法规大全第六册3256–3258
实业部中央农业实验所与地方农场技术合作办法	1936.3.16	—	
全国经济委员会农业处暂行组织条例	1934.1.30	国民政府	民国法规大全第六册3260–3261
全国经济委员会蚕丝改良委员会暂行组织条例	1934.1.30	国民政府	民国法规大全第六册3261–3262
全国经济委员会棉业统制委员会暂行组织条例	1933.10.7	国民政府	民国法规大全第六册3264
各省县农业机关整理办法纲要	1933.6	行政院	民国法规大全第六册3264
农业专科以上学校农业推广处组织纲要	1930.12.20	行政院	民国法规大全第六册3258
各省训练农业推广人员办法大纲	1931.10.10	内政部、实业部、教育部	民国法规大全第六册3259

续表

名　　　称	颁布及修订时间	颁布机构	备　　注
农业机构			
全国经济委员会农村建设委员会暂行组织条例	1933.11.28	国民政府	民国法规大全第六册3295
豫鄂皖三省总司令部农村金融救济处组织规程	1932.10	总司令部	救济处工作报告第3~7页
豫鄂皖三省总司令部各县农村金融救济分处组织通则	1932.10	总司令部	救济处工作报告第7~10页
"剿匪"区内农村金融救济指导员办事处组织通则	1935.8.1	总司令部	救济处工作报告第35~37页
修正湖北省农林各试验场组织大纲	1927.9	湖北省政府	建设月刊1-1
湖北建设厅所属汉襄宜荆钟各农林试验场暂行条例	1927.9	湖北省政府	建设月刊1-1
湖北棉花检验处章程	1927.9	湖北省政府	建设月刊1-1
湖北水利分局暂行条例	1926.12	湖北省政府	建设月刊1-1
湖北建设厅管理农林棉茶四场细则	1927.7	湖北省政府	建设月刊1-1
湖北樊口湖荒堤闸整理局组织大纲	1926.12	湖北省政府	建设月刊1-1
湖北建设厅考察各农林试验场规则	1927.8	湖北省政府	建设月刊1-1
湖北省政府建设厅农林试验场总场规程	—	湖北省政府	建设月刊1-7
湖北省政府建设厅农林棉茶畜牧各试验场规程	—	湖北省政府	建设月刊1-7
湖北棉业拒搀会章程	—	湖北省政府	建设月刊1-8
豫鄂皖三省总司令部农村善后讲习会简章	1933.1.12	湖北省政府	救济处工作报告P100
湖北省农产推销处（建设厅下设）由原湖北省农产整理运销处	1937.7	湖北省政府	湖北省年鉴（1937）第737
湖北省农业推广处（建设厅）	1937	湖北省政府	湖北省年鉴（1937）第737
湖北省地政局	—	湖北省政府	湖北省年鉴（1937）第738

名　称	颁布及修订时间	颁布机构	备　注
土地政策			
佃农保护法	1927. 5. 10	国民政府	农村经济金融法规汇编
保障佃农办法原则	1932	内政部	农村经济金融法规汇编
土地法	1930. 6. 30	国民政府	
租佃法草案	1930	农矿部	中华农学会报 84 期 1931. 1
垦殖保护奖励条例草案	1930	农矿部	中华农学会报 84 期
"剿匪"区内各省农村土地处理条例	1932. 10	总司令部	救济处工作报告 P65
"剿匪"区内农村屯田条例	1932. 10	总司令部	救济处工作报告 P85
湖北各县临时土地清查委员会章程	1931. 1	湖北省政府	湖北民政法规汇编 1932 454–456
湖北各县处理"剿匪"区域土地章程	1932. 3	省民政厅	湖北民政法规汇编 1932 459–464
湖北各县农村兴复委员会组织章程	1932. 8	湖北省政府	湖北民政法规汇编 1932 464–469
湖北各县农村兴复委员会办事通则	1932. 8	湖北省政府	湖北民政法规汇编 1932 470–473
湖北省各县土地清丈规则	1935. 7. 23	湖北省政府	武昌田赋之研究第 12084–12085
湖北发给土地所有权状规则	—	—	武昌田赋之研究第 12085–12086
田赋政策			
征收田赋考成条例	1927. 12. 28	财政部	中华民国法规大全 3065
限制田亩加赋办法令	1928. 10. 12	财政部	中华民国法规大全 3067
豫鄂皖"被匪"区域减免田赋暂行办法	1932. 8	豫鄂皖三省司令部	中华民国法规大全 3068

续表

名 称	颁布及修订时间	颁布机构	备 注
		田赋政策	
废除苛捐杂税进行办法	1934.5	国民政府	中华民国法规大全 3072
土地赋税减免规程	—	—	中华民国法规大全见内政补第 130 页
各省市田赋征收通则	1937.8.31	行政院	中华民国法规大全补编第 457 页
各省市土地税征收通则	1937.8.31	行政院	中华民国法规大全补编第 454 页
湖北省各县推收户粮章程	1929.5.31	湖北省建设厅	湖北田赋概要第 44 ~ 46 页
修正湖北省各县推收所办事细则	1929.8.2	湖北省建设厅	湖北田赋概要第 46 ~ 47 页
修正各县推收生承册生奖惩规则	1929.8.2	湖北省建设厅	湖北田赋概要第 49 ~ 50 页
承粮户折记载方法	1928.1.23	湖北省建设厅	湖北田赋概要第 50 页
湖北省财政厅派赴各县催办推收专员暂行规则	1930.5.26	湖北省建设厅	湖北田赋概要第 55 页
整理田赋办法十条	1928.11	张难先湖北省建设厅	湖北田赋概要第 63 ~ 67 页
"匪区"减免田赋暂行办法	1932.8	—	救济处工作报告 P145
清理各县新旧赋暂行办法暨奖惩办法	1933.4.21 第 15 次会议	湖北省政府	LS1－1－40
恢复旧时田赋额数治标治本办法	1936.3.3 第 192 次会议	湖北省政府	LS1－1－40
各省市田赋征收通则	1937.8.31	行政院第 5125 号令	国民政府公报第 129 期，第 12 页
		农业改良	
农业推广规程	1932.1.28	教育部、内政部、实业部	农村经济金融法规汇编 508－515

名　　　称	颁布及修订时间	颁布机构	备　　注
	农业改良		
各省训练农业推广人员大纲	1931.10	教育部、内政部、实业部	教育部、内政部、实业部 515-517
农产奖励条例	1929.11.5	农矿部	民国法规大全第六册 3265
农产奖励条例实施细则	1930.4.6	农矿部	民国法规大全第六册 3265-3267
农产比赛会规则	1930.2.7	农矿部	民国法规大全第六册 3267-3268
农作物选种规则	1924.8.1	国民政府沿用	民国法规大全第六册 3268-3269
农产种子交换所章程	1929.10.21	农矿部	民国法规大全第六册 3269
农作物病虫害防除规则	1923.5.5	国民政府沿用	民国法规大全第六册 3269-3270
农业病虫害取缔规则	1933.12.19	实业部	民国法规大全第六册 3270
农产物检查所检查病虫害暂行办法	1930.4	农矿部	民国法规大全第六册 3270-3271
各县治蝗办法大纲	1934.6	实业部	民国法规大全第六册 3271
农产物检查条例	1928.12	农矿部	农村经济金融法规汇编
农产物检查条例施行细则	1929.3.9	农矿部	农村经济金融法规汇编
检查农产物处罚规则	1929.6.18	农矿部	农村经济金融法规汇编
茶叶检查标准	1931.7	实业部	农村经济金融法规汇编
农产物检查所检验肥料暂行办法	1929.5	农矿部	民国法规大全第六册 3277
保护耕牛规则	1931.1.23	实业部	民国法规大全第六册 3291-3292

名　　　称	颁布及修订时间	颁布机构	备　注
农业改良			
人造肥料取缔规则	1935.3.25	实业部	民国法规大全第六册 3293-3294
种牡畜检查规则	1930.3.15	农矿部	民国法规大全第六册 3285-3290
种畜贷与规则	1930.8.15	农矿部	民国法规大全第六册 3290-3291
水灾省份筹设耕牛寄养所办法	1931.10	实业部	民国法规大全第六册 3292
民用马牛驴骡家畜保育标准办法	1934.2	实业部、军政部	民国法规大全第六册 3292-3293
春耕运动办法	1935	中央民众运动委员会	民国法规大全第六册 3293
收复区域归耕运动要点	1935	中央民众运动委员会	民国法规大全第六册 3293
进出口及转口食粮查验登记章程	1930.6.11	—	民国法规大全第六册 3304
森林法	1932.9.15	国民政府	农村金融法规汇编第 440~454 页
森林法施行细则	1935.2.4	行政院	农村金融法规汇编第 454~470 页
湖北省森林保护暂行章程	1934.9.18	湖北省政府 109 次会议	LS1-1-43
渔业法	1929.11.11	实业部	农村金融法规汇编第 401~408 页
渔业法施行规则	1931.4.4	农矿部	农村金融法规汇编第 409~415 页
改进农业组织			
"剿匪"区内农村合作预备社章程	—	总司令部	救济处工作报告 P8
"剿匪"区内各省农村合作社条例	1932.10.29	总司令部	救济处工作报告 P12
无限责任信用合作社模范章程	1932.10	总司令部	救济处工作报告 P22
保证责任农村信用合作社模范章程	1932.10	总司令部	救济处工作报告 P29

名　称	颁布及修订时间	颁布机构	备　注
改进农业组织			
保证责任农村供给合作社模范章程	1932.10	总司令部	救济处工作报告 P34
保证责任农村运销合作社模范章程	1932.10	总司令部	救济处工作报告 P38
"剿匪"区内农村合作社预备社改组农村信用合作社办法	1933.10	总司令部	救济处工作报告 P111
农会法	1930.12.30	国民政府	实业法规第 147 ~ 150 页
农会法施行细则	1931.1.31	国民政府	实业公报第 5 期第 151 ~ 152 页
修正"剿匪"区内农村合作预备社模范章程	1935.8.1	总司令部	农村合作月报 1 卷 2 期
"剿匪"区内各省地方行政人员办理农村合作考成暂行办法	1935.8.1	总司令部	农村合作月报 1 卷 2 期
"剿匪"区内各省农村合作委员会工作人员考成暂行办法	1935.8.1	总司令部	农村合作月报 1 卷 2 期
"剿匪"区内各省农村合作社及联合会考成暂行办法	1935.8.1	总司令部	农村合作月报 1 卷 2 期 75 – 76
农田水利建设			
湖北省民国 23 年各县修浚塘堰补充办法	1934.8.27	湖北省政府	
修正湖北各县民堤水利贷款规则	1936.2.14 第 190 次会议	湖北省政府	LS1 – 1 – 46
湖北堤工奖惩暂行条例	1927.7	湖北省政府	湖北建设月刊第 1 卷第 1 号
举办水利奖励条例	1935.5.5	国民政府	农村经济金融法规汇编 494 – 495
统一水利行政及事业办法纲要	1934.7	国民政府	农村经济金融法规汇编 493 – 494
兴办水利给奖章程	1933.11.11	实业部	农村经济金融法规汇编 495 – 499
整理江湖沿岸农田水利办法大纲	1936.12	行政院	农村经济金融法规汇编 500 – 501

续表

名　　称	颁布及修订时间	颁布机构	备　　注
农业金融			
各县农村金融救济分处经管救济款项规则	1932.12.24	总司令部	救济处工作报告 P89
农村金融救济分处会计专员暂行服务规则	1932.12.24	总司令部	救济处工作报告 P90
豫鄂皖三省总司令部农村金融救济处视察员服务规则	1933.1.12	总司令部	救济处工作报告 P99
豫鄂皖三省总司令部农村金融救济处视察员办事细则	1933.1.12	总司令部	救济处工作报告 P100
豫鄂皖三省总司令部农村金融救济处经办籽种委员会组织规则	1932.12.24	总司令部	救济处工作报告 P96
"剿匪"区内各省农村金融紧急救济条例	1932.10 公布，1935.8 修正	总司令部	救济处工作报告 P2
豫鄂皖三省总司令部农村金融救济处放款收还办法	1932.12	总司令部	救济处工作报告 P108
"剿匪"区内各省农村金融救济放款规则	1932.10 公布 1935.8 修正	总司令部	农村合作月报 1 卷 2 期
"剿匪"区内各省合作金库组织通则	1935.8.1	总司令部	农村合作月报 1 卷 2 期 76–78
湖北省取缔高利借贷暂行规则	1933.2.10 第 72 次会议	湖北省政府	LS1–1–39
湖北省各省乡镇典当营业暂行规则	1935.2.8 第 127 次会议	湖北省政府	LS1–1–43
湖北省银行章程及储蓄部农民贷款部章程	1936.3.3 第 192 次会议	湖北省银行	LS1–1–45
豫鄂赣皖四省农民银行农民动产押款暂行章程	1933.10.11	军事委员会委员长南昌行营	民国法规大全第六册 2300
豫鄂赣皖四省农民银行农村合作社申请农民动产押款办法	1933.10.11	军事委员会委员长南昌行营	民国法规大全第六册 2300

续表

名　　　称	颁布及修订时间	颁布机构	备　　注
	其　　他		
湖北省县长奖惩暂行规程	1934.6.7	—	
各地方仓储管理规则	1930.1.15	内政部	
湖北各县办理仓储奖惩章则	1931 年 7 月	湖北省民政厅	湖北民政法规汇编第 433 ～ 434 页
湖北各县仓储管理细则	1931 年 7 月	湖北省民政厅	湖北民政法规汇编第 435 ～ 438 页
湖北省各县保护耕牛办法	1933.3.24 第 7 次会议	湖北省政府	LS1－1－40
惩治土豪劣绅条例	1934.10.18 第 53 次会议	国民政府	LS1－1－41
人民年服工役办法	1934.5.1 第 82 次会议	国民政府	LS1－1－42
修正湖北省农仓模范章程及农仓管理委员会组织章程	1934.6.22 第 91 次会议	湖北省政府	LS1－1－42
修正湖北省棉花搀水搀杂取缔所查验各办法及区分所组织规程	1935.5.17 第 144 次会议	湖北省政府	LS1－1－44
整理樊口内湖荒业条例	1926.12	湖北省政府	建设月刊 1－1
湖北建设厅推广林业办法	—	湖北省政府	建设月刊 1－7
农村善后佐导员服务规则	1932.12.22	总司令部	救济处工作报告 P102
修正勘报灾歉条例	1928.10.9	内政部	湖北民政法规汇编 413－415
各地方仓储管理规则	1930.1.15	内政部	湖北民政法规汇编 415－419
办理赈务公务员奖励条例	1931.11	行政院	湖北民政法规汇编 426－427
办赈团体及在事人员奖励条例	1931.10 公布 1932.7 修正	行政院 国民政府	湖北民政法规汇编 427－429
办赈人员惩罚条例	1931.10	行政院	湖北民政法规汇编 429－431
各省赈款管理规则	1928.11	国民政府	湖北民政法规汇编 431－432
修正各省赈务会组织章程	1928.11	国民政府	湖北民政法规汇编 432－433
修正人民团体组织方案	1930.7.17	国民政府	湖北民政法规汇编 531－534
农会法	1931.1.28	内政部	湖北民政法规汇编 555－560
农会法施行细则	1931.2.14	内政部	湖北民政法规汇编 560－561

附录2　国民党关于农业的
方针和纲领

决议案内容	通过会议及时间
严定田赋地税之法定额，禁止一切额外征收，如厘金之类，当切废绝之； 清查户口，整理耕地，调整粮食之产销，以谋民食之均足； 由国家规定"土地法""土地使用法""土地征收法""地价税法"，私人所有土地，由地主估价呈报政府，国家就价征税，并于必要时得依报价收买之。	第一次全国代表大会 1924.1 第39页
确立农业政策为发展工商业之基础案：奖励农业，发展林业，兴办水利，提倡农村合作改良农民生活； 二五减租案：限于本年的年底，将各省田租额数、农人生活概况、生产概况调查完竣，为实施二五减租之基础，调查事宜，由内政部负责办理，并由各省党部督促进行。	三届二中全会 1929.6 第48~49页
中国为农业国家，今后固须尽力基本工业之建设，而尤不能不注意于农业之发展，合作事业之提倡，以及本党土地政策之实施，一切水陆交通运输事业金融事业之建设方针，均须以便利于农业之发展与农民之生计。	第四次全国代表大会 1931.1 第49页
确立治水行政制度，集中事权，以排除省自为政，县自为谋，与水争地，与地争政之积习，开启大禹以后最艰巨之治水工程。 劝农垦荒，造森林，开矿产，奖畜牧，励渔业。 确定土地行政制度，完成丈量，规定地价，调整土地分配，促进土地使用活动土地金融，以增加农业之生产，而谋平均地权，实现民生主义之主张。	第五次全国代表大会 1935.11 第50页

资料来源：朱子爽：《中国国民党农业经济政策》，国民图书出版社，1940。

附录3　湖北省政府关于农业政策的决议

决议案名称	通过会议及时间	出　　处
农业机构		
裁撤水利局、公矿局请将两局事务直接归建设厅办理案	湖北省政府第 62 次政务会议 1928 年 11 月 2 日	LS1-1-31
建设厅接收农矿厅并请示农矿事业案	湖北省政府委员会第 6 次会议 1930 年 3 月 7 日	LS1-1-33
设立二郎庙及武丰稻作试验场案	湖北省政府委员会第 111 次会议 1931 年 4 月 14 日	LS1-1-35
将南湖农场、南湖蚕桑场、武昌林场、赫山畜牧场裁并改组为湖北省政府建设厅农业推广处案	湖北省政府委员会第 7 次会议 1933 年 3 月 28 日	LS1-1-40
设立湖北农产整理运销处附具计划大纲及组织规程案	湖北省政府委员会第 187 次会议 1936 年 1 月 31 日	LS1-1-40
湖北省农产整理运销处设计委员会组织规程案	湖北省政府委员会第 201 次会议 1936 年 5 月 15 日	LS1-1-45
设置湖北省棉产改进处改进全省棉产拟具改进计划、组织规程、经临预算案	湖北省政府委员会第 134 次会议 1935 年 3 月 30 日	LS1-1-43
湖北棉产改进所组织规程及改进计划案	湖北省政府委员会第 223 次会议 1936 年 11 月 10 日	LS1-1-46
拟设立湖北省农业改进所负责改进及推广全省农业附具组织规程案	湖北省政府委员会第 247 次会议 1937 年 6 月 19 日	LS1-1-47
裁撤省农林指导员于本年 1 月结束案	湖北省政府委员会第 91 次会议 1931 年 2 月 3 日	LS1-1-35
各县农村指导员缺拟予裁撤案	湖北省政府委员会第 12 次会议 1931 年 7 月 16 日	LS1-1-36

续表

决议案名称	通过会议及时间	出　　　处
农业机构		
拟将本省农产整理运销处运输检验分级等分别划归各专管机关经营俾该处专负责办理农产推销事宜案　改为农产推销处案	湖北省政府委员会第 229 次会议 1937 年 2 月 16 日	LS1-1-46
审查建设厅拟技术人员任免及待遇规则	湖北省政府委员会第 94 次会议 1931 年 2 月 13 日	LS1-1-35
为农林各场经费积欠过久员工生计异常困难请财政厅救济案	湖北省政府委员会第 20 次会议 1932 年 6 月 22 日	LS1-1-38
田赋政策		
拟订催缴旧欠赋税办法及酌给提成办公案	湖北省政府委员会第 5 次会议 1930 年 3 月 4 日	LS1-1-31
清理各县新旧赋暂行办法暨奖惩办法	湖北省政府委员会第 15 次会议 1935 年 4 月 21 日	LS1-1-40
整理田赋严厉督征案	湖北省政府委员会第 58 次会议	LS1-1-41
改订各县田赋征收经费办法案	湖北省政府委员会第 133 次会议 1935 年 3 月 22 日	LS1-1-43
田赋政策		
拟具恢复田赋旧时赋额治标治本两法	湖北省政府委员会第 192 次会议 1936 年 3 月 3 日	LS1-1-45
拟订湖北省各县征收田赋考成规则	湖北省政府委员会第 219 次会议 1936 年 10 月 2 日	LS1-1-45
汉川县桐塚等区民间旧欠豁免案	湖北省政府委员会第 111 次会议 1932 年 5 月 13 日	LS1-1-38
通饬各县废除原有银米额数改征银元附改订田赋纳税凭单案	湖北省政府委员会第 15 次会议 1933 年 4 月 21 日	LS1-1-40
鄂北各县整理田赋办法案	湖北省政府委员会第 85 次会议 1934 年 5 月 11 日	LS1-1-42
"被匪"踩躏区域免赋免租办法	湖北省政府委员会第 22 次会议 1931 年 8 月 27 日	LS1-1-36
荆门县豁免民 17 年以前旧欠田赋案	湖北省政府委员会第 29 次会议 1931 年 9 月 21 日	LS1-1-36
湖北省土地清查办法大纲及施行细则	湖北省政府委员会第 60 次会议 1932 年 12 月 27 日	LS1-1-39

决议案名称	通过会议及时间	出　　处
田赋政策		
湖北省各县土地清查办事处、各县土地清查经费概算暨进行程序表等规章	湖北省政府委员会第 17 次会议 1933 年 4 月 28 日	LS1-1-40
湖北省清查土田四项要政总计划及施行程序案	湖北省政府委员会第 81 次会议 1934 年 4 月 27 日	LS1-1-42
湖北省土地登记暂行规则、各县土地清丈规则及各县土地清丈登记处组织规则	湖北省政府委员会第 158 次会议 1935 年 7 月 23 日	LS1-1-44
湖北省各县调查田亩实施纲要	湖北省政府委员会第 211 次会议 1936 年 7 月 7 日	LS1-1-45
湖北省办理土地陈报规则案	湖北省政府委员会第 133 次会议 1935 年 3 月 22 日	LS1-1-43
湖北省各县办理土地陈报人员服务规则及奖惩规则	湖北省政府委员会第 191 次会议 1936 年 2 月 21 日	LS1-1-45
湖北省土地整理四年完成计划大纲	湖北省政府委员会第 240 次会议 1937 年 5 月 4 日	LS1-1-47
催缴旧欠赋税办法及酌给提成办公案	湖北省政府委员会第 5 次会议议事录 1930. 3. 4	LS1-1-33
财政政策		
湖北省各机关经费照七五折发放案	湖北省政府委员会第 17 次会议 1931 年 8 月 10 日	LS1-1-36
湖北省拟具政务各费缩减标准案	湖北省政府委员会第 38 次会议 1932 年 9 月 6 日	LS1-1-38
严禁各县挪用省款案	湖北省政府委员会第 27 次会议 1932 年 7 月 19 日	LS1-1-38
罗田县长呈请弹尽粮绝政费无出请救济案	湖北省政府委员会第 29 次会议 1932 年 7 月 26 日	LS1-1-38
整理县地方财政章程	湖北省政府委员会第 62 次会议 1933 年 1 月 6 日	LS1-1-39
从轻估征桐油、茶叶等出口营业税	湖北省政府委员会第 34 次会议 1933 年 6 月 27 日	LS1-1-40
湖北省保甲经费、保安队编制案	湖北省政府委员会第 43 次会议 1931 年 8 月 22 日	LS1-1-41
增加县政经费抵补办法	湖北省政府委员会第 63 次会议 1933 年 12 月 22 日	LS1-1-42

续表

决议案名称	通过会议及时间	出　　处
农田水利建设		
考查各县长办理修浚塘堰情形拟具奖惩案	湖北省政府委员会第 78 次会议 1929 年 1 月 26 日	LS1－1－31
拟订湖北省 23 年各县修浚塘堰补充办法案	湖北省政府委员会第 104 次会议 1933 年 12 月 22 日	LS1－1－43
湖北省会附近干堤两旁建造房屋取缔办法案	湖北省政府委员会第 119 次会议 1934 年 11 月 27 日	LS1－1－43
审查修订整理民堤办法案	湖北省政府委员会第 120 次会议 1933 年 12 月 22 日	LS1－1－43
修改湖北各县民堤水利贷款规则案	湖北省政府委员会第 190 次会议 1936 年 2 月 14 日	LS1－1－45
裁厘后拟具四项抵补堤款办法案	湖北省政府委员会第 100 次会议 1931 年 3 月 6 日	LS1－1－35
修浚塘堰沟渠工赈贷款还款及占用土地补偿办法	湖北省政府委员会第 102 次会议 1931 年 8 月 14 日	LS1－1－43
拟具本省国民劳动服务水利季节各种计划办法案	湖北省政府委员会第 171 次会议 1935 年 10 月 8 日	LS1－1－45
农业金融		
复核典当营业规则有碍平民经济案	湖北省政府委员会第 105 次会议 1931 年 3 月 24 日	LS1－1－35
筹设农民借贷所案	湖北省政府委员会第 17 次会议 1932 年 6 月 3 日	LS1－1－43
拟农民借贷处资金筹措办法暨农民借贷处办法大纲案	湖北省政府委员会第 29 次会议 1932 年 7 月 26 日	LS1－1－38
湖北省农民借贷处简章案	湖北省政府委员会第 31 次会议 1932 年 8 月 2 日	LS1－1－38
湖北省农民借贷处监理委员会简章案	湖北省政府委员会第 33 次会议 1932 年 8 月 9 日	LS1－1－38
核定何县先筹设农民借贷处分处及其贷款额数案	湖北省政府委员会第四次谈话会议 1932 年 9 月 9 日	LS1－1－38
农民借贷处呈报监理委员会成立日期及借贷处放款规则案	湖北省政府委员会第 40 次会议 1932 年 9 月 27 日	LS1－1－38
农民借贷处向湖北水灾善后委员会借贷款 5 万元案	湖北省政府委员会第 66 次会议 1933 年 1 月 20 日	LS1－1－39
湖北省农民借贷处应行结束理由及办法案	湖北省政府委员会第 97 次会议 1934 年 7 月 24 日	LS1－1－43

决议案名称	通过会议及时间	出　处
农业金融		
拟具湖北省取缔高利借贷暂行规则案	湖北省政府委员会第 72 次会议 1933 年 2 月 10 日	LS1-1-39
拟订本省各县乡镇典当营业暂行规则	湖北省政府委员会第 127 次会议 1935 年 2 月 8 日	LS1-1-43
修正湖北省银行章程及农民贷款部章程	湖北省政府委员会第 192 次会议 1936 年 3 月 3 日	LS1-1-45
农业改良		
拟具湖北省棉花掺水掺杂所组织规程及预算书	湖北省政府委员会第 126 次会议 1935 年 1 月 29 日	LS1-1-31
审核棉产改进五年计划	湖北省政府委员会第 144 次会议 1935 年 5 月 17 日	LS1-1-44
修正湖北省棉花掺水掺杂取缔所查验各办法及区分所组织规程	湖北省政府委员会第 144 次会议 1935 年 5 月 17 日	LS1-1-44
复兴本省蚕丝事业拟设立委员会及各区分会附具组织规程请公决案	湖北省政府委员会第 130 次会议 1935 年 2 月 26 日	LS1-1-43
举办本省堤防造林附具一览表及预算表案	湖北省政府委员会第 67 次会议 1934 年 1 月 23 日	LS1-1-42
湖北省推广林业办法	湖北省政府委员会第 71 次会议 1934 年 2 月 20 日	LS1-1-42
湖北省森林保护暂行章程	湖北省政府委员会第 109 次会议 1934 年 9 月 18 日	LS1-1-43
厉行植桐事业附具湖北省提倡植桐规则、发领桐种办法案	湖北省政府委员会第 193 次会议 1936 年 3 月 6 日	LS1-1-45
实业部协力改进本省茶叶本质应拨经费在 25 年度各项建设事业费项下开支案	湖北省政府委员会第 234 次会议 1937 年 3 月 23 日	LS1-1-45
襄阳县长请明令取消屠牛税以推行禁宰耕牛案	湖北省政府第 83 次政务会议 1929 年 2 月 16 日	LS1-1-31
民政厅呈为严厉禁止宰杀耕牛案	湖北省政府委员会第 21 会议 1932 年 6 月 22 日	LS1-1-38
湖北各县保护耕牛办法	湖北省政府委员会第四次谈话会议 1932 年 9 月 9 日	LS1-1-40
33 县同时筹设度量衡检定分所统一度量衡工作案	湖北省政府委员会第 12 次会议 1932 年 5 月 17 日	LS1-1-38
筹办手工造纸传习所并附设手工造纸厂案	湖北省政府委员会第 29 次会议 1932 年 7 月 26 日	LS1-1-38
湖北省建仓积谷办法大纲及保障县区仓条例	湖北省政府委员会第 53 次会议事录 1932 年 12 月 2 日	LS1-1-39

后　记

　　自现代化启动以来，改造传统农业是一项人类不断争论和实践的重要课题。美国、日本、西欧等纷纷提出并实践着各自的改造传统农业的途径。中国历届政府都在探索并实践着改造传统农业的方法。中国传统农业的改造尚未完成，中国传统农业能否走向现代化，如何走向现代化，是政府必须直面和回答的问题。本书就是在此一背景下，选取南京国民政府前十年中央政府和地方政府改造传统农业的实践这一课题，探讨其成败得失的经验和教训，希图对当今改造传统农业的实践有所启迪。

　　本书是在我的博士论文的基础上修改而成的。博士论文完成已三年有余，现在付诸出版，既带着这么多年辛勤劳动后的喜悦，又有着处女作呈献给读者的羞涩，内心之情莫可名状。

　　首先感谢我的恩师彭南生教授。感谢恩师给了我这次求学的机会，得以完成攻读博士学位的夙愿。恩师严谨的学风、深厚的学术功底、高尚的人格令人景仰。恩师对我的学业上的悉心指导和生活上的无微不至的关怀，令愚生没齿难忘，谨记在心。此外，华中师大近代史研究所的马敏教授、朱英教授、严昌洪教授、罗福惠教授、刘伟教授、郑成林教授、何卓恩教授、魏文享教授及武汉大学的陈锋教授，在论文写作过程中对我的点拨和指导，令我受益匪浅，在此表示衷心的感谢。博士论文盲审时三位评审老师对论文作出了忠实而中肯的评价，这一方面给了我学术上进一步前行的动力，另一方面为我论文的修改指明了方向，在此表示感谢。

感谢师兄李向东博士、贾藤博士、斐庚辛博士、谷秀青博士、郝银侠博士和同窗好友张深溪教授、何德廷教授、肖传林博士、李宝红博士、黎见春博士、罗萍博士、孙静博士、刘军博士、左世元博士、路中康博士、吴志国博士、黄娟博士所给予我学业上的支持和帮助。

感谢亦兄亦友的经管学院院长肖小勇教授、书记杨旭东博士、副院长雷明全教授、副院长贾先文博士，他们所给予的无私支持和帮助，是我完成学业的重要支撑。感谢科技处处长刘春花教授、副处长王云博士给予我科研上的关心和支持。感谢湖南省社科规划办、湖南省教育厅、湖南文理学院和产业经济学重点学科在立项和研究经费上对我的支持。感谢社会科学文献出版社的领导和编辑。尤其是孙以年老师、杨春花老师逐字逐句为我纠正文字和写作中的错误，令人十分感动，对他们严谨的工作态度和所付出的辛勤劳动，在此表示由衷的感谢。

最后我还要感谢我的家人：父母、岳父母、爱人吴玲琳和女儿姚维。多年来，他们一直都在默默地支持我，这是我一直不断努力前进的巨大动力，尤其是爱人吴玲琳，工作之余，还得照顾孩子和处理诸多家务。他们的帮助和支持，使我顺利完成了学业。

图书在版编目（CIP）数据

政府行为与农业发展：1927～1937年湖北农业政策研究/
姚顺东著. —北京：社会科学文献出版社，2013.11
ISBN 978-7-5097-5230-2

Ⅰ.①政… Ⅱ.①姚… Ⅲ.①政府行为-影响-农业
发展-研究-湖北省-1927～1937 Ⅳ.①F327.63

中国版本图书馆 CIP 数据核字〔2013〕第 257876 号

政府行为与农业发展
——1927～1937 年湖北农业政策研究

著　　者／姚顺东

出　版　人／谢寿光
出　版　者／社会科学文献出版社
地　　址／北京市西城区北三环中路甲 29 号院 3 号楼华龙大厦
邮政编码／100029

责任部门／人文分社（010）59367215　　　　　责任编辑／孙以年
电子信箱／renwen@ssap.cn　　　　　　　　　　责任印制／岳　阳
项目统筹／宋月华　杨春花
经　　销／社会科学文献出版社市场营销中心（010）59367081　59367089
读者服务／读者服务中心（010）59367028

印　　装／北京季蜂印刷有限公司
开　　本／787mm×1092mm　1/16　　　　　　印　　张／20.25
版　　次／2013 年 11 月第 1 版　　　　　　　　字　　数／283 千字
印　　次／2013 年 11 月第 1 次印刷
书　　号／ISBN 978-7-5097-5230-2
定　　价／78.00 元